# MÉLANGES & PORTRAITS

# OUVRAGES DU MÊME AUTEUR

## A LA MÊME LIBRAIRIE

Études morales sur le temps présent; 4ᵉ édition. 1 vol. . . 3 fr. 50
Nouvelles Études morales sur le temps présent; 2ᵉ édit. 1 vol. 3 fr. 50
L'Idée de Dieu et ses Nouveaux Critiques; 7ᵉ édition. 1 vol. 3 fr. 50
    Ouvrage couronné par l'Académie française.
Le Matérialisme et la Science; 4ᵉ édition. 1 vol. . . . . . 3 fr. 50
La Philosophie de Gœthe; 2ᵉ édition. 1 vol. . . . . . . . 3 fr. 50
    Ouvrage couronné par l'Académie française.
Les Jours d'Épreuve (1870-1871). 1 vol. . . . . . . . . . 3 fr. 50
Le Pessimisme au XIXᵉ siècle; 2ᵉ édition. . . . . . . . . . 3 fr. 50
La Fin du dix-huitième siècle : Études et Portraits; 2ᵉ édition.
  2 vol. . . . . . . . . . . . . . . . . . . . . . . . . . 7 fr. »
M. Littré et le Positivisme. 1 vol. . . . . . . . . . . . 3 fr. 50
Problèmes de morale sociale; 2ᵉ édition. 1 vol. . . . . . 3 fr. 50

16519. — Imprimerie A. Lahure, rue de Fleurus, 9, Paris.

# E. CARO

DE L'ACADÉMIE FRANÇAISE

# MÉLANGES & PORTRAITS

## TOME PREMIER

SOUVENIRS DE LA SORBONNE. — PSYCHOLOGIE SOCIALE.
LA PEUR. — LA RESPONSABILITÉ DANS LE RÊVE.
LA SOLIDARITÉ MORALE. — LES IDÉES ANTIQUES SUR LA MORT.
LE POÈME DE LUCRÈCE. — LE GÉNIE DANS L'ART.
LES CAUSES FINALES. — LA PAROLE INTÉRIEURE.

PARIS

LIBRAIRIE HACHETTE ET C<sup>ie</sup>

79, BOULEVARD SAINT-GERMAIN, 79

—

1888

Droits de propriété et de traduction réservés

# NOTICE SUR M. CARO

Nous croyons répondre au désir de plus d'un lecteur en plaçant en tête de ces œuvres posthumes de M. Caro une courte notice qui retrace fidèlement le caractère et le talent d'un philosophe plus célèbre que connu sous ses traits véritables, dont l'image a été si souvent défigurée, autant par de compromettants éloges que par d'injustes critiques.

M. Caro naquit en 1826, à Poitiers. Après de solides études, terminées au collège Stanislas, il remporta au concours général les deux prix de philosophie, entra à l'École normale, en sortit agrégé, enseigna dans les lycées et collèges d'Alger, d'Angers, de Rennes, de Rouen, et, dès l'âge de vingt-huit ans, fut chargé du cours de philosophie à la Faculté des Lettres nouvellement créée à Douai. Là, dès son début, il surprit et s'attacha son grand auditoire par la facilité brillante de sa parole. Sa jeune réputation franchit même la frontière voisine et lui valut l'honneur singulier d'être envoyé par le ministre de l'instruction publique à Anvers pour y faire quelques leçons qui furent fort applaudies. En 1857, il fut nommé maître de conférences à l'École normale où ses élèves, sans partager tous sa doctrine, gardèrent le souvenir d'un maître qui savait exciter les esprits et révéler leur propre talent à ceux qui quelquefois l'ignoraient eux-mêmes. Professeur de philosophie à la Sorbonne en 1864, l'admiration de ses auditeurs le proclama bientôt le digne successeur de Cousin et de Saint-Marc Girardin. En 1869, il entra à l'Académie des sciences morales et politiques dans la section de morale, et en 1874 remplaça M. Vitet à l'Académie française, où il avait mérité sa place par le noble usage qu'il faisait de la langue et par la belle ampleur de son style naturellement oratoire.

Comme écrivain, M. Caro fit ses débuts dans la *Revue de l'instruction publique*, publication alors fort remarquée, où se trouvait groupée une rare élite de jeunes talents universitaires, pour la plupart anciens élèves de l'École normale : Rigault, Prevost-Paradol, Taine, About, qui furent, depuis, entraînés par leurs goûts ou par les événements dans des camps souvent opposés. Plus tard, il devint un des principaux collaborateurs de la *Revue contemporaine*, de la *Revue européenne*, enfin de la *Revue des Deux Mondes*, où il acquit une grande autorité comme philosophe moraliste et comme critique littéraire par la sûreté de ses informations sur la littérature et la philosophie du jour, par la fermeté de sa doctrine et l'éclat de son style. Il réunit un grand nombre de ses importants articles en deux volumes publiés à différentes dates sous le titre : *Études morales sur le temps présent*, et dans un troisième volume intitulé : *Problèmes de morale sociale.* Ces titres indiquent assez la nature des sujets.

En 1864, il fit paraître son premier grand ouvrage, *l'Idée de Dieu et ses nouveaux critiques,* où il prit position comme défenseur résolu du spiritualisme, alors de toutes parts menacé par des doctrines nouvelles. Il n'avait pas entrepris une froide polémique d'école, mais une défense des idées qui lui étaient le plus chères. Déjà dans sa thèse pour le doctorat sur Saint-Martin, sur le doux mystique du dix-huitième siècle, M. Caro, tout en combattant les erreurs de cet innocent visionnaire, avait laissé voir que lui-même, sans être mystique, ne se déplaisait pas et se trouvait à l'aise sur les plus hautes cimes abordables à la pensée et au sentiment. Par sa première éducation, par l'influence de ses maîtres au collège, d'Ozanam et du Père Gratry, plus tard par ses libres études à l'École normale, il était profondément spiritualiste. Il avait une foi philosophique aussi ferme que peut l'être chez d'autres la foi religieuse. Bien qu'il eût, autant que personne, l'esprit ouvert aux idées nouvelles, qu'il en fût très curieux, qu'il en admirât souvent la force et qu'il fût capable de leur rendre justice, il est deux points sur lesquels il ne pouvait faire de concession : Dieu et l'âme. Ces deux idées faisaient si bien partie, je ne dirai pas de sa doctrine, mais de son être, que les défendre, c'était se défendre lui-même. Sans elles, il se serait senti l'esprit comme décomposé et détruit. Aussi lui arrivait-il souvent, dans sa lutte contre certains systèmes, de laisser là les arguments logiques, les raisons du dehors, pour parler au nom des besoins intérieurs de sa propre intelligence, sans pourtant se mettre en scène. Il prenait à témoin ses propres instincts, ses sentiments, qui n'étaient autres, selon lui, que les instincts de tous les hommes. Voilà pourquoi il trouva, en les tirant de son cœur, tant de raisons que d'autres philosophes moins convaincus n'auraient jamais trouvées. C'est pourquoi sa dialectique est souvent si éloquente et, ce qu'on n'a pas assez remarqué, si inventive. C'est ce qui fait comprendre aussi comment il put montrer tout d'abord dans la polémique une si naturelle décision et tant de vaillance, car il fallait avoir cette vertu pour attaquer des systèmes dont la nouveauté hardie captivait tant d'esprits, qui étaient soutenus par les plus grands talents du jour, en un temps où Dieu (qu'on nous passe ce mot qui répond à l'étrangeté des choses), où Dieu était devenu impopulaire.

Avec les mêmes sentiments et une dialectique plus serrée, il composa un livre sur *le Matérialisme et la Science*. Auparavant, il avait fait la critique du panthéisme dans son beau livre sur *la Philosophie de Gœthe* dont il démêla la doctrine sous l'infinie variété de ce vaste génie poétique. M. Caro avait un talent admirable, servi par la plus fine industrie, tantôt pour discerner dans une doctrine incertaine ou confuse les idées de même nature qui y nageaient dispersées, pour les recueillir et former un corps de ces éléments épars et flottants, tantôt pour exposer au grand jour, en les déroulant, les formules les plus compactes des systèmes obscurs. Il prêtait aux idées d'autrui sa propre clarté, les illuminant si bien que plus d'un philosophe avait chance de se mieux comprendre lui-même en lisant l'exposition de son lucide critique. Bien qu'on ait feint quelquefois de croire le contraire, M. Caro discutait avec une parfaite courtoisie, il s'interdisait le dédain ou les représailles dont bien souvent il a dû être tenté d'user, il admettait le droit de toutes les opinions à une discussion sérieuse et déclarait que tout procédé violent de polémique dans les hautes matières lui paraissait un attentat à la liberté de conscience.

Si l'on veut un exemple de cette courtoisie exquise, qu'on relise son livre : *M. Littré et le Positivisme*. Tout en réfutant avec force la doctrine, il compose une biographie de son adversaire et la rend si touchante que nul disciple n'aurait pu en faire une plus respectueuse, et peut-être un jour, pour avoir la plus noble idée de M. Littré, faudra-t-il recourir au livre de M. Caro, et non aux louanges de l'école positiviste. M. Caro allait même plus loin, et quelquefois, sans renier sa propre doctrine, il lui imposait un moment silence pour rendre un hommage mérité au talent déployé dans une doctrine adverse. Tout en réservant son opinion philosophique, il se livrait à l'enchantement d'un art dont il n'approuvait pas l'emploi. C'est ainsi qu'il fit les honneurs à la poésie pessimiste de Mme Ackermann et se montra si ravi de cette force poétique chez une femme, que plus d'un esprit timoré blâma cette condescendance trop généreuse, pensant que, pour avoir tant vanté la forme, l'indulgent critique risquait de faire passer le fond, et qu'en célébrant trop la coupe il faisait prendre goût au poison.

D'autres philosophes de notre temps ont pu discuter les doctrines nouvelles avec une dialectique plus austère et une rigueur plus calme, mais où M. Caro est incomparable, c'est dans l'observation précise de l'effet moral que ces doctrines peuvent produire sur les âmes. Il n'était pas de ceux qui pensent que cet effet est indifférent, qu'on n'a point à s'en occuper, que d'ailleurs les systèmes restent enfermés dans les écoles, que leur sévérité scientifique et leurs broussailles épineuses sont inabordables à la foule. Il savait que de ces hauteurs abruptes descendent çà et là des courants qui vont jusque dans la plaine, la fécondent ou la ravagent. De proche en proche, par la littérature, par les romans, par la poésie, des idées jusque-là inconnues sont mises à la portée des esprits les moins philosophiques. Il est même des effets plus invisibles et plus inexplicables. A de certains moments un souffle insensible, venu on ne sait d'où, enlève à l'un ou à l'autre de ces systèmes ardus une poussière impalpable qui se répand au loin et, comme dans la fécondation des plantes qui se fait à distance, dépose dans les âmes inconscientes des germes qui produisent, il est vrai, autre chose que des fleurs. Personne n'a été plus attentif que M. Caro à ces mouvements obscurs et n'a été mieux placé pour les surprendre et les démêler. Comme il se plaisait dans le monde et qu'il y plaisait, qu'il en était non seulement l'observateur, mais le confident, il lui était donné, plus qu'à un philosophe solitaire, de saisir dans les entretiens savants ou légers les troubles, les désordres d'esprit, les doutes, les tourments, en un mot, les destructions morales qu'amènent toujours certaines idées nouvelles, quand elles sont bien comprises et plus encore quand elles ne le sont pas ; et comme, de plus, il avait au service de sa pénétration un style net et coloré, très propre à marquer toutes les nuances des sentiments observés par lui, il put faire avec une sûreté sans égale dans notre temps de la psychologie sociale. Là était son bonheur, là sera surtout sa gloire. Il connaissait les maladies du siècle, il les avait vues de près, même dans les brillantes sociétés qu'il aimait à fréquenter et qui paraissaient devoir échapper à la contagion, et de ces grandes ou petites fièvres il parlait à ravir, pour avoir de jour en jour touché la veine et l'avoir sentie palpiter. De là tant d'articles sur l'état moral de son temps, de là son livre si pénétrant sur *le Pessimisme au dix-neuvième siècle*, sur ce mal des esprits raffinés qui, après avoir perdu, sous l'influence de certaines doctrines, l'idée de Dieu, l'idée du devoir, même l'idée du progrès, après avoir dès lors reconnu l'absolue inutilité du travail et la vanité de l'espérance, ne trouvent plus en eux-mêmes aucune raison de vivre et aspirent au néant, mal entre tous compliqué où se réunissent toutes les misères d'esprit produites à la longue par cette philosophie destructive que M. Caro a sans cesse combattue ; de là cet autre livre, *les Jours d'épreuve*, livre improvisé en 1871 au milieu des angoisses patriotiques et civiques, où l'auteur, signalant dans la Commune des influences littéraires et doctrinales, montra que cette fausse philosophie avait causé d'autres ruines encore que des ruines morales et qu'elle avait fini par descendre en armes dans la rue. Ces deux livres, *le Pessimisme au dix-neuvième siècle* et *les Jours d'épreuve*, font voir, chacun dans son genre, quel peut être et quel a été, soit dans les âmes, soit dans la société, le dernier terme, le terme diversement tragique, de ce mouvement philosophique dont M. Caro avait si longtemps d'avance annoncé les périls.

Dans cette grande enquête morale si constamment poursuivie, la curiosité du moraliste se portait même sur les choses légères qui pouvaient lui révéler l'esprit de son temps. Il se faisait un devoir et un divertissement de connaître en détail toute la littérature du jour et, au milieu de ses plus graves études, trouvait des moments pour parcourir tout ce qui paraissait de brillant, même d'éphémère, tout ce qui attirait dans la moindre mesure l'attention publique. Son goût très vif pour le talent qu'il cherchait partout, qu'il surprenait là où d'autres ne le voyaient pas, et son heureuse mémoire lui permettaient, à l'occasion, de citer des phrases ou des vers remarquables saisis au vol d'une rapide lecture. Il connaissait non seulement les œuvres, mais les auteurs, leur histoire, leur caractère. Il était donc un des juges les mieux informés de la littérature contemporaine, et par cela même un juge qui pouvait paraître redoutable ou importun. Serait-ce pour cette raison qu'il a été attaqué sans relâche non pas au grand jour, mais obscurément par des tirailleurs embusqués dans la presse, et qu'à la fin il fut insulté jusque dans sa chaire par de prétendus vengeurs de la littérature et de la morale? Sans parler de certaines inimitiés tenaces dont il ne convient pas ici de rechercher l'origine, peut-être entrait-il dans cette hostilité une certaine impatience contre une renommée sans cesse croissante, ou bien une certaine défiance envers un écrivain qui paraissait ennemi de toutes les nouveautés, pour avoir mis la main quelquefois sur les idoles du jour. Si M. Caro n'était pas insensible à toutes ces piqûres qu'on tâchait de rendre cruelles, nous savons pourtant qu'il se sentait encore plus offensé par les fades éloges dont il avait le malheur d'être harcelé dans une autre partie de la presse, où on lui attribuait des qualités qu'il ne se souciait pas d'avoir, où, d'un style léger qui pouvait plaire à tout autre qu'à un moraliste, on l'humiliait en le célébrant. Contre l'injure on a une ressource, c'est le dédain; mais que peut-on opposer à des louanges peu dignes de vous et gracieusement blessantes? Du reste, critiques injustes ou indiscrets éloges, tout cela était futile et avait son point de départ dans les salons, où M. Caro était à la fois adulé et trahi. Il faut dire hautement à l'honneur, au grand honneur de la jeunesse studieuse des écoles, qu'elle, du moins, ne lui a jamais donné que des témoignages ou d'admiration ou de respect.

Tout le monde sait quel a été l'extraordinaire succès de son cours pendant vingt-cinq ans. La grande salle de la Sorbonne avait peine à contenir l'immense auditoire. Des étudiants, des hommes mûris par l'âge et par l'étude, venaient entendre discuter les plus hauts problèmes de la science philosophique, les systèmes antiques et modernes et admiraient souvent avec quelle justesse et quel art le professeur y ramenait certaines doctrines contemporaines, soit par des allusions, soit par des attaques de front; car il ne perdait jamais de vue les choses de son temps; il n'oubliait pas qu'il était un moraliste militant aussi bien qu'un philosophe spéculatif et continuait dans son cours le combat depuis longtemps engagé dans ses livres. Il savait d'ailleurs que, s'il est des vérités éternelles qui reparaissent dans l'histoire de la philosophie, il est aussi d'éternelles erreurs et que les unes et les autres de siècle en siècle ne font souvent que changer de visage. Bientôt le bruit de ce succès oratoire attira même des gens du monde qui accourent à toute belle parole, que ce soit au barreau, à l'église ou à l'Académie. Il importe ici de remarquer que cet auditoire, pendant bien des années, était tout viril et on peut dire, sans offenser personne, que les applaudissements partaient de mains vigoureuses et peu gantées; c'est donc une fausse légende, celle qui répète que M. Caro ne devait son succès qu'à la sympathie d'un public féminin, que ses leçons n'étaient qu'une aimable et galante représentation oratoire, alors que, durant les dix premières années de ce cours, l'entrée de la Sorbonne était, selon un antique usage, interdite aux femmes. Quand plus tard un règlement venu de haut, que plus d'un jugea trop libéral, leur ouvrit les portes, il est assez naturel qu'elles n'aient pas voulu se priver du plaisir qui leur était offert. Leur curiosité, d'ailleurs, n'était pas en tout frivole. Les unes étaient heureuses de raffermir leur foi spiritualiste qu'elles sentaient vaciller sous le souffle errant des doctrines nouvelles, d'autres se donnaient la maligne joie de voir réfuter des systèmes détestés par elles et se faisaient un devoir de mettre au service de la réfutation la grâce de leur présence, et s'il en vint peut-être quelques-unes avec le double désir d'entendre et d'être vues, c'était là une fantaisie devenue officiellement légitime que ni le professeur ni personne n'avait le droit de leur interdire. Mais, quels que fussent les sentiments de cette partie de l'auditoire, M. Caro, quoi qu'on ai dit, ne lui sacrifiait pas la gravité de l'enseignement. Il ne mettait pas la philosophie aux pieds des dames, mais peut-être, par la clarté et l'élan de sa parole, élevait-il les dames jusqu'aux pieds de la philosophie. Pour répondre à des légendes que faisaient courir dans les journaux certains critiques plus que légers, qui n'avaient jamais assisté à son cours et qui le prouvaient bien en affirmant plus d'une fois qu'ils l'avaient entendu au Collège de France alors qu'il se faisait à la Faculté des lettres, M. Caro eut l'idée, dans un remarquable article de la *Revue des Deux Mondes*, sous le titre de « Souvenirs d'un enseignement à la Sorbonne », de présenter le tableau de ses cours, et on put voir par cette vaste exposition, conforme à la vérité, qu'il avait successivement abordé et discuté les plus hauts problèmes de la science et embrassé toute l'histoire de la pensée humaine.

Après tant de luttes et d'ennuis, il vint un moment où M. Caro rechercha de plus tranquilles études et se réfugia dans l'histoire. A propos de publications nouvelles et de documents inédits, il fut amené à s'occuper du siècle dernier et inséra dans le *Journal des Savants*, pendant plusieurs années, un grand nombre d'articles qui formèrent les chapitres d'un ouvrage en deux volumes sous ce titre commun : *la Fin du dix-huitième siècle*. Il eut ainsi l'occasion d'étudier l'opinion publique qui prépara la Révolution, de vivre avec Montesquieu, Voltaire, J.-J. Rousseau, Diderot, d'entrer dans les salons si divers de Mme du Deffant, de Mme Rolland, de Mme de Staël, et de montrer enfin quel fut le réveil des plus généreuses illusions, en peignant la lutte d'André Chénier contre la Terreur, le procès du poète et sa mort. Dans cette longue excursion historique, M. Caro fit une ample moisson de faits peu connus, d'anecdotes, de mots piquants et caractéristiques; mais jusque dans ce voyage de curiosité et d'agrément, il resta philosophe moraliste, en marquant avec discrétion et finesse la filiation des idées qui unit ce temps au nôtre. On sent qu'il se plaît dans le dix-huitième siècle, le siècle de toutes les grâces et de toutes les audaces; il aime les unes et ne condamne pas toujours les autres. Il peut se faire le juge clément des hommes qui ne sont plus, relever avec calme des erreurs qui ont perdu de leur prestige et des sophismes dont le péril est passé. Le grand charme, le charme nouveau de ce livre, tient au plaisir qu'a pris l'auteur lui-même à le composer en paix et à ce demi-abandon d'une raison qui désarme et d'un style qui se repose.

La veille de sa mort, M. Caro mettait la dernière main à une profonde étude sur George Sand. Comme il arrive souvent à ceux qui sont près de leur fin, et qui aiment à revenir sur les impressions de leur lointaine jeunesse, il se donna la joie suprême de se rappeler son enthousiasme juvénile pour l'art si naturel du grand romancier et de juger avec maturité ce qui avait fait autrefois ses naïves délices. Avec quelle délicatesse il a su, sans effleurer la dignité d'une femme, expliquer une vie uniquement livrée aux entraînements du cœur et du génie, une vie de vrai poète, qui ne se regardait ni vivre, ni penser, ni écrire, en cela poète par excellence, s'il faut croire Platon disant que l'inspiré, dans son divin délire, a sur les autres hommes ce précieux avantage « de ne pas savoir ce qu'il fait! » En composant ce livre aimable et discret, M. Caro payait, à son insu, une dette de reconnaissance à un écrivain dont le style avait contribué à former le sien; car, dans ses premiers articles, aux jours de son adolescence littéraire, plus d'un lecteur, remarquant la diction si largement courante du jeune critique, était tenté de penser que ce flot de poétique éloquence était sorti de deux sources également abondantes et limpides, la prose de Lamartine et celle de George Sand.

M. Caro a été longtemps un homme heureux. Il avait reçu tous les dons de la jeunesse. Écolier, il s'était fait un nom qui bientôt retentit hors des écoles. Écrivain, il vit de bonne heure poindre à son horizon cette aurore de la gloire que tant d'autres attendent, espèrent, épient et ne voient jamais. Par une rare fortune, ou plutôt par le choix le plus délicat, il avait, tout jeune encore, associé à sa vie une compagne dont il ne messied pas de parler ici, puisque toute sa modestie n'a pu la défendre de la célébrité. A ce foyer illustré par deux talents, dont l'un aimait la renommée, dont l'autre la fuyait, foyer toujours paisible, trop peu de temps égayé par une unique enfant enlevée, hélas! dans sa fleur, qui ne fut qu'une apparition de grâce et de beauté, M. Caro travailla avec ardeur, longtemps dans la joie, plus tard dans une paternelle tristesse, composant ses livres ou ses cours avec des efforts puissants et rapides qui lui permettaient de suffire aux multiples devoirs de la science et du monde. C'est cette intensité de la méditation et ce travail pressant qui usèrent en lui avant l'âge les ressorts de la vie. Son courage n'a jamais faibli et, malgré des conseils amis, il ne put se résoudre à déposer son fardeau ou à l'alléger. Il mourut le 13 juillet 1887, et dut en mourant emporter ce sentiment qu'il était resté fidèle à lui-même dans sa conduite comme dans sa doctrine, et qu'il avait fait un bel emploi de la vie.

Maintenant que les inimitiés sont éteintes ou satisfaites, que d'autre part la frivolité vite oublieuse ne nuira plus à son nom par ses folles louanges, M Caro paraîtra dans l'histoire des lettres françaises comme un caractère élevé, un esprit haut et fier, épris de toutes les élégances, un philosophe éloquent et comme le moraliste qui a su le mieux pénétrer et peindre l'âme troublée de notre temps; et pourquoi ne pas ajouter qu'il laissera dans le cœur de ses amis le souvenir de sa sollicitude toujours empressée ou inquiète pour leurs intérêts, de son sûr commerce, de ses spirituels entretiens et de sa douceur dans les rapports de l'amitié?

Constant Martha,
Membre de l'Institut.

# MÉLANGES

## SOUVENIRS
#### D'UN
## ENSEIGNEMENT A LA SORBONNE

Bien des années se sont passées depuis le jour où le suffrage des professeurs de la Faculté des lettres me désignait pour la chaire de philosophie, illustrée par Théodore Jouffroy et devenue vacante par la mort d'Adolphe Garnier, un de ses plus chers disciples et son successeur immédiat [1]. Je n'ai pas à rappeler ici avec détail ce que la philosophie doit à Jouffroy ; mais il me sera permis de dire que la Sorbonne est fière d'avoir été le sanctuaire de ce grand enseignement dans lequel furent posés, avec une lente et sage méthode qui est demeurée un modèle, des problèmes tels que ceux du droit naturel et de la destinée humaine. C'est là que le maître, parlant, ou plutôt pensant tout haut devant des disciples recueillis comme dans un temple, leur inspirait une sorte d'enthousiasme austère pour les grandes idées et de piété philosophique. Après lui, avec moins d'élévation et d'éclat, mais avec des qualités rares d'analyse, M. Adolphe Garnier avait été, lui aussi, un excellent maître. Qu'on relise ce *Traité des facultés de l'âme*, le résumé de son enseignement et

[1]. 1864.

l'œuvre d'une vie entière, et qui restera comme un des ouvrages les plus complets de la philosophie moderne ; à côté de quelques pages un peu vieillies, par le tour de l'expression plus que par le fond des choses, qui change moins qu'on ne le croit ou qu'on ne le dit, on sera étonné du nombre d'idées justes et encore neuves qui s'y font jour sous la simplicité du style très naturel, un peu nu peut-être, un peu dépouillé, que l'auteur lui-même craignait d'animer trop et refusait d'orner par une sorte de pudeur de la raison, par haine pour l'affectation et l'emphase, fidèle jusqu'au bout à ce bon sens que j'appellerais volontiers son bon génie, gardant toujours la sincérité de l'accent et ce genre de distinction si rare, la distinction dans la simplicité. Par goût, par modestie même, il ne se risquait pas volontiers dans les grands problèmes de la métaphysique pure. Il avait monté dès sa jeunesse jusqu'à la source un peu froide, mais limpide et transparente, de la philosophie écossaise ; plus tard, il ne remonta guère au delà. Ce fut un des caractères de son ingénieuse et fine philosophie ; elle se défiait des vastes horizons ; elle restait volontiers au bord de l'infini sans oser s'y aventurer.

Je devais ce souvenir à ce philosophe distingué qui m'avait fait l'honneur, une première fois, de m'appeler à la suppléance de sa chaire, et qui semblait ainsi m'avoir désigné pour lui succéder plus tard. Ce nom, je le crains bien, est en train d'être un peu oublié des nouvelles générations, et pourtant il mérite de ne pas l'être : il serait digne de survivre à bien des renommées plus bruyantes et plus spécieuses. Mais, dans le temps où nous sommes, où la vie est si rapide et comme entraînée d'un mouvement vertigineux, où les idées elles-mêmes vont si vite, paraissant sur la scène de l'histoire et en disparaissant comme de vrais personnages de théâtre, vingt années sont une éternité. C'est à nous, qui nous souvenons, d'avoir le culte de nos chers morts et de l'entretenir. Je n'ai pas failli à ce devoir. Toutefois, quand je succédai à M. Garnier, je ne me crus pas obligé de continuer exactement le même genre d'enseignement. On n'hérite pas d'un genre d'esprit comme on hérite d'une chaire. Une méthode, en philosophie, c'est presque toujours la personnalité même du philosophe. Je compris que le meilleur moyen de profiter de ce noble exemple, c'était de tenter librement ma voie, sans prétendre ramener mes auditeurs dans celle où M. Garnier avait si heureusement conduit plusieurs générations de disciples. Avant tout, il faut que chacun reste dans la mesure de ses forces et dans les conditions de son esprit. Le peu qu'il est vaut toujours mieux que ce qu'il voudrait et ne pourrait pas être.

Ai-je eu raison de penser ainsi et de me tracer cette règle de conduite? Peut-être est-ce aujourd'hui l'occasion de me le demander. Peut-être, à ce point où j'en suis d'une carrière déjà longue, n'est-il pas sans quelque intérêt pour ceux qui ont bien voulu me suivre jusqu'à ce jour, que je me retourne vers l'espace parcouru pour compter sur ma route les stations traversées, les sujets traités, les problèmes étudiés; que je jette sur le passé de cet enseignement une sorte de vue d'ensemble, que je fasse quelque chose comme un examen de conscience philosophique. Il peut être bon, en toute carrière, de s'interroger de temps en temps sur ce qu'on a voulu faire, d'y comparer ce qu'on a fait réellement, de confronter les espérances conçues d'abord avec les résultats finalement obtenus, et quand même on devrait être confondu de la banqueroute de ces espérances et de la pauvreté de ces résultats, cet examen de soi-même aurait encore son utilité si l'on y peut constater l'effort accompli : la bonne volonté seule dépend de nous; c'est tout ce que le public a le droit d'exiger de nous, mais il a ce droit. Particulièrement dans ces hautes chaires de l'enseignement, dont nul ne saura jamais, — sauf ceux qui en ont porté le poids, — ce qu'elles coûtent d'efforts et de soucis à qui veut les remplir avec honneur, il est certain qu'on encourt certaines responsabilités : il faut les poser nettement devant soi et les regarder en face. En même temps, c'est une occasion toute naturelle d'éclaircir certains malentendus amenés par le choc des doctrines, qui parfois représentent le conflit des hommes plus encore que celui des idées, de répondre à certaines préventions par l'exposé sincère de ce qu'on a voulu faire, et, sinon de désarmer des adversaires systématiques, du moins d'éclairer ceux qui cherchent la vérité sur le mérite et la suite des intentions, sur le degré d'activité appliquée à la poursuite de certaines fins, sur la valeur de ces fins elles-mêmes. C'est à ceux-là que je m'adresse.

A ce propos, on nous permettra de relever une de ces erreurs involontaires et généralement accréditées, un de ces malentendus de l'opinion dont la sincérité n'est pas toujours évidente, bien que l'origine en soit assez spécieuse, et qui, à cause de leur vraisemblance, tendent à s'établir d'une manière durable. Je veux parler de l'influence de M. Cousin sur la philosophie et l'enseignement des hommes de mon âge. On croit que cette influence était très grande sur eux, dominatrice même. On se trompe d'une génération. La plupart de ceux qui sont entrés dans la vie d'hommes vers 1850 ont très peu connu M. Cousin et n'ont entretenu avec lui que des relations assez rares. Certes personne ne me surprendra jamais à parler de ce maître illustre qu'avec la plus grande déférence et la plus sincère admiration. Mais la vérité a ses exigences : elle veut qu'on tienne compte de la diversité des circonstances, de la variété des esprits, des hasards mêmes, bons ou mauvais, qui ont présidé à leur formation. Depuis la révolution de 1848, sauf quelques rares apparitions au dehors, comme il en fit une dans la grande commission qui élabora la loi de 1850, M. Cousin vivait loin des luttes quotidiennes; il avait renoncé à toute ingérence dans le gouvernement de la philosophie, si ce n'est par quelques conseils donnés de loin en loin. Retiré au fond de la Sorbonne, dans quelques chambres dont la seule décoration était une bibliothèque composée avec une sollicitude infinie et une passion éclairée, il y passa les dix-sept dernières années de sa vie, tout le temps du moins que lui laissait de libre, chaque année, son séjour dans le Midi, rendu nécessaire par l'affaiblissement de sa santé. Il y vivait, puissant encore par la pensée, à laquelle la méditation et l'étude apportaient un rajeunissement perpétuel, par sa conversation étonnante d'aperçus et inspiratrice au plus haut degré, par sa parole, dans les occasions où elle avait à se produire, tenant toujours, avec une sorte d'autorité consentie par ses confrères, l'empire de la philosophie à l'Institut, beaucoup moins au dehors, presque pas dans l'université. Il était loin d'approuver tous les mouvements d'idées qui s'y produisaient. Est-il vrai, d'ailleurs, qu'il ait gouverné jamais, autant qu'on s'est plu à le dire, la philosophie proprement dite? L'enseignement secondaire, assurément, ce qui est bien différent et peut-être nécessaire; non l'enseignement supérieur, encore moins les consciences et les âmes. Des noms comme ceux de Jouffroy, d'Adolphe Garnier, de Vacherot, de Ravaisson sont là pour répondre du degré d'indépendance qu'il était permis à des philosophes universitaires de conserver, même dans ces générations antérieures à la nôtre et qui vivaient avec lui, près de lui, dans le voisinage immédiat de sa redoutable influence, sans trop en souffrir.

Osons dire ouvertement ce que nous pensons de M. Cousin, de son action sur les idées au dix-neuvième siècle et dans quelle mesure nous croyons l'avoir nous-même subie. Nous ne diminuerons pas M. Cousin, bien au contraire; nous l'établirons d'autant plus solidement dans le domaine où il était le maître incontesté, que nous en marquerons plus nettement les limites, qui sont restées toujours un peu flottantes dans l'opinion publique. Au fond, et pour ceux qui connaissent les grands courants intellectuels du siècle, les directions principales des idées, contrairement à ce que l'on entend affirmer chaque jour, M. Cousin n'a pas créé d'école. Maine de Biran en a créé une, qui vit encore; Jouffroy en a créé une. M. Cousin n'a pas eu d'école parce qu'il n'a pas eu un système qui lui fût propre. Après avoir erré curieusement sur les frontières de l'école écossaise, qui venait d'être révélée à la France par M. Royer-Collard, après avoir pénétré, à la suite de Maine de Biran, « dans les galeries souterraines de la psychologie », après s'être fixé quelque temps, par une sorte d'attraction irrésistible, dans les grandes spéculations de l'idéalisme hégélien, étudiées à leur sources pendant ses deux voyages en Allemagne de 1817 et de 1824, il avait fini par se réfugier dans une sorte de spiritualisme vague et noble, composé pour une part d'idées empruntées à Descartes, pour une autre part de théories empruntées à Leibniz; il en avait fait, avec quelques belles aspirations platoniciennes, une doctrine d'enseignement plus que de recherche proprement dite, où se distinguait un seul trait bien précis, bien personnel, l'attachement à la méthode psychologique comme au véritable et unique fondement de toute philosophie. Au vrai, la grandeur de M. Cousin n'est pas là; ce qu'il a créé est ailleurs. Il est un admirable historien de la philosophie. C'est de là que relèvent et sa véritable originalité dans le monde des idées, et sa grande influence sur les esprits de son temps.

S'il y a quelque justice à espérer, tel est le témoignage que la postérité rendra à M. Cousin, en dehors de tout parti pris et de toute querelle misérable d'école. Ce n'était pas l'établissement d'un système nouveau que saluaient les applaudissements enthousiastes de la vieille Sorbonne dans les cours mémorables de 1828 et de 1829 ; c'était la révélation du grand drame des idées sur la scène de l'esprit humain, ouverte par de larges échappées et de vastes aperçus. C'était là ce qui ravissait légitimement nos pères.

On n'avait jusque-là rien connu, rien entendu de semblable : les belles spéculations conçues dans les calculs profonds de la raison ou dans l'ivresse du génie venaient se peindre et se colorer dans les magnificences d'une parole inspirée. Il semblait que l'esprit humain retrouvât la conscience de lui-même, longtemps égarée et dispersée à travers les systèmes. Tel était le vrai sens de ce fameux mot d'éclectisme dont on a tant abusé contre M. Cousin. C'était la parenté des doctrines, attestant la nature et l'origine de la raison humaine et se reconnaissant à travers les diversités, les contradictions apparentes des civilisations et des hommes. Je ne sais quelle vision sublime du progrès apparaissait aux esprits, dans cet enchantement réciproque de l'auditoire et du maître. Que d'espérances confuses ! que d'élans vers l'avenir ! Combien de nobles idées et aussi de rêves généreux sortaient, comme en essaims, des ombres émues du vieil édifice, et de là se répandaient sur les générations nouvelles en France et en Europe ! Chaque siècle a sa jeunesse et comme son printemps. C'était vraiment alors la jeunesse du dix-neuvième siècle. Travail magnanime, vaillants et longs espoirs animés par des volontés enthousiastes, tout cela n'a pas été stérile. Dans ce temps-là, l'Allemagne écoutait curieusement ce grand bruit des idées qui s'agitaient en France. Gœthe vieillissant, mais tenant toujours son génie en éveil, recueillait les échos qui arrivaient à Weimar du Muséum, de l'Institut et de la Sorbonne.

Depuis ce temps, dans toutes les directions de l'histoire philosophique, d'immenses travaux ont été faits, de grands progrès ont été accomplis en Allemagne et en France avec une érudition plus profonde et plus sûre. Mais si l'on a pu contester à M. Cousin la nouveauté de son œuvre dogmatique, ce que la violence des plus injustes réactions n'a pu et ne pourra jamais lui ravir, c'est l'honneur d'avoir le premier, de ce côté du Rhin, appliqué la critique historique aux origines et aux grandes manifestations de la pensée humaine, d'en avoir exploré les sources principales, expliqué et suivi les évolutions diverses, d'avoir enfin provoqué autour de lui des recherches dans tous les sens, des découvertes, des travaux dont quelques-uns sont devenus à leur tour des modèles. Il excitait les autres et s'excitait lui-même sans fatigue et sans trêve dans cette voie.

De là cet édifice perpétuellement accru de son œuvre historique, se produisant non seulement dans une série régulière de leçons, mais dans un grand nombre de monographies, d'introductions, d'arguments, de fragments sur tous les grands sujets de l'histoire de l'esprit humain, dans la traduction devenue classique de Platon, dans les éditions savantes de Proclus, d'Abélard, de Descartes, de Maine de Biran, dans des morceaux qui sont de purs chefs-d'œuvre, comme la notice sur Xénophane et le récit du voyage en Allemagne. Autour de lui et sous sa vive impulsion, des esprits distingués renouvelaient certaines parties de la science : Aristote, Platon, les stoïciens, l'école d'Alexandrie. Spinoza, Kant, étaient soumis à des études régulières et de plus en plus approfondies. La rigueur croissante de l'analyse et de la critique s'étendait chaque jour sur de plus vastes régions de l'antiquité, du moyen âge, des temps modernes. Dans le même temps, en dehors de la direction de M. Cousin, mais concourant à son œuvre, de savantes recherches sur les langues, les civilisations, les philosophies religieuses de l'Égypte, de l'Inde et de l'Orient, depuis Colebrooke jusqu'à Abel Rémusat et Eugène Burnouf, depuis Champollion jusqu'à Letronne, depuis Lepsius jusqu'à Mariette, toutes ces découvertes ouvraient la voie aux investigations philosophiques; des mondes tout nouveaux apparaissaient dans un passé qu'on croyait presque fabuleux, et s'ouvraient de toutes parts à l'appel de la philologie, de l'archéologie, de l'ethnologie comparées, devant la science allemande et devant la science française devenue sur certains points sa rivale, sur d'autres son initiatrice. A la suite de ces conquêtes sur l'érudition, la critique philosophique s'avançait d'un pas plus assuré dans ces régions où elle avait à recueillir de précieux témoignages sur les origines de l'esprit humain, plus près des sources de l'histoire, là où la science place le berceau de l'humanité pensante.

Ce fut vraiment l'œuvre grande et durable de M. Cousin. Il ne faut pas la déplacer de peur de l'amoindrir; mais il serait inique de refuser à un tel maître un grand rôle, celui d'initiateur à la philosophie, de révélateur des systèmes. Il propageait avec une verve admirable le goût des recherches et la passion des idées. Dans sa conversation toujours un peu solennelle et dramatique, il excellait à peindre les philosophes d'un mot, d'une grande image, souvent d'un grand geste qui complétait la pensée : l'histoire de la philosophie, ainsi animée par de si vives couleurs, devenait, pour emprunter aux rites grecs leur beau langage, je ne sais quelle *théorie* sacrée qui s'avançait à travers les siècles, auguste et sévère comme la science, réelle et mouvante comme la vie. Chaque personnage de cette théorie était une idée sans doute, mais une idée qui avait vécu sous les traits d'un homme et qui avait reflété en lui quelque chose de son immortelle beauté. Ce qui valait mieux qu'une doctrine définie, ce qui agissait souverainement sur tous ceux qui approchaient de M. Cousin, c'était cette âme de feu qui aimait à se communiquer par la parole. Il avait le don de l'enthousiasme; il en avait l'art aussi. Tel qu'il était, il fut vraiment un inspirateur.

Mais voici que, vers les dernières années de sa vie, un grand mouvement de curiosité vers les sciences de la nature se produisit parmi les générations nouvelles qui arrivaient à la vie philosophique. M. Cousin y resta étranger, et dès lors sa part d'influence, subsistante encore et gardée par son grand talent, se restreignit sensiblement. Sans rester en dehors des découvertes de la science positive, il se défiait du trouble profond que certaines illusions, nées de cette science, pouvaient produire dans la conscience et la raison publiques; il en redoutait le contact avec la philosophie, il se tint à l'écart d'elle dans un isolement volontaire et quelquefois attristé. Bien au contraire, le caractère marqué de la génération philosophique qui s'emparait alors de l'enseignement était cette vive préoccupation de la grandeur croissante et du progrès de ces sciences. C'est là qu'attirés par les découvertes chaque jour accrues sur les diverses manifestations de la vie ou les grandes lois du mouvement, ils établissaient un de leurs foyers d'études. Il ne s'agit pas, bien entendu, de comparer les talents nouveaux avec ceux qui les avaient précédés, mais seulement les tendances et les procédés. Or il est certain que les tendances avaient changé. Un irrésistible attrait précipitait les esprits vers les résultats généraux des diverses sciences, vers les grandes hypothèses qui naissaient de toutes parts. Rien ne pouvait plus modifier ou faire refluer ce courant. C'était un travail de synthèse nouvelle qui s'imposait aux anciens dogmatismes ; ils étaient tenus de se renouveler sous peine de perdre toute leur action sur les esprits. Il résulta de ce mouvement un classement nouveau des écoles et des hommes. Le dogmatisme de M. Cousin était trop vague pour offrir un terrain solide de conciliation. Plusieurs d'entre nous remontèrent jusqu'à la psychologie profonde de Maine de Biran pour y chercher un point d'appui inébranlable. Quelques-uns se pénétraient de l'excellente méthode de Jouffroy et tentaient de l'appliquer, avec plus ou moins de chances de succès, à la situation nouvelle de la philosophie ; un grand nombre allaient droit au dynamisme de Leibniz et essayaient d'en tirer les principes du spiritualisme renouvelé. D'autres enfin, à leurs risques et périls, cherchaient à se faire une méthode et une doctrine personnelles, cherchant un refuge dans une sorte d'idéalisme esthétique, à une hauteur d'où ils dominaient la nature et lui imposaient l'harmonie souveraine et la beauté de leurs conceptions. — Et tout à côté de ces tentatives transcendantes, s'annonçait déjà par quelques essais cette psychologie expérimentale ou même physiologique qui devait prendre plus tard un si grand développement.

Tel était l'état de dispersion intellectuelle des esprits il y a une vingtaine d'années. A cette époque, chacun cherchait librement sa voie, et des sectes apparaissaient de toutes parts dans l'ancienne école spiritualiste, profondément divisée. Qu'il y eût des inconvénients dans une pareille situation, cela n'est pas douteux ; mais comment les empêcher de se produire ? Ils subsistent d'ailleurs, ils vont même en s'aggravant, à l'heure qu'il est, où il n'est pas rare de voir, dans certains établissements (même d'enseignement secondaire), des chaires voisines consacrées à des doctrines contradictoires. Mais, à ce nouvel état de choses, l'enseignement supérieur a gagné le droit de répondre victorieusement à un reproche qui lui était souvent adressé autrefois et qui n'aurait plus de raison d'être aujourd'hui. On accusait la philosophie enseignée dans les chaires de l'État d'être une philosophie officielle; c'était le grief favori, en apparence légitime, de certains adversaires, dans le temps où la philosophie était gouvernée ou avait l'air de l'être. Cette accusation n'a plus de motifs, et si on la renouvelle encore, c'est sans conviction, et pour n'en pas perdre l'habitude. D'ailleurs, aujourd'hui, la concurrence des doctrines existe; sous certaines conditions, très faciles à remplir, toute idée peut arriver à la parole et même à l'enseignement public, et, de fait, dans ces derniers temps, plusieurs chaires se sont élevées en l'honneur des philosophies les plus opposées à la nôtre[1]. Nous sommes loin de nous en plaindre, nous constatons le fait. Quant à cette philosophie que nous enseignons et dont le caractère est bien connu, parce qu'il ne s'est jamais dissimulé, à quel titre serait-elle officielle? Dans quel laboratoire secret, dans quel cabinet politique a-t-elle bien pu être préparée, édictée? Où sont les oracles qui ont parlé? Dans cette mobilité des pouvoirs publics qui se sont succédé depuis vingt années, lequel aurait jamais pu avoir non seulement l'ambition morale, mais le temps matériel de dicter des mots d'ordre ou même d'inspirer un mouvement d'idées dans l'enseignement supérieur? S'il y avait une inspiration officielle, nous craindrions fort de n'être pas toujours d'accord avec elle. Mais la vérité est qu'il n'y en a pas et qu'on nous laisse libres. Cette liberté de l'enseignement dans les

---

1. M. Jules Soury a obtenu la création d'une chaire à l'école des hautes études; M. Ribot, le savant directeur de la *Revue philosophique*, a été sollicité à plusieurs reprises d'ouvrir un cours libre près la Faculté des lettres; M. Laffite fait un cours sur M. Aug. Comte dans la salle Gerson.

chaires publiques de l'État, nous l'avons goûtée et reconnue sous les régimes divers qui se sont succédé depuis vingt ans. C'est un témoignage qu'il ne me coûte pas de rendre.

Ce qui m'attirait particulièrement, ce qui me paraissait digne de remplir une vie philosophique, c'était de mettre la psychologie et la métaphysique à l'épreuve des idées nouvelles et de rechercher si, en effet, comme on le prétendait, la science de la nature, réduite à elle seule, apportait quelque base solide de reconstruction pour la raison et la conscience humaines, menacées ou détruites dans leurs fondations anciennes. Ce fut là le but constant de mes méditations, l'objet assidu de mes travaux. C'est avec cette méthode d'enquête perpétuelle sur les résultats et les conséquences authentiques des sciences que j'abordai l'exposition de mes idées. J'estimais que c'était à la fois une manière de faire subir à mes convictions personnelles une contre-épreuve utile et peut-être aussi une manière de renouveler les aspects des questions et de varier les démonstrations anciennes en les serrant de plus près.

Je vais tâcher de donner une idée de ce travail tel que je le conçus et que je le poursuivis obstinément. On comprend qu'il ne s'agit pas ici de résumer un cours qui a duré à travers un si long espace de temps sur des sujets variés et renouvelés chaque année. Je ne voudrais qu'en indiquer l'esprit, la tendance et la méthode, essayant de reconstruire l'ordre logique, sinon l'ordre chronologique de ce cours, la série et l'enchaînement des idées, sans m'attacher à la distribution plus ou moins accidentelle des questions, que je prenais le plus souvent dans les préoccupations les plus vives et les plus actuelles de l'esprit public. Il y avait là des indications précieuses et des symptômes dont nous avons toujours pensé qu'il fallait tenir compte. Sans aller jusqu'à dire que les questions changent en philosophie, on peut affirmer pourtant que l'intérêt des questions se déplace et, sans que l'on doive suivre dans ses fantaisies la mobilité du goût public, peut-être n'est-il pas mauvais de consulter, dans une certaine mesure, les inquiétudes ou les curiosités de la raison générale. Ce n'est pas au hasard que se déterminent, dans l'atmosphère des idées, ces grands courants qui les emportent dans des directions fixes pendant des périodes plus ou moins longues. Ces variations, quelque capricieuses qu'elles paraissent être au premier abord, au fond sont réglées par des lois fort délicates, qui, pour n'être pas réductibles à des formules exactes, n'en sont pas moins souverainement agissantes et se font sentir aux esprits mêmes qui prétendent s'y dérober par l'indépendance ou la hauteur de leur raison solitaire.

J'ajoute que cette méthode qui nous a guidé dans nos investigations ne se borne pas à la consultation des écoles philosophiques. La philosophie ne se fait pas tout entière dans ces écoles; elle est partout; elle est à l'état diffus dans l'atmosphère d'un temps; elle préside aux révolutions du goût ; elle est dans telle ou telle tendance de la littérature ; elle est dans les mouvements religieux d'une époque, elle est dans la poésie même ; chaque école de poésie contient une métaphysique qu'il s'agit d'en extraire pour bien comprendre la poésie elle-même. Elle est dans les formes variées de la vie, dans la manière dont on la sent, dont on la comprend, dont on l'exprime, dont on en jouit ou dont on en souffre. Chacun de nous (surtout dans ce temps de libre individualisme) n'a-t-il pas sa façon de se poser dans le monde, en face de la grande énigme, de concevoir les choses et leur principe ? C'est là, au cœur même de l'humanité contemporaine, que j'ai tâché de poursuivre les grandes manifestations de la pensée. Ainsi entendue, la philosophie réelle s'étend bien au delà des bornes étroites où l'on prétend trop souvent l'enfermer. Elle est affaire de conscience autant que de science, affaire d'âme autant que de système; une école n'en est que l'expression dogmatique et fixée : elle est *vécue* avant d'être pensée. Quoi de plus curieux, par exemple, que le tableau des opinions philosophiques et religieuses qui agitent et passionnent l'Angleterre, tel que nous le racontent les meilleurs observateurs, ce mouvement vers l'*agnosticisme*, qui est un des signes irrécusables du temps? Il faut essayer de comprendre ce que c'est qu'un pareil état d'âme ; il faut le traduire, l'interpréter, en analyser les causes durables ou momentanées. C'est dans ces perceptions vives de l'état des esprits que réside le sens philosophique par excellence, et c'est à y correspondre le mieux possible qu'un maître de l'enseignement public doit, à ce qu'il me semble, s'attacher s'il veut être vraiment utile à ses auditeurs, s'il veut être écouté, s'il veut combattre pour ou contre des idées vivantes et non pas mener éternellement le même et stérile jeu d'une dialectique vaine autour des fantômes d'idées mortes.

Au fond, sous des formes très variées, ce qui préoccupe particulièrement les esprits depuis un quart de siècle en France, ce qui nous a préoccupé constamment depuis que nous avons pris possession de notre enseignement, c'est le grand procès institué par la science positive contre la métaphysique. Ce procès est le résultat inévitable du développement illimité qu'ont pris, de notre temps, les sciences de la nature, appuyées sur des méthodes infaillibles de découverte et de vérification, sur des expériences qu'on peut conduire à un point de précision tel que chaque progrès est définitivement acquis et n'est qu'un passage à de nouveaux progrès également assurés. On en est venu tout naturellement à se dire que les sciences de l'esprit, qui n'avancent pas de la même manière, ne sont réellement pas des sciences. Et de là cette question, presque universellement posée sous des formules qui varient à l'infini : « Le monde tel qu'il est aujourd'hui déployé devant la science expérimentale, dans la variété si compliquée de ses phénomènes, ne s'explique-t-il pas naturellement par la seule vertu de lois permanentes, ne dérivant que de soi, expression mécanique ou dynamique (la question est réservée) des actions et des réactions qui se passent dans l'infinie multitude des éléments d'une matière éternelle (réelle ou idéale), éternellement en mouvement ? A quoi bon chercher au delà ? Le vrai domaine de la réalité, c'est-à-dire de la nature, c'est la sphère du déterminisme. Qui dit *nature*, au sens rigoureux du mot, dit enchaînement nécessaire de faits et de lois. Là où la nécessité, où l'enchaînement des faits, dans une série continue dont chaque terme appelle l'autre, n'apparaît pas clairement à l'esprit, c'est que la science positive n'a pas encore pénétré jusque-là. Un nouveau progrès de cette science rétablira l'anneau qui manque dans cette chaîne immense, par laquelle tous les phénomènes sont reliés et communiquent entre eux, depuis les dernières et les plus humbles manifestations de la chimie inorganique jusqu'aux modes les plus élevés de la pensée. Dès lors, à quoi bon la métaphysique, cette prétendue recherche des premiers principes dans l'ordre de la pensée et des premières causes dans l'ordre de l'être ? Que peut être cet ordre supérieur de réalités que vous appelez intelligibles, parce qu'elles n'ont rien de réel, et qui échappent non pas seulement aux prises actuelles, mais aux prises possibles du déterminisme scientifique ? Cette métaphysique dont vous nous parlez sans cesse depuis Platon et Aristote, sans y avoir ajouté ni une analyse ni une démonstration, c'est, ou bien un système étrange d'hallucinations liées, ou bien un art ingénieux de constructions libres dans l'idéal, c'est-à-dire dans le rêve. » Cela se répète depuis nombre d'années, cela se généralise comme un axiome devenu incontestable. Et l'on ajoute, sous forme d'épilogue, comme une preuve expérimentale à l'appui, que d'ailleurs, à voir le mouvement des sciences philosophiques et les progrès de celles qui sont susceptibles d'en faire, comme la morale et la psychologie, à mesure qu'elles tendent à se constituer, elles se détachent de la philosophie proprement dite et deviennent positives, de sorte que la philosophie voit de jour en jour son domaine se restreindre ; elle se réduira bientôt à ce qui ne peut être déterminé, c'est-à-dire scientifiquement connu. En résumé, la métaphysique, qui est la plus haute partie de la philosophie, n'est-elle, comme le prétendent les nouvelles écoles, que la région de l'inconnu pur, ou, si l'on veut, par une dernière concession de mots, de l'inconnaissable ?

Et, ce qui est un autre aspect de la même question, la science positive peut-elle, comme on l'affirme autour de nous, par ses seules forces et ses seules lumières, constituer une conscience nouvelle pour remplacer celle qu'elle vient de détruire, faire une civilisation toute neuve au lieu de celle que nous avons et qui est saturée de spiritualisme latent, recréer enfin une humanité à son image ?

Voilà le problème primordial que nous avons eu constamment devant les yeux, le point central d'où a rayonné, depuis le premier jour, tout l'effort de notre enseignement. Nous nous sommes demandé s'il était vrai qu'une incompatibilité de nature, un antagonisme irréductible existât entre la science de la nature et les sciences philosophiques, et que l'esprit scientifique proprement dit exclût radicalement toute métaphysique. On n'attend pas de nous que nous entrions dans le détail de la longue controverse établie sur ce point essentiel. Mais il nous sera permis de rappeler que nous avons réagi de toutes nos forces contre ce prétendu antagonisme, tout artificiel, qu'on a voulu nous imposer comme un axiome et qui est l'œuvre d'esprits systématiques. Nous avons établi une distinction nécessaire, sans laquelle tout n'est que malentendu, entre la science positive et le positivisme, qui a souvent profité de l'analogie des noms pour créer une confusion regrettable d'idées. La science positive est l'étude expérimentale des faits et des lois qui peuvent être positivement constatés, des faits et des lois de la nature physique. Le positivisme semble d'abord être cela, n'être que cela, et, de fait, il est tout autre chose. Il est la même chose, en un sens, parce qu'il a le même contenu que la science positive; mais il est autre chose en ce sens qu'il déclare qu'au delà de ce contenu il n'y a plus rien à chercher, plus rien même à savoir; qu'il n'y a pas d'autres faits à connaître, pas d'autres lois, pas d'autres réalités que celles-là, pas d'autre ordre de connaissances. On voit apparaître clairement la différence. La science positive est l'ensemble des connaissances vérifiables par l'expérience et par le calcul; le positivisme consiste essentiellement dans la négation ou l'exclusion de tout ce qui dépasse cette nature visible et sensible; il borne la philosophie aux résultats systématisés de l'expérience, aux faits principaux de chaque science, coordonnés hiérarchiquement dans un certain ensemble. L'essence du positivisme est là et non pas ailleurs; il déclare fermées toutes les questions de causes et de fins, voilà son trait caractéristique. C'est donc le positivisme qui se porte l'adversaire irréconciliable de la métaphysique, ce n'est pas la science positive elle-même. Ce ne sont pas les vrais savants, les savants désintéressés et sans parti pris, qui rejettent cet ordre de questions hors de l'esprit humain. Ce n'est pas le véritable esprit scientifique qui déclare la chimère ou le néant de ces recherches; c'est le positiviste, qui déjà n'est plus dans les vraies conditions d'impartialité du savant, puisqu'il est philosophe plutôt que savant, et qu'il a pris position d'avance.

Nous avons traité cette question capitale à plusieurs reprises, et avec étendue. Nous avons essayé de démontrer, par des analyses et des exemples dont le détail serait infini, que la science de la nature, quelque sévère qu'elle soit dans sa méthode et son contenu, n'exclut pas la recherche des principes et des causes, ne ferme pas les questions de cet ordre, ne contient en soi rien d'incompatible avec elles; seulement qu'elle déclare que ce n'est plus là son affaire, que ses procédés ne vont pas au-delà de ce qui est positivement déterminé et vérifiable. Cela, nous le savions déjà, et l'on ne nous refuse rien en nous refusant l'application des procédés positifs dans un ordre de recherches qui ne les comporte pas. Mais, à notre tour, tout en reconnaissant l'indépendance de fait de la science positive, nous avons montré que, théoriquement, elle ne se suffit pas pour se constituer. Elle tient à la métaphysique par ses postulats, qui dépendent des lois formelles de la pensée; elle plonge par ce côté-là ses racines dans l'indéterminable. Elle y touche par certaines idées, dont l'expérience ne rend pas compte, mais au contraire qui la guident et la devancent; elle y aspire par certaines conclusions implicites, par certaines inductions qui naissent spontanément des derniers résultats de la science. Enfin, tout en se dispensant de les traiter elle-même, elle reconnaît volontiers que, sur tous les points de l'immense circonférence qui renferme son domaine et son action, s'élèvent irrésistiblement et légitimement certaines questions qui ne sont pas de sa compétence, il est vrai, mais qu'elle ne se reconnaît pas le droit d'interdire et qui sont précisément la métaphysique.

Personne, parmi les savants de notre temps, n'a eu un sentiment plus vif et plus délicat de cette distinction essentielle que l'illustre et regretté Claude Bernard. Certes, aucun savant n'énonçait et ne pratiquait plus sévèrement que lui les conditions du déterminisme scientifique. Il déclarait hautement que l'essence des choses doit rester ignorée à la science positive ; que nous ne pouvons connaître (expérimentalement) que les relations des êtres et les résultats de ces relations, que le but scientifique est atteint quand nous avons trouvé la cause prochaine du phénomène étudié, en déterminant les conditions et les circonstances dans lesquelles il se manifeste. Et c'est justement qu'on l'applaudissait quand il résumait ses principes et sa méthode dans cette vive image : « Je mets le spiritualisme et le matérialisme à la porte de mon laboratoire ». Il avait raison. Ni le matérialisme, ni le spiritualisme ne sont affaires de laboratoire. Il n'avait et ne pouvait avoir qu'un objet et un but, l'étude des faits, sans penser aux conséquences prochaines ou possibles. Mais, hors de son laboratoire, le savant reprend tous les droits que lui confère sa libre raison, en particulier le droit de philosopher pour son propre compte, et il en use. Claude Bernard ne s'en privait guère, et rien n'était plus piquant que cette alternative du penseur et du savant qui se succédaient en lui, l'un avec une précision inflexible, une probité incorruptible d'expérimentateur, l'autre avec une hardiesse réfléchie et grave qui ne croyait pas déroger à la science positive en la complétant par de magnifiques inductions. Un jour que je l'écoutais avec une curiosité émue, tandis qu'il m'exposait, dans une liberté superbe de spéculation, les conceptions les plus hautes sur les origines des êtres : « Mais c'est de la métaphysique que vous faites là ! » m'écriai-je. — Assurément, me répondit-il, et je vais aussi loin que possible dans cet ordre d'idées auquel je crois d'une autre manière, mais tout autant qu'à l'ordre des faits dont je m'occupe tous les jours. La question est de ne pas mêler les méthodes. » Pour lui, c'était la sollicitation de ces idées supérieures qui gouvernait la science de la nature à son insu, qui dirigeait les expériences et suggérait les découvertes. C'est ce qu'il exprimait d'une manière hardie, montrant à quel point l'esprit mêle son activité originelle à l'interprétation des faits, pour leur faire produire tout ce qu'ils contiennent : « On peut dire que nous avons dans l'esprit l'intuition ou le sentiment des lois de la nature ; mais nous n'en connaissons pas la forme ». La science de l'esprit est tout entière en germe dans cette belle parole. Nous avons le sentiment des lois de la nature, c'est-à-dire l'intuition de l'ordre, mais non encore à l'état explicite et clair. Ici comme ailleurs, nous portons avec nous et en nous l'idée directrice ; l'expérience nous fournit l'occasion et la matière de déterminations de cette idée. Or, comment ce rapport entre les conceptions idéales de l'esprit et les lois de la nature pourrait-il exister, si ce n'est par l'effet de quelque harmonie préexistante entre le monde et l'esprit humain ? Si l'ordre réel est deviné, anticipé d'une certaine manière par la pensée, d'où vient cet accord ? Peut-il être l'effet d'une coïncidence fortuite ? Ce serait le plus étonnant miracle du hasard. Goethe, avant Claude Bernard, avait été frappé de ces effets de coïncidence inexpliquée ou d'harmonie souveraine entre les lois de la pensée et les lois de l'être. Il n'hésite pas à dire, dans ses *Aphorismes,* que « ces idées révélatrices sont la réalisation remarquable d'un sentiment originel de la vérité, qui, longtemps cultivé en silence, conduit inopinément, avec la vitesse de l'éclair, à une conception féconde ». On n'échappe pas à cet ordre de questions, d'où naissent les plus hautes inductions. On ne les supprime pas non plus. Les nier, ce serait encore faire du dogmatisme, mais du dogmatisme à rebours. Toute la science positive peut se faire sans l'intervention de la métaphysique ; mais elle part d'un postulat, elle aboutit à une conclusion, qui n'est qu'une autre forme du même postulat, c'est que la raison de l'homme est faite pour comprendre la raison des choses et qu'elle ne peut être le dernier produit des lois du mouvement, puisque c'est elle qui nous le fait comprendre, qui en devine les formules et en devance les démonstrations, et qu'enfin la puissance de l'esprit qui crée la science prouve qu'il est d'une autre nature que l'objet même de cette science.

La conséquence de ce long débat était une foi profonde et raisonnée à l'accord possible de la science positive et de la métaphysique, la conviction qu'il n'y avait pas entre elles d'antagonisme véritable, et en même temps une tentative pour jeter les bases de cet accord entre les deux ordres de faits et de vérités, pour reconcilier, non pas tous les savants, mais seulement, les savants sans parti pris avec les philosophes. Quelle sera la fortune de cette conciliation tentée par quelques penseurs de ce temps, avec qui nous nous rencontrons? il n'est guère aisé de le prévoir ; mais elle est possible et assurément elle est souhaitable, pour que la raison humaine ne se déchire pas elle-même dans une discorde éternelle.

En même temps que se développait l'empirisme issu du grand mouvement scientifique du dix-neuvième siècle, soit sous forme du positivisme français, celui de M. Comte et de M. Littré, qui essayait, par un malentendu sincère, moins manifeste, de confondre sa cause et sa fortune avec celle de la science expérimentale, soit sous la forme du positivisme anglais, plus large, celui de Stuart Mill, celui d'Herbert Spencer, moins strictement emprisonné dans des formules négatives, et qui déploie une activité d'idées et une fécondité extraordinaires, soit sous la forme du monisme allemand, qui logiquement remonte à Spinoza, mais qui a oublié en route ses origines métaphysiques pour se renouveler et se rajeunir dans l'idée de l'évolution, pendant ce temps, une autre école, une par l'inspiration première, très complexe par ses manifestations, venait en aide à toutes ces tendances et en multipliait les effets en contribuant à désagréger et à dissoudre les anciennes doctrines. Je veux parler du criticisme, qui, en apparence, n'est guère moins hostile à la métaphysique que les sectes diverses qui se rattachent à l'école empirique. Issu de la *Critique de la raison pure*, il prétend, par l'analyse des formes et des lois de la pensée, la réduire à l'impuissance spéculative, et déconseille d'inutiles excursions dans la région inaccessible des principes et des causes, dans le monde des *noumènes*. Nous avons examiné avec la plus sérieuse attention cette direction très marquée de la pensée contemporaine. Nous l'avons étudiée dans quelques-uns de ses plus célèbres représentants. Nous avons réussi, je crois, à mettre en lumière ce fait considérable qu'aucune de ces écoles issues de Kant, qui nient la légitimité de la recherche métaphysique, ne s'en prive pour son propre compte, et que chacune d'elles reconstruit un dogmatisme complet à sa manière et à son usage. Cette recherche est tellement naturelle et nécessaire à l'esprit humain qu'elle renaît partout, sous les formes les plus imprévues, même chez les penseurs qui semblent le plus résolus à la proscrire. Chacun d'eux arrive à son heure et infailliblement à dogmatiser sur les principes des choses ou la raison de l'univers. C'est Kant lui-même qui reconstruit comme objets de foi morale les noumènes qu'il a logiquement détruits comme objets de raison.

C'est Hamilton : personne n'a développé avec plus de vigueur que ce redoutable dialecticien la thèse de *l'inconcevabilité de l'absolu*, lequel étant par essence *inconditionnel*, exclut toute relation, toute détermination, et condamne à la contradiction toute raison qui croit le penser. Et c'est lui qui relève sous le nom de *croyance*, ce qu'il a détruit sous le nom de *connaissance*. C'est M. Renouvier, un penseur âpre dans la critique, mais doué au plus haut degré de la faculté de l'analyse. Lui aussi a développé à sa manière, qui est profonde et forte, l'objection de Kant sur l'impossibilité de la métaphysique, déduite de l'analyse des lois de la connaissance ; et quand il est arrivé au terme de son œuvre analytique, que l'on aurait tort de confondre avec le but qu'il poursuit, voilà qu'un changement imprévu se produit. Une théorie nouvelle s'élève, celle des inductions ou *croyances rationnelles* : l'idée de la personnalité, la perpétuité des personnes, les destinées individuelles, la réalité du libre arbitre, Dieu lui-même, la loi morale, élevée au-dessus de toutes les autres vérités de cet ordre et se portant garante de tout ce que nous pouvons atteindre en fait de principes. Voilà l'évolution de Kant accomplie chez les principaux représentants de sa critique. Au fond, qu'est-ce que cet ensemble de *croyances rationnelles*, ou cette *foi philosophique*, auxquelles tous finissent par revenir ? N'est-ce pas l'énergique postulat de la raison qui réclame contre la destruction de ses objets propres ?

A cette descendance légitime de Kant nous avons rattaché une brillante école, non de logiciens, mais plutôt de philosophes de l'histoire, qui ont combiné avec un grand art l'objection kantienne, et spécialement les antinomies, avec le mouvement dialectique de Hegel et la formule flottante de l'universel *devenir*. On connaît les célèbres thèses à l'appui, la transformation des choses en leur contraire, l'avènement inévitable de chaque idée, chaque contraire ayant son moment historique, d'où le caractère relatif de toute vérité, la chimère d'une vérité fixe, la génération perpétuelle, dans la contradiction des faits, du beau, du bien et du vrai, qui ne sont pas, mais qui se font. Mais ces grands artistes ne se trouvent-ils pas sans cesse en contradiction flagrante ? Ne cèdent-ils pas à chaque instant à l'attrait rétrospectif des croyances qu'ils ont eues, des opinions qu'ils ont traversées ? Maintiennent-ils avec une rigueur absolue leur défiance de tout dogmatisme ? Bien au contraire, ils emploient avec une sorte d'ingénuité, si ce mot convient à de tels raffinés d'esprit ou si l'on aime mieux, avec une véritable condescendance pour le public, des expressions consacrées par les vieilles philosophies ou les vieilles religions, quitte à les expliquer dans ses sens nouveaux, ou à sourire quand on s'y est trompé. D'ailleurs nous savons qu'eux-mêmes, dans leurs écrits, distinguent ce qu'ils appellent les *certitudes*, les *probabilités*, les *rêves*, et cela n'est-il pas une preuve que toutes les formes de la pensée humaine ne sont pas sur le même rang à leurs yeux, et qu'ils admettent bien des degrés dans l'erreur, ce qui n'est pas très éloigné d'un certain dogmatisme ?

Qu'est-ce donc que tout cela ? Que signifie l'action perpétuelle de cet instinct qui ramène toujours la raison à dogmatiser, même quand elle a été dépouillée de ses motifs de croire par l'analyse la plus inexorable, et qui opère aussi sûrement sur les esprits les plus cultivés, sur les logiciens les plus rigoureux ou sur les *dilettanti* de la critique les plus exercés à n'être pas dupes ? Ce n'est pas pour le vain plaisir d'élever des contradictions nouvelles dans le champ de la pensée et de mettre des philosophes aux prises avec eux-mêmes que nous avons fait cette recherche. Ce serait, en vérité, un médiocre résultat.

Mais un but plus haut a été poursuivi par nous et, dans une certaine mesure, atteint : c'est la démonstration qu'aucune logique humaine, aucune dialectique, aucune critique, fût-ce même celle d'un génie tel que Kant, ne peut persuader à la pensée d'abdiquer la recherche des causes, même en la menaçant de poursuivre un éternel mirage. Un instinct rationnel, invincible comme tout ce qui constitue la nature de l'homme, la soutient contre tout effort et tout raisonnement de ce genre. Chercher toujours pour ne trouver jamais, voilà ce qui lui paraît impossible. Tout mouvement lui semble avoir nécessairement un but. Que si elle traverse les systèmes, les doutes et les contradictions, c'est pour arriver quelque part. Ce n'est pas la peine de penser, si l'on ne doit pas aboutir. Dans ce cas ce serait le pessimisme qui aurait raison, c'est-à-dire l'univers absurde, la vie sans but, l'absence de pourquoi dans le monde : une solution sans doute ; mais quelle solution !

Une question intimement liée à celle-ci, c'est le genre de certitude propre aux vérités de l'ordre philosophique. Le malentendu qui rend ces vérités suspectes aux yeux de très honnêtes gens et d'esprit très sincère, tient à ce qu'on prétend exiger d'elles la même nature de certitude qu'on exige des sciences positives. C'est trop demander. Quand même la raison devrait s'éclairer, s'élever, acquérir une vue de plus en plus étendue des problèmes supérieurs, un tact de plus en plus précis de la vérité, quand la conscience devrait s'affirmer et s'assouplir jusqu'aux plus fines analyses, même à ce degré d'un perfectionnement inespéré de la méthode et des facultés qui l'emploient, jamais la science philosophique n'atteindra au même degré de rigueur que les autres sciences. Non pas qu'elle soit moins capable de certitude, mais la certitude qu'elle nous donne est d'un autre ordre. Cela tient à la nature des vérités qu'elle poursuit et qui est d'une toute autre essence, singulièrement plus complexe et plus délicate que celle des phénomènes physiques, ou bien encore celle des figures de l'espace et des quantités[1]. Nous avons essayé pendant toute une année, de montrer les conditions, les lois de ce genre de certitude, et de constituer sur des bases assurées la logique de la conviction dans cet ordre le plus élevé du savoir, en dehors de cette évidence positive qui enlève tout droit, tout prétexte même à la résistance, en dehors de cette rigueur absolue de raisonnement qui est irrésistible à la passion, à la mauvaise foi, à certains aveuglements de nature et de système. La vérité philosophique exige, pour être saisie, les plus rares facultés d'intuition et d'analyse ; mais elle ne s'impose pas comme s'impose une propriété du triangle ou un théorème de mécanique. Tout l'appareil géométrique de l'*Éthique* ne change rien à la nature de la vérité que Spinoza croit saisir. Elle reste fluide, et jusqu'à un certain point libre, à travers tout ce rigide appareil, elle échappe à ces étreintes d'un procédé mathématique qui n'est pas à sa place. C'est la noblesse de la philosophie d'avoir des vérités de cet ordre ; c'est son désavantage aussi aux yeux des esprits absolus qui n'admettent qu'un genre de démonstration ; c'est aussi là souvent l'angoisse secrète et parfois le désespoir de ceux qui, jouissant pour eux-mêmes de cette clarté souveraine de l'évidence dans un certain ordre de problèmes, ne parviennent pas toujours ni à l'imposer aux esprits réfractaires, ni même à la communiquer avec cette même clarté aux intelligences qui la cherchent. Qu'en faut-il conclure, sinon qu'il y a d'autres sciences que la science positive, et que tout savoir ne doit pas être

---

[1]. Nous avons traité cette question, avec une certaine étendue, dans une étude sur Jouffroy, *Revue des Deux Mondes* du 15 mars 1865.

nécessairement mesuré au degré de vérification possible et soumis aux règles du calcul?

Tel a été le programme très général de notre cours et l'esprit dans lequel ce programme a été rempli. Nous passerons rapidement sur les applications nombreuses et variées que nous en avons faites. Nous avons dû analyser les éléments irréductibles de nos intuitions rationnelles, les *a priori* qui sont le dernier fonds de la raison; nous avons cherché, sinon la vérification positive de ces intuitions, du moins leur confirmation dans l'histoire des religions, dans l'histoire de la philosophie, dans l'étude scientifique du monde. Nous avons fait converger ces longues études préliminaires vers cette double question : Y a-t-il de la finalité dans le monde, et à quel signe peut-on reconnaître qu'il y en a? Enfin, s'il y a une finalité instinctive, que prouve-t-elle? Peut-on admettre qu'il y ait dans la matière une finalité instinctive, qu'il y ait, comme on l'a dit, dans le premier atome un ressort de progrès qui soit le principe secret de ses métamorphoses, la première et la dernière raison de ses évolutions mystérieuses? Et nous avons amené le problème à ce dilemme fondamental : ou la nécessité mécanique à l'origine des choses ou plutôt sans origine des choses, ou la pensée au commencement du monde; la nature éternelle et fatale, ou la raison souveraine, libre, créatrice; une matière, une force aveugle, ou Dieu. Alors nous avons eu à nous demander si ce concept de la cause première, qui fait si intimement partie de la substance intellectuelle et de la vie morale de l'humanité, est déclaré impossible par les sciences de la nature. C'est une contre-épreuve négative que nous devions tenter, une vérification, si l'on veut, par la science positive, en tant que cette science ne contient pas une contradiction manifeste à cette intuition de la raison qui est en même temps un élément essentiel de l'histoire. Cette règle nous a semblé la bonne et nous l'avons constamment appliquée. Nous n'avons pas subordonné la vérité métaphysique à la vérité positive et expérimentale. Nous n'avons pas fait dépendre nos convictions des décisions de la physique et de la chimie, qui n'ont pas à décider directement dans les questions de cet ordre; mais notre devoir était de rechercher s'il est vrai, comme on le prétend, qu'il y ait incompatibilité absolue entre les faits d'un certain ordre et les résultats de l'investigation métaphysique. Or, la conclusion d'une longue et patiente étude, notre conviction absolue a été qu'il n'y a sur aucun point contradiction, et que toute contradiction apparente s'évanouit sous un examen plus approfondi, devant un regard plus libre.

Notre principe à l'égard des sciences positives dans ce genre de problèmes a été celui-ci : discerner en elles ce qui est un fait ou une loi de ce qui n'est qu'une assertion pure ou une hypothèse : laisser dans cet ordre de questions la parole entièrement libre et la dernière conclusion aux savants spéciaux ; nous bien garder de prendre parti dans telle ou telle controverse particulière (comme celle des générations spontanées ou celle de la métamorphose des espèces), par une sorte de prédilection périlleuse pour les inductions et les conclusions qui en peuvent être tirées. Or, en suivant ces principes, ce qui nous a paru évident, c'est que, quoi qu'il arrive, quelles que soient les révolutions de la science future, l'ensemble des phénomènes qu'elle étudie, le monde restera toujours ce que les Grecs ont appelé d'un si beau nom le *Cosmos*, c'est-à-dire un tout ordonné, conséquent, logique, parfaitement intelligible en soi, de plus en plus intelligible à mesure que le génie monte plus haut et s'avance plus loin; enfin que l'esprit scientifique ne contredit en rien une pareille espérance. Qu'est-ce, en effet, que le véritable esprit scientifique, sinon la perception de la raison des choses, de la liaison des phénomènes, de l'ordre progressif des formes et des êtres, la contemplation expérimentale de l'harmonie universelle? Quoi qu'il arrive, on peut être assuré que ces bases ne seront point ébranlées; l'étude du monde, à mesure qu'elle sera plus approfondie, confirmera cette parole vraiment prophétique d'Aristote : « Non, la nature ne nous paraîtra jamais être un ouvrage sans lien, un composé d'épisodes, comme une mauvaise tragédie ». C'est un poème d'une grande et merveilleuse unité. Et nous est-il interdit de chercher le poète?

Tel a été le centre de perspective où nous nous sommes constamment tenu dans nos recherches métaphysiques [1]. Pour être complet dans nos indications, nous devons rappeler, au moins d'un mot, la partie psychologique très étendue de notre enseignement, l'étude expérimentale des instincts, des passions, de l'intelligence, de la raison, de la volonté, de la conscience morale, enfin de la personnalité humaine. Sur ce terrain, nous avons rencontré à chaque pas les explications nouvelles tirées du darwinisme et les analyses très intéressantes (même pour ceux qui n'en admettent pas les conclusions entrevues) de la psychologie physiologique, qui devrait s'appeler plutôt pathologique. Tout en les estimant insuffisantes, nous en avons tenu grand compte, et notre application a été de faire passer la psychologie biranienne, qui est la nôtre,

---

1. Nous négligeons volontairement, pour plus de clarté, dans un ensemble de leçons qui s'étendent sur un grand nombre d'années, une foule de questions successivement traitées, toutes dépendantes les unes des autres, et dont on peut suivre la série dans plusieurs de nos ouvrages où sont reproduites des portions essentielles de notre enseignement, tels que *l'Idée de Dieu, la Philosophie de Goethe (Essai sur le Panthéisme au XIXe siècle), le Matérialisme et la Science, le Pessimisme, les Problèmes de morale sociale (Morale indépendante, Morale utilitaire, Morale zoologique)*, enfin *M. Littré et le Positivisme.*

par l'épreuve du fer et du feu. Ce ne serait rien moins qu'une épreuve mortelle pour la philosophie de la personnalité, que le triomphe de ces nouvelles doctrines, qui toutes se réduisent à un *processus* de mouvement nerveux ou d'actes réflexes.

Dans ces controverses, qui ont pris un si long espace de ma vie, je me suis appliqué constamment à pratiquer pour mon compte et à honorer dans mes adversaires la liberté de discussion, en tâchant d'en bien comprendre les devoirs, qui ne sont pas seulement des devoirs scientifiques, mais des obligations de conscience. La première règle m'a paru être de m'abstenir rigoureusement de toute polémique personnelle. Rien de plus déplorable, de plus honteux même, qu'une discussion philosophique qui glisse sur la pente vulgaire des récriminations, des insinuations, des représailles. Cette petite guerre d'épigrammes déshonore ceux qui la font bien plus que ceux qui la subissent. M. Guizot disait magnifiquement : « La polémique personnelle creuse les abîmes qu'elle prétend combler, car elle ajoute l'obstination des amours-propres à la diversité des opinions ». Et il ajoutait : « Je ne veux avoir pour adversaires que des idées ». La seconde règle applicable aux discussions actuelles de la philosophie, je l'ai prise dans le même auteur : « Quelles que soient les idées, il faut admettre la sincérité possible de ceux qui les professent ; la discussion n'est sérieuse qu'à cette condition, et ni l'énormité intellectuelle de l'erreur, ni ses funestes conséquences pratiques n'excluent sa sincérité ». J'en ai ajouté une troisième : c'est d'essayer de comprendre dans leur vrai sens les idées que j'ai dû combattre, d'interpréter à fond ces théories, sans trop m'arrêter à des erreurs manifestes ou à des contradictions de surface. C'est un des plus regrettables travers de la polémique que de chercher à tendre à l'adversaire des pièges, de le surprendre en flagrant délit d'oubli momentané de ce qu'il a pensé ou dit ailleurs, et de rechercher des triomphes aussi faciles qu'insignifiants sur des malentendus.

Ai-je été fidèle à ces règles que je me suis posées dès le début de mon enseignement? Je l'espère. C'est à mes auditeurs à répondre. Je ne puis répondre que de ma bonne volonté. Ce que je puis affirmer, c'est qu'en toute question, j'ai tâché d'élargir le débat, de l'élever, de me placer à cette hauteur où la personnalité s'efface et disparaît, où les idées seules sont en jeu. Si l'on n'a pas toujours observé à notre égard les règles que je me suis tracées inflexiblement à moi-même, il importe peu. On ne peut répondre que de soi. Si, dans une vie, vouée à des discussions de ce genre, je n'ai pas trouvé la paix, j'y ai maintenu au moins pour ma part le combat qui ennoblit, la lutte loyale des doctrines. Que fallait-il pour cela? Rien de plus qu'aimer sincèrement la vérité. Il fallait l'aimer assez pour en respecter même l'illusion dans les autres. Il fallait l'aimer pour les autres comme pour soi; il fallait l'aimer, même quand elle nous gênait; c'est ce que j'ai essayé de faire.

On nous dira, en parcourant ce tableau sommaire des questions posées, que nous nous sommes tenu constamment dans une situation défensive. Cela est vrai. Il y a des époques pour le dogmatisme, où il peut se déployer à l'aise et en toute liberté, dans le plein essor de ses grandes certitudes. C'est ce que Saint-Simon appelait les époques organiques, celles où se fondent les doctrines. Et puis il y a les époques critiques, comme la nôtre, celles où les grandes batailles s'engagent de toutes parts autour des idées, où il faut chaque jour combattre pour ses convictions, les exposer et les confirmer par l'exposition des systèmes adverses, tâcher de les faire triompher par la lutte. Cette position défensive, ce n'est pas nous qui l'avons choisie, ce sont les circonstances qui nous l'ont faite, c'est l'état actuel des esprits qui nous l'a imposée. Pressé de toutes parts, en butte à des arguments chaque jour nouveaux et à des objections toujours renaissantes, qui menacent de détruire de fond en comble nos plus chères convictions, nous sommes condamné à combattre pour elles sans trêve. Pourtant, si l'on y regarde de près, sous l'apparence de la critique, c'est un dogmatisme qui s'éprouve lui-même de cette façon et qui s'établit de plus en plus solidement par la discussion des théories contraires. Ce que nous avons défendu, c'est le droit pour l'esprit humain d'aborder les problèmes supérieurs et de mettre en harmonie avec la science nouvelle l'œuvre d'Aristote et de Leibniz sur les causes premières et les causes finales. Ce que nous avons défendu, c'est l'existence de l'esprit comme un principe de force irréductible dont les opérations sont liées sans doute au mécanisme cérébral, mais restent à la fois dépendantes et distinctes, dépendantes puisqu'elles ne peuvent se manifester sans un organisme, distinctes puisqu'elles sont irréductibles au mouvement. Ce que nous défendons, c'est l'existence d'une conscience qui centralise, je le veux bien, toutes ces petites consciences infinitésimales que l'on distribue dans les centres nerveux, mais qui leur est supérieure, comme la monade suprême de Leibniz l'est aux monades qu'elle régit. Ce que nous soutenons, c'est la réalité d'un sens moral, distinct de toute aptitude analogue, créé dans les espèces animales par la sélection, organisée en vue de l'utilité de l'espèce. Ce que nous n'avons pu laisser périr dans les théories zoologiques, non plus que dans les systèmes associationistes, c'est la raison, garantie par les idées nécessaires et par la conception de l'absolu, quelque concession que nous soyons disposé à faire, dans le détail, sur les formes successives et l'évolution historique de ces idées. Bien des problèmes nous échappent encore. Mais combien de problèmes aussi échappent aux sciences positives! Elles n'expliquent, quoi qu'on en ait pu dire, ni l'origine de la vie, la vie restant irréductible à la matière organique, ni la transformation des mouvements en pensées, ni la transformation des sensations en idées nécessaires, ni la personnalité esthétique, ni la personnalité morale, ni l'héroïsme, ni le génie; rien de tout cela ne peut être atteint par l'intermédiaire des connexions d'images, ni par les associations, ni par l'hérédité accumulée de Spencer. Elles ne rendent compte, dans la psychologie, que de la liaison de certains mouvements de l'appareil cérébral avec telle ou telle opération mentale, sans expliquer ni ce mode de pensée ni ce mode d'affection. La psychologie cérébrale, dont je suis loin de méconnaître l'intérêt, ne s'interprète elle-même qu'à l'aide et avec les signes de la psychologie proprement dite. Elle n'a de sens que par elle; elle représente tout au plus des caractères de l'alphabet, qui ne s'éclairent et ne prennent une signification que sous la lumière de la pensée.

C'est donc un ensemble de résultats dogmatiques que nous avons maintenu sous l'apparence d'une perpétuelle controverse. A ceux qui nous reprocheraient d'apporter un parti pris dans ces problèmes, nous répondrons que vraiment ce ne serait pas la peine d'avoir donné tant d'années à ce travail de la pensée, ne perdant pas de vue un seul instant ces grandes questions, les retournant sans cesse dans des méditations sincères, en poursuivant les solutions diverses à travers toutes les écoles et tous les livres, les comparant et les confrontant entre elles, tâchant de les estimer à leur juste valeur de probabilité ou d'évidence, si de tout ce travail, de cette agitation continue de la pensée, de cette application constante aux mêmes problèmes ne sortait pour nous le droit d'avoir une conviction et de nous y tenir. Qu'on nous réfute, soit; mais que l'on veuille bien reconnaître que ce n'est pas à la légère ni facilement que nous avons conquis cet ensemble d'opinions raisonnées que nous avons essayé de faire partager à nos auditeurs. Elle nous a coûté assez d'efforts et de peine pour que nous y tenions, cette doctrine où nous avons trouvé une lumière et une force. Si nous avons pu communiquer cette lumière et cette force à quelques esprits, pendant ces vingt années de parole publique, nous n'en demandons pas davantage, et notre vie n'aura pas été perdue.

# ESSAIS DE PSYCHOLOGIE SOCIALE

## I

### L'HÉRÉDITÉ INTELLECTUELLE ET MORALE

Ceux qui peuvent soustraire un instant leur esprit aux préoccupations de la politique et s'intéresser encore au drame des idées trouvent un émouvant spectacle dans le grand effort tenté par les sciences positives pour tout conquérir dans la vie de l'homme, la conscience aussi bien que l'organisme, pour étendre sur la liberté morale le niveau du déterminisme universel et rattacher à l'empire croissant des lois physiques tout ce qui jusqu'alors semblait constituer une nature d'un genre à part au milieu de la nature et comme un état dans l'état. La personnalité humaine est successivement chassée de toutes ses positions et menacée dans son dernier refuge par l'invasion de la science.

Il est curieux de suivre jusque dans la littérature le succès de ces tentatives. Voyez ce qui se passe dans ces domaines réservés à l'imagination et à la passion et qui semblaient le mieux à l'abri, le roman et le drame. Dans la plupart des œuvres qu'on nous donne sous ce nom, ce qui domine aujourd'hui, c'est la physiologie, et plus encore la pathologie, c'est-à-dire la physiologie troublée. Particulièrement dans le roman, si l'on excepte quelques écrivains délicats, psychologues de nature et de race qui résistent à la contagion et qui analysent encore des sentiments, la mode n'est-elle pas de décrire uniquement des sensations et d'en rechercher les causes physiques ? N'est-ce pas cela qu'on appelle aujourd'hui observer ? Tous ces problèmes qui se déroulent à travers un mélange étonnant de brutalités scientifiques et de raffinements littéraires, ce sont des problèmes de clinique. Il n'est question que de tempérament ; on nous donne des consultations en règle sur la *diathèse congénitale* et l'*idiosyncrasie*. Ah ! qu'en termes galants ces choses-là sont dites ! — La vie humaine, étudiée sous cet aspect, fait la figure d'un vaste hôpital ou d'un hospice de fous. Les personnages variés que l'on nous montre représentent les cas les plus intéressants de la psychologie morbide. Des maladies effroyables, sans nom jusque-là dans la langue usuelle, sont décrites avec une furie de détails qui étale tous les mystères, et une érudition scrupuleuse qui épuise les dictionnaires de médecine. La névrose joue dans notre littérature le rôle de la fatalité antique. Dans l'état passionné, l'homme est un malade, une machine détraquée ; dans l'état ordinaire, il est une machine bien ordonnée, un pantin dont les ressorts sont les nerfs. Mais ces ressorts eux-mêmes ont été tissus, modifiés, travaillés à travers les générations par une série d'influences ou d'habitudes qu'une nécessité industrieuse a combinées entre elles pour en faire l'invisible filet dans lequel notre volonté est prisonnière. Voilà où en est le roman contemporain ; il aspire à devenir tout simplement un manuel d'expériences de précision sur les maladies morales en tant que manifestation des maladies du corps, expression dramatique des fatalités de l'organisme.

Je ne désespère pas qu'un jour le dernier chapitre de chaque roman ne soit l'autopsie du héros ou de l'héroïne, destinée à justifier l'art du romancier et l'exactitude de ses informations ; ce sera le dénouement logique de l'œuvre ; au besoin, le certificat du chirurgien en garantira la valeur. C'est une période qui commence, l'avènement de la médecine dans la littérature. Dans ce nouvel âge du roman, chaque auteur qui se respecte devra être expert en scalpel, et avant d'écrire il fera bien d'avoir disséqué quelques cadavres, sans quoi il a des chances d'être méprisé de ses contemporains comme un idéaliste ; ce qui est une sentence sans appel, la mort sans phrase.

Parmi les sujets d'ordre physiologique ou médical dont le roman a singulièrement abusé dans ces derniers temps, se trouve au premier rang la question de l'hérédité, de ses conséquences physiques, intellectuelles et morales. Ici comme ailleurs la littérature n'a fait qu'exprimer à sa manière une des préoccupations scientifiques du temps présent. A l'heure même où elle posait dans ses fictions libres ce redoutable problème de l'hérédité, avec cette intrépidité d'affirmations et ce sans-gêne habituels à qui dispose des événements et les arrange à son gré, on l'abordait de deux côtés différents : d'une part, c'était la critique naturaliste, avec la précision plus apparente que réelle de ses procédés qui tendent à éliminer des œuvres de littérature et d'art l'homme lui-même, sa liberté d'inspiration et d'action ; d'autre part, c'était la philosophie scientifique. Les travaux récents de MM. Galton, Alphonse de Candolle, Dumont, Ribot, du docteur Jacoby, ont remis cette étude à l'ordre du jour. Une deuxième édition du livre très curieux de M. Ribot [1], vraiment nouvelle par le plan et les re-

---

1. *L'Hérédité psychologique*, par Th. Ribot. 2ᵉ édition ; Germer-Baillière, 1882.

cherches, et résumant les travaux antérieurs auxquels s'ajoute une riche contribution personnelle, nous offre l'occasion de rechercher dans quelle mesure le problème est résolu ou reste encore incertain. La question n'est pas indifférente. Il ne s'agit de rien moins que de savoir si l'homme a un fonds de nature qui lui est propre, une individualité qui lui appartient, ou si cette apparence de personnalité n'est que l'effet des conditions biologiques qui ont amené son avènement à la vie. Il s'agit de savoir si notre *moi* nous échappe et va se plonger dans le grand courant du fatalisme universel, de telle sorte qu'il ne resterait rien en propre à l'homme lui-même, ni de son œuvre, qui n'est qu'un legs d'habitudes et d'inclinations nécessaires, ni de sa pauvre et chétive liberté, qui n'est que l'illusion de la girouette mue par le vent, ni de sa conscience, qui n'est que la synthèse des mille petites consciences nerveuses, ni de son âme enfin, ou de ce qu'on appelait autrefois de ce nom, qui semble n'être plus que l'ensemble des circonstances accumulées par lesquelles s'est élaboré le cerveau, ou, tout au plus, ce qui reste d'indéterminé dans la science de l'homme, la part subsistante des causes inconnues, susceptibles d'être déterminées, mais ne l'étant pas encore.

D'ailleurs, quelles que soient les conséquences de la solution adoptée, il va de soi que c'est en elle-même que la question doit être résolue. Il faut la traiter uniquement par l'examen des faits et subir toutes les inductions qui en découlent. Mais, en revanche, si par hasard l'évidence n'est pas faite par l'école biologique, si sa démonstration reste en échec et se trouble sur des points essentiels, nous avons le droit d'en tenir compte et de prémunir loyalement le public contre un acquiescement trop facile.

## § I

La question n'a été nulle part étudiée avec autant de soin qu'elle l'est dans le livre de M. Ribot. Je n'ai pas besoin de rappeler les titres de M. Ribot à notre attention. On sait qu'il est un des promoteurs les plus résolus et les plus érudits de la nouvelle psychologie, et qu'il poursuit son œuvre avec une faculté d'analyse et une probité scientifique au-dessus de toute contestation. Si donc nous ne sortons pas de cette lecture convaincus, c'est sans doute que le problème, tel qu'il est posé par l'auteur, n'est pas susceptible d'une solution exacte, et qu'il manque dans les données un élément essentiel qui déconcerte par son influence méconnue les efforts de l'observateur et les prévisions du logicien.

Il faut d'abord bien s'entendre sur le mot *hérédité*. C'est, comme le dit Littré, la faculté qu'ont les êtres vivants de transmettre par la voie de la génération les variétés acquises[1]. C'est par la transmission de ces variétés qu'elle se distingue de la loi spécifique qui assure la permanence des caractères généraux de l'espèce. Il y a là deux ordres de faits que l'on confond trop souvent, ce qui embrouille singulièrement la question. Par exemple, pour ce qui concerne l'hérédité psychologique, ce qu'il s'agit d'étudier, ce n'est pas la permanence des traits essentiels qui constituent l'homme intellectuel, tels que le langage et la raison, mais bien la transmission des modes particuliers, la répétition exacte des caractères individuels qui tendent, nous dit-on, à s'accumuler, à se fixer chez les descendants comme les caractères spécifiques eux-mêmes. Que l'homme reçoive régu-

---

1. *Médecine et Médecins*, p. 366.

lièrement, par voie de génération, certains attributs sans lesquels il ne serait pas un homme, c'est l'idée de l'espèce qui se réalise en lui ; mais que la quantité ou la qualité variable de ces éléments intellectuels et moraux se transmettent aussi fidèlement et se perpétuent, que le même degré de mémoire ou d'imagination, que les différences d'aptitude intellectuelle ou l'intensité d'une passion, la force d'une habitude, se fixent dans le cours des générations, s'acclimatent définitivement dans une famille par une sorte de nécessité analogue et de transmission également régulière, fatale même, toutes les fois qu'elle n'est pas dérangée par d'autres fatalités concurrentes et rivales : voilà dans ses vrais termes le problème de l'hérédité tel qu'il se pose devant nous.

Jusqu'où s'étend cette faculté des ascendants de perpétuer leur ressemblance, avec le flot de la vie, dans les générations qui les suivent? Jusqu'où va ce pouvoir singulier qui est en eux de marquer à leur effigie la série de leurs descendants? Dans l'ordre physiologique, la question semble résolue. Il y a plus de trente ans que l'ouvrage du docteur Prosper Lucas fait loi dans cette matière [1]. L'hérédité se trouve d'abord inscrite en traits visibles dans la structure externe ; elle s'accuse surtout dans le visage, l'expression ou les traits de la physionomie. Les Romains aimaient à marquer par des noms expressifs ces signes héréditaires dans les familles. Les héritiers des grands nez, des grosses lèvres, des grandes bouches ou des grosses têtes s'appelaient les *Nasones*, les *Labeones*, les *Buccones* les *Capitones*. L'histoire moderne n'a pas dédaigné de noter en passant, en Autriche et en France, la lèvre des Habsbourg et le nez des Bourbons.

---

[1]. *Traité philosophique de l'hérédité naturelle*, par le docteur Prosper Lucas, 1849.

— C'est à propos d'un trait de ce genre, persistant avec une fidélité implacable à travers des égarements sans nombre et devenu comme le signalement des branches clandestines d'une famille, qu'un homme d'esprit disait plaisamment au dernier siècle : « Le monde oublie, Dieu pardonne, mais le nez reste. » — L'analogie de la taille se remarque aussi comme un signe héréditaire. C'est ainsi que, depuis un siècle et demi, les éleveurs anglais ont créé une race de chevaux moulée sur le même modèle et présentant à peu de chose près, avec de remarquables aptitudes, la même configuration physique. Le père de Frédéric II, Guillaume I$^{er}$, un grand éleveur à sa manière, pratiquait la sélection pour assurer dans l'avenir le recrutement du régiment de ses gardes, et ne tolérait le mariage, dans ce corps de géants, qu'avec des femmes d'une taille égale. Mêmes ressemblances dans la conformation interne, dans le volume, la structure, les analogies du système osseux, les proportions du crâne, du thorax, du bassin, de la colonne vertébrale, les particularités du système nerveux, de la force musculaire et de l'activité motrice. Les anciens avaient des familles d'athlètes ; les Anglais ont des familles de boxeurs, de lutteurs, de rameurs. Les familles de chanteurs sont nombreuses, et encore plus nombreuses celles qui sont rebelles authentiquement à la mélodie. Un des cas les plus curieux est relatif à la durée de la vie. Dans certaines familles, une mort précoce est si ordinaire qu'il est très difficile à un petit nombre d'individus de s'y soustraire. Chez les Turgot, on ne dépassait guère l'âge de cinquante ans. Turgot, voyant approcher cette époque fatale, malgré toute l'apparence d'une bonne santé et d'une grande vigueur de tempérament, comprit qu'il était temps de mettre ordre à ses affaires; il s'empressa d'achever un travail qu'il avait commencé, et mourut en

effet, à cinquante-trois ans. La longévité est également
héréditaire. Le 5 janvier 1724, mourait en Hongrie,
dans le banat de Temeswar, un cultivateur âgé de cent
quatre-vingt-cinq ans, qui avait vu changer deux fois le
millésime séculaire. Le cadet de ses fils avait, au moment de sa mort, quatre-vingt-dix-sept ans, l'aîné cent
cinquante-cinq ans. Ces longévités extraordinaires et qui
suivent les familles, sont de tous les pays et de tous les
temps [1]. — Il y a des accidents physiques qui se perpétuent. Un homme blessé à la main droite engendra plusieurs fils qui avaient un doigt tors comme leur père.
M. de Quatrefages a noté chez les Esquimaux cette singularité : comme on coupe la queue aux chiens qu'on
attelle aux traîneaux, les petits de ces chiens mutilés
naissent souvent sans queue. — Enfin il est inutile d'entrer dans le détail des maladies héréditaires ; elles sont
nombreuses et manifestent sous un triste aspect la régularité des transmissions. — Si, dans cet ordre de fonctions et de phénomènes, il arrive que le semblable ne
produise pas toujours le semblable, il faut attribuer ces
déviations du type naturel ou de la variété acquise au
dualisme des générateurs, ou encore à l'entre-croisement
d'autres circonstances dont on a la loi, qui viennent modifier la transmission de ces modes acquis et créer, si je
puis dire, certains cas de perturbation normale.

La question est-elle aussi clairement résolue, peut-elle
l'être quand il s'agit des phénomènes et des fonctions
psychologiques? Cette faculté de transmission existe-t-elle
au même degré pour les caractères intellectuels, affectifs
ou moraux? Selon M. Ribot, la même question doit recevoir la même réponse dans les deux ordres de phénomènes. La vie psychologique n'étant autre chose pour lui

---

1. Littré, *Médecine et Médecins*, p. 371.

qu'un autre aspect de la même activité vitale, elle en subit naturellement les lois. Le principe qu'il cherche à établir, c'est que, dans l'ordre des pensées et des sentiments aussi bien que dans l'ordre des fonctions physiques, l'hérédité est la règle et la non-hérédité l'exception. Tout au plus, en raison de la complexité et de la délicatesse des phénomènes, faut-il faire ici la part plus grande aux causes perturbatrices, déjà invoquées dans l'hérédité physiologique, et qui rétablissent d'une autre manière le règne de la loi, faisant rentrer les exceptions dans la règle par des voies détournées, mais certaines. — Notre dissentiment avec M. Ribot ne porte pas sur tous les points de sa thèse, mais sur un seul. Nous croyons pouvoir établir que, parmi les causes de perturbation qui viennent déranger la succession des modes intellectuels et moraux, M. Ribot a omis la principale, l'énergie spontanée ou acquise du *moi*, de quelque façon qu'elle se soit produite, qui crée une initiative au milieu des résultats prévus ou à prévoir, les modifie ou les bouleverse. Ce point est essentiel pour comprendre les changements prodigieux qui viennent déconcerter l'hérédité psychologique et troubler l'ordre de ses transmissions. Nous voudrions le faire sortir de l'ombre où l'école biologique l'a plongé et le mettre en pleine lumière. C'est ce même problème qu'il y a trois siècles Montaigne posait déjà en termes précis quand il se demandait : « Quel monstre est-ce que cette goutte de semence de quoy nous sommes produits porte en soy les impressions, non de la force corporelle seulement, mais des pensemens et des inclinations de nos pères? » — Montaigne a raison. Nous portons en nous la trace des pensées et des passions de nos pères; nous avons contracté dans le commerce des générations qui nous ont amenés à la vie des dispositions et des habitudes. Et pourtant il nous reste une chance d'être nous-mêmes, de rester nous-mêmes au milieu de ces influences qui nous viennent de toutes parts et qui nous arrivent même du fond des siècles, c'est la personnalité, trop méconnue par la psychologie naturaliste.

M. Ribot a consacré une partie très étendue de son ouvrage à l'analyse des faits, et il a raison. La question n'est pas de savoir si l'hérédité psychologique est possible, mais si elle est réelle. Peu importe qu'elle agrée ou non aux différents esprits, selon leur humeur dogmatique, peu importe qu'elle soit plus ou moins d'accord avec tel ou tel système; il s'agit de savoir si elle existe et dans quelle mesure. « Rassemblons des faits pour nous donner des idées », disait Buffon. M. Ribot a rassemblé avec un grand zèle ceux qui lui semblaient les plus significatifs. Je ne jurerais pas cependant que ce soient toujours les faits qui, selon le précepte de Buffon, lui ont donné ses idées. Sur plus d'un point, il est sensible que ce sont ses idées qui lui suggèrent, je ne dirai pas les faits, mais l'explication des faits. Il y a là des tentations dont il est bien difficile de se préserver, en pareille matière, dans un sens aussi bien que dans l'autre

Tout en mettant à profit les riches nomenclatures placées sous nos yeux, nous devons reconnaître qu'il s'en faut que tous les éléments de ces tableaux aient la même valeur et témoignent avec une vraisemblance égale en faveur de l'hérédité. Il y faut introduire, à ce qu'il me semble, un principe de classification qui en distribue l'inégale probabilité à bien des degrés divers et dans des catégories distinctes. S'il y a une induction qui résulte de l'examen comparatif des faits, c'est que l'hérédité s'efface et s'atténue de plus en plus à mesure que les fonctions mentales s'élèvent en importance et en dignité et finit par disparaître, tandis qu'elle se montre d'autant plus énergique et active que les modes qu'elle régit ont plus de liens et d'affinités avec l'organisme. On dirait que du fond de l'organisme une force secrète agit sur certains phénomènes limitrophes, les attire à elle et les rattache plus directement à l'hérédité physiologique. Ainsi, sur les vagues frontières qui séparent les deux domaines, la loi se révèle avec une force et une clarté presque dominatrices, qui décroissent sensiblement à mesure que l'on s'élève dans les régions des phénomènes supérieurs et vraiment humains. Cette induction, qui a pour nous la valeur d'un axiome, nous est suggérée par la lecture attentive des tableaux statistiques, qu'il ne faut pas se contenter de lire, qu'il faut interpréter.

Dans le premier groupe, nous rangerons tous les phénomènes de la vie mentale, qui sont sensiblement subordonnés aux conditions de l'organisme, par exemple, les anomalies et les troubles divers de la perception externe, les instincts et spécialement ceux qui se rapportent à la vie physique, les habitudes et les passions, particulièrement celles qui se rapportent à la vie de sensation, enfin les nombreuses variétés de la psychologie morbide. Ici il semble bien que M. Ribot ait raison et que, pour cet ordre de phénomènes, l'hérédité soit manifeste, une hérédité plus ou moins combattue par l'éducation, par le développement de la raison, la culture esthétique ou scientifique, la réaction du caractère personnel, mais enfin dont il est vrai de dire que, sans devenir une fatalité inéluctable dans tous les cas, elle n'en joue pas moins un grand rôle, un rôle d'influence très sensible et parfois prédominante dans notre vie.

Parmi ces phénomènes qui sont d'un genre mixte et marquent le passage de la physiologie à la psychologie viennent se classer naturellement les formes diverses des maladies nerveuses qui affectent plus ou moins profondément l'intelligence. Il n'est pas contestable qu'ici l'hérédité morbide sévisse avec une grande force, bien qu'il soit parfois difficile de la suivre à travers ses métamorphoses. C'est une liste attristante que nous fournissent les annales médicales, parcourant les groupes variés des névroses, l'hypocondrie, l'hystérie, et aussi les divers modes de l'aliénation mentale, l'hallucination, la manie, la monomanie, la démence, la paralysie générale. Bien que les statistiques varient à l'infini sur la proportion des cas héréditaires, la réalité du fait semble hors de doute, et, comme le dit M. Ribot, tous les traités des maladies mentales ne sont qu'un plaidoyer, le plus convaincant, le plus irrésistible pour l'hérédité. La manie du suicide est un des genres d'aliénation où la transmission se marque en traits irrécusables. Esquirol, Moreau (de Tours), Lucas, Morel, sont unanimes sur ce point. Ils constatent non seulement la régularité des cas similaires dans les descendants, mais l'uniformité dans la répétition, l'identité de l'âge pour la date de la mort volontaire et l'identité du procédé choisi. Un monomane se tue à trente ans; son fils arrive à trente ans et fait deux tentatives de suicide. Ces tentatives manquent pour lui, mais pour d'autres elles réussissent. Le même genre de mort est de tradition dans une famille; les uns se noient, les autres se pendent, les autres se jettent par les fenêtres; on dirait qu'une obsession fatale arrive à point nommé dans ces existences vouées au suicide et que l'image du genre de mort paternelle attire les fils par une sorte de fascination. Rien de plus navrant que de suivre ainsi les destinées d'une famille à la trace du sang à travers trois ou quatre générations.

A côté des troubles nerveux viendraient prendre place les variétés pathologiques de l'activité sensorielle de la vue, de l'odorat, de l'ouïe, les perversions du goût, les cas singuliers d'anesthésie ou d'hyperesthésie nerveuse.

Il y a des familles où l'on naît gaucher. La sensibilité tactile est raffinée et délicate à l'excès chez les peuples du Midi ; elle est généralement obtuse dans les races du Nord. La peau du Lapon est extrêmement peu sensible. Là, dit Montesquieu, « il faut écorcher l'homme pour le faire sentir ». On cite, au contraire, dans d'autres contrées, des personnes qui ne peuvent supporter le simple contact ou même l'approche d'objets comme la soie, le liège. Cette forme de sensibilité maladive se transmet aux enfants et devient héréditaire. — Il en est de même pour la transmission des modes sensoriels de la vue, soit qu'ils tiennent à des causes mécaniques, soit qu'ils proviennent d'une excitation ou d'une dépression de l'élément nerveux. C'est un fait avéré, selon Liebreich, que la myopie est en voie continuelle d'accroissement dans les pays civilisés. Ce qui l'amène, c'est le travail assidu de près, la lecture, le travail intellectuel, et de plus elle se transmet. Aussi en Allemagne, où ce genre de travail est un élément si important de la vie nationale, on a dû renoncer à faire de la myopie une cause de réforme devant les conseils de revision.

M. Guillemot, dans un travail curieux *sur l'Hérédité de quelques lésions acquises*, note ce fait de races diverses d'animaux, tous aveugles, vivant dans les cavernes de la Carniole et du Kentucky. Le défaut d'exercice a longtemps agi sur les générations successives de ces animaux et a fini par aboutir à l'anesthésie totale, la cécité. — Chez l'homme, les aveugles de naissance proviennent souvent de parents aveugles. Dufau cite vingt et un aveugles dont les ascendants, père, mère, grands-parents, oncles, avaient quelque affection grave des yeux. — Le *daltonisme*, l'incapacité de distinguer les couleurs, est transmissible au plus haut degré. Dans huit familles alliées, cette infirmité du sens de la vue a persisté pendant cinq générations et atteint soixante et onze individus. — Au contraire, dans certaines races et chez certaines familles, l'usage accumulé et transmis pendant plusieurs générations développe la vision d'une façon extraordinaire. Darwin nous donne l'exemple des habitants de la Terre-de-Feu, qui, à bord de son navire, voyaient des objets à une distance considérable, où n'atteignait pas le regard exercé des matelots anglais. Pallas, le voyageur, raconte que les Mongoliens des plaines du Nord peuvent voir à l'œil nu les satellites de Jupiter. — Les mêmes observations ont été faites sur les variétés héréditaires des sensations de l'ouïe, de l'odorat et du goût. Gratiolet raconte qu'un vieux morceau de peau de loup, usé jusqu'au cuir, présenté à un petit chien, le jetait dans des convulsions épouvantables, et cependant ce petit chien n'avait jamais vu de loup. Bien des exemples de ce genre prouvent également chez l'homme la transmission de sentiments singuliers attachés à certaines perceptions. L'anesthésie du goût et l'antipathie pour des odeurs déterminées sont héréditaires. — Dans tous ces cas, on dira sans doute qu'il ne s'agit pas tant d'hérédité intellectuelle que d'hérédité physiologique. Mais ici la ligne de démarcation est très difficile à marquer; les opérations des sens tiennent de trop près à l'intelligence pour que leurs anomalies ne produisent pas sur elle des effets correspondants, et qui, se transmettant avec leurs causes, engagent déjà la question de l'hérédité psychologique.

La même faculté de transmission se constate pour les instincts, et non pas seulement pour ceux qu'on appelle *naturels* ou *primitifs* et qui appartiennent à tous les individus des espèces actuellement vivantes, mais pour ceux qui sont acquis et dont la formation a pu être observée à un certain moment et dans des circonstances déterminées. Darwin a établi ce fait remarquable que les animaux qui habitent les îles désertes n'ont pas peur de l'homme la première fois qu'ils le rencontrent, mais que, peu à peu, ils deviennent craintifs, à mesure qu'ils expérimentent nos moyens de destruction, et qu'ils transmettent à leurs descendants l'habitude d'une méfiance salutaire. Cette forme de l'hérédité est utilisée tous les jours pour le dressage des animaux, chez qui l'on réussit à fixer certaines dispositions et aptitudes utiles. Chez l'homme, elle devient un auxiliaire énergique de l'éducation; il n'est pas douteux qu'il soit beaucoup plus facile d'obtenir des résultats élevés et durables dans une race où l'on a emmagasiné dans le cours des siècles un certain nombre d'instincts et d'habitudes conformes à cet état supérieur et qui a déjà reçu, avec le sang et les nerfs, une sorte d'éducation anticipée.

La catégorie des penchants et des passions qui se rapportent à la vie physique serait facile à remplir de faits très significatifs, par exemple ceux qui composent l'hérédité de la dipsomanie, ou l'*alcoolisme*, avec toutes ses transformations possibles. Car la passion de boire ne se transmet pas toujours sous cette forme : « Un de ses effets les plus fréquents, dit Magnus Huss, c'est l'atrophie partielle ou générale du cerveau : cet organe est diminué au point de ne plus remplir la boîte osseuse. De là une dégénérescence mentale qui, chez les enfants, produit des fous ou des idiots. » Quelles histoires que celles que racontent les auteurs spéciaux qui ont poursuivi ce genre d'hérédité! Un homme meurt d'alcoolisme chronique, laissant sept enfants : les deux premiers meurent en bas âge par suite de convulsions. Le troisième devient aliéné à vingt-deux ans et meurt idiot. Le quatrième, après des essais de suicide, tombe dans l'idiotie. Le cinquième est irritable, misanthrope et se brouille avec toute sa famille. Sa sœur est en proie à l'hystérie la plus prononcée et à une folie intermittente. Le septième seul lutte contre son tempérament à force d'intelligence et de volonté. — Dans une autre famille, voici les phases diverses parcourues : à la première génération, ivrognerie ; à la deuxième, ivrognerie avec aggravation ; à la troisième, hypocondrie ; à la quatrième, stupidité, extinction probable de la race. Sous des formes diverses, c'est l'hérédité qui fait son œuvre. — Elle la fait aussi, cette œuvre funeste, dans des passions d'un ordre plus complexe et qui, en apparence, sont plus indépendantes de l'organisme, la passion de l'argent, l'avarice, le jeu, le vol, l'homicide. Le docteur Maudsley prétend, avec preuves à l'appui, que, quand un homme a beaucoup travaillé pour arriver à la richesse, il reste dans ses descendants une fourberie et une duplicité instinctives, un extrême égoïsme, une diminution sensible ou même une absence d'idées morales, l'excessive passion pour l'argent absorbant toutes les forces de la vie et prédisposant à une décadence morale, ou intellectuelle et morale tout à la fois. Enfin l'hérédité de la tendance au vol et à l'assassinat est démontrée par les annales criminelles de tous les pays où les cas de transmission dans les familles sont, nous dit-on, très nombreux et tout à fait concluants.

Nombreux, j'y consens ; concluants, pas toujours autant qu'on pourrait le croire. Dans tous les phénomènes d'ordres variés que nous venons d'énumérer d'après M. Ribot, mais en les classant autrement que lui, il faut bien distinguer ceux qui dépendent d'un élément morbide introduit dans l'organisme et ceux qui n'en dépendent pas aussi sensiblement et qui relèvent peut-être de quelque autre cause. Ce terme *morbide*, plus spécialement employé dans certains cas, prouve d'ailleurs qu'il ne s'agit plus d'hérédité psychologique proprement dite. Partout où il s'applique, c'est de quelque lésion organique qu'il s'agit, de quelque altération des tissus nerveux, transmise avec la vie physique. Dès lors la question change de nature et d'aspect. Voyons, par exemple, ce qui se passe pour l'aliénation : bien qu'elle soit mentale dans ses effets, il est très probable qu'elle est physique dans quelques-unes de ses causes, sinon dans toutes, et ce qui est une probabilité pour la folie individuelle devient une certitude pour la folie héréditaire. Il en résulte que le problème, au moins dans ce dernier cas, est d'ordre physiologique. De même pour la maladie de l'alcoolisme qui, une fois contractée, se transmet avec les conditions d'un système nerveux profondément troublé. On cite aussi quelques traits de la manie du vol et de l'assassinat, dont le signalement semble révéler une sorte de fatalisme héréditaire et d'irresponsabilité imputable à l'empire absolu de causes physiologiques. Mais déjà ici le doute est possible et les cas sont très rares où l'évidence s'impose. — De bonne foi, et si l'on met à part ces faits exceptionnels, dans la généralité des cas, chez ces criminels qui semblent hériter des tendances funestes d'une famille, ne subsiste-t-il pas encore une part de liberté qui, mieux cultivée et autrement dirigée, dans des milieux plus favorables par l'exemple et la discipline morale, aurait pu soustraire le malfaiteur à ce déterminisme physique qu'on invoque en sa faveur? La tendance au crime n'était pas irrésistible par le seul fait de l'hérédité; elle l'est devenue. Il faut tenir grand compte enfin de l'action du caractère sur lui-même, qui fait que, dans des conditions identiques d'hérédité et d'éducation, les uns se sauvent, les autres se perdent irrémissiblement, sans qu'on puisse chercher à cette différence des destinées une autre cause que celle de la personnalité, que l'on veut en vain proscrire.

Pour mettre sur ce point notre pensée en lumière,

nous pourrions prendre l'exemple d'une infirmité singulière, le bégayement. A coup sûr, elle dépend d'une cause physique, bien que, d'autre part, des causes intellectuelles y concourent; elle est soumise à la loi de l'hérédité, et cependant elle est susceptible d'être parfaitement réformée par la volonté. En 1875, l'Académie de médecine disait, à propos d'un mémoire sur *l'Orthophonie* de M. Colombat (de l'Isère) : « Le redressement vocal du bégayement est sorti du domaine de la médecine pour entrer dans celui de l'enseignement; on ne traite pas le bègue, on fait son éducation. Le bègue n'a pas un médecin, mais un professeur. » Or si l'on consulte les principes de l'habile professeur couronné par l'Académie de médecine, on verra que tous se résument dans une série d'exercices imposés à l'élève, d'actes volontaires qu'on lui suggère et qui lui permettent de rétablir l'harmonie troublée entre l'influx nerveux qui suit la pensée et les mouvements musculaires au moyen desquels on peut l'exprimer par la parole. L'éducation de bègue consiste donc dans une sollicitation continuelle de sa volonté, et il est guéri déjà par avance dès qu'il a compris que sa guérison dépend de l'énergie personnelle qu'il apportera au redressement de son infirmité. « Lorsque le bégayement est héréditaire, le redressement est plus lent, mais il est aussi certain que dans les autres cas, de sorte qu'il appartient à l'individu de fixer en lui et de léguer à ses descendants l'habitude d'une parole correcte qu'il doit à l'énergie déployée pour refaire ce qui a été mal fait par d'autres ou par la nature. C'est un exemple intéressant de solidarité morale[1]. »

J'ajouterai que c'est un exemple intéressant du pouvoir de la volonté sur l'organisme. Et ce pouvoir, qui

1. *Revue philosophique*, mars 1883, p. 325.

pourrait dire au juste jusqu'où il s'applique? Qui peut en mesurer les effets? Qui peut en déterminer tous les résultats possibles? Comme il est de soi indéterminé, on veut n'en pas tenir compte. C'est vraiment trop commode. Là même où la liberté parait le plus sérieusement compromise, par exemple dans la folie et le suicide héréditaires, prenons garde d'être dupes et de trop accorder au prestige des nombres que l'on fait évoluer devant nos yeux. Tous ces tableaux qu'on nous présente ont le double inconvénient d'être très incomplets dans leurs données et souvent contradictoires. Il y a dans ces statistiques des écarts qui étonnent. Après avoir constaté que l'hérédité est au premier rang des causes de la folie, notre consciencieux auteur se pose cette question : Dans quelle proportion agit cette cause par rapport aux autres? Et voici sa réponse : « Les relevés divers s'accordent très peu entre eux. Les folies héréditaires représentent pour Moreau (de Tours) les neuf dixièmes; pour d'autres, un dixième seulement. D'après Maudsley, le chiffre serait au-dessus d'un quart et au-dessous d'une demie; sur cinquante cas d'aliénation qu'il a soigneusement examinés, il en a trouvé seize héréditaires, ce qui donnerait un tiers. Legrand du Saulle a rassemblé quarante-cinq statistiques faites en différents pays d'Europe ou d'Asie; elles varient de 4 pour 100 à 85 pour 100. » On voit quel vague et quelle incertitude règnent encore dans les documents de ce genre et leurs résultats. D'ailleurs de pareilles statistiques ne répondent qu'à un côté de la question. Quand il s'agit de suicide ou d'aliénation, on ne manque pas de noter les cas similaires dans les ascendants, les faits qui montrent en acte la loi de l'hérédité; on passe sous silence ceux où la loi ne s'accomplit pas. Un aliéné est soumis à l'examen médical; on découvre qu'il y a eu des troubles nerveux chez quelqu'un de ses ascendants. Mais si ce fait d'aliénation, qui attire votre attention sur les ascendants, ne s'était pas produit, ces troubles nerveux sans héritiers auraient passé inaperçus; on les aurait vite oubliés; on ne s'en souvient qu'à l'occasion du cas similaire qui se produit dans la même famille à la première ou à la seconde génération. Or, combien de malades on aurait trouvés, si on les avait cherchés, qui n'ont pas transmis leur maladie? Combien de membres de la même famille, sous l'empire des mêmes conditions physiologiques, ont échappé à l'hérédité fatale? On ne le sait pas, on ne le saura jamais. Précisément parce qu'ils ont échappé au mal, on n'a pas tenu compte de leur immunité, on les a perdus de vue. En face de ces statistiques incomplètes et partielles, il y aurait donc à établir une contre-partie indispensable, celle d'une enquête négative. Peut-être se convaincrait-on alors que, même dans les phénomènes mixtes que nous avons examinés jusqu'ici, l'hérédité est moins fréquente qu'on ne l'imagine, que les cas similaires frappent l'esprit davantage et par là peuvent le tromper, qu'en tout cas l'hérédité constitue une tendance plus ou moins énergique, mais qu'elle ne constitue que rarement une fatalité positive. Assurément il ne viendra à l'esprit de personne de nier la part de déterminisme que peut contenir l'hérédité; mais il importe de ne pas l'exagérer, il la faut enfermer dans certaines limites, il convient de lui retirer une partie des domaines qu'on lui a trop libéralement cédés.

A plus forte raison ce que nous disons des phénomènes mixtes s'applique à la psychologie proprement dite. Il se produit là comme un affranchissement graduel de notre nature propre, de plus en plus indépendante de l'organisme et de la nature physique. M. Ribot pose en ces termes, que nous acceptons volontiers, le problème de l'hérédité dans cet ordre de phénomènes : « Les modes supérieurs de l'intelligence sont-ils transmissibles comme les modes inférieurs? Nos facultés d'abstraire, de juger, d'inventer, sont-elles régies par l'hérédité, comme nos facultés perceptives ou comme les formes morbides de l'esprit?... Décomposer l'activité intellectuelle en opérations élémentaires (imagination, jugement, raison), comme le fait la psychologie analytique, et rechercher si chacune de ces formes est transmissible par l'hérédité, c'est poser la question sous une forme artificielle, souvent inacceptable. La nature des choses nous impose une autre méthode. Tout mode d'activité intellectuelle, quel qu'il soit, aboutit à un effet, à un résultat, trivial ou relevé, vulgaire ou insolite, théorique ou pratique; il se traduit par une création artistique ou industrielle, une œuvre scientifique ou simplement un acte de la vie ordinaire. Ces résultats, qui sont la forme concrète et pour ainsi dire palpable de l'activité mentale, peuvent seuls servir de point d'appui à notre recherche. » La question traduite dans le langage de tout le monde se réduit donc à savoir si le génie, le talent, la finesse, les aptitudes extraordinaires à l'art, à la science, à l'action, ou même les tours particuliers d'esprit, les manières singulières de penser ou de sentir, sont héréditaires et dans quelle mesure. M. Galton ne s'est occupé dans sa célèbre monographie que de *l'Hérédité du génie*[1]; c'est à un point de vue plus restreint encore que M. Alphonse de Candolle, dans sa très curieuse *Histoire des sciences et des savants depuis deux siècles*[2], a examiné ce problème.

M. Galton déroule devant nous de vastes tableaux de familles où l'on nous assure que les dons de l'invention

1. *Hereditary Genius, inquiry its laws and consequences*, 1867.
2. 1873.

et de l'art sont héréditaires. M. Ribot nous avertit, en les reproduisant, qu'ils ne contiennent pas une énumération complète, mais seulement un choix des cas les plus significatifs. Ce qui importe, en effet, c'est la qualité des expériences, non leur quantité. Eh bien! nous avouons qu'à chaque lecture nouvelle que nous avons faite de ces tableaux où ont été enregistrés avec tant de soin les cas d'hérédité du talent ou du génie, nous avons été de moins en moins convaincu. Il est bien peu de ces exemples où l'on puisse voir ces *experimenta lucifera* que demandait Bacon, et qui, même restreints à des cas isolés, dominent l'esprit en l'éclairant. Prenons d'abord l'imagination créatrice, celle qui fait les poètes, les musiciens et les peintres. Sur cinquante et un poètes nous en trouvons vingt et un qui ont eu des parents remarquables. Mais qu'appelle-t-on des parents remarquables? Sont-ce des poètes? Cela seul aurait une signification. Je prends au hasard quelques noms dans la liste : « Burns paraît avoir reçu de sa mère cette excessive sensibilité qui a fait de lui un des premiers poètes de l'Angleterre. — Chaucer, l'un des fondateurs de la poésie anglaise : son fils, sir Thomas, speaker de la Chambre des communes, ambassadeur en France. — Henri Heine peut être rapproché de son oncle Salomon Heine, célèbre philanthrope allemand. » Quels rapprochements inattendus! La liste des peintres produit de meilleurs exemples. Sur une liste de quarante-deux peintres, italiens, espagnols ou flamands, M. Galton en a trouvé vingt et un qui se rattachent à des parentés célèbres. Parmi les musiciens, la famille des Bach est le plus beau cas d'hérédité spéciale que l'on puisse citer. Elle commence en 1550 et traverse huit générations. Nous verrons tout à l'heure si, dans ces sortes de dynasties de peintres et de musiciens, l'hérédité explique tout, et si d'autres causes n'ont pas concouru à ce résultat. De l'imagination nous passons à l'intelligence proprement dite, qui comprend la réflexion, l'érudition, le goût, la faculté critique, le sens de l'observation, la science inventive. On peut établir deux catégories parmi ceux chez qui prédomine l'intelligence pure. Dans la première, on rangera les savants, les philosophes, les économistes; dans la seconde, les écrivains proprement dits, historiens et critiques. Les familles scientifiques ne sont pas rares. On cite volontiers la race célèbre des Bernouilli, qui a produit en si peu de temps un si grand nombre de mathématiciens, de physiciens et de naturalistes. En revanche, on avoue que l'hérédité chez les philosophes est rare, mais on en donne une raison assez péremptoire : pour ne parler que des temps modernes, Descartes, Leibniz, Malebranche, Kant, Spinoza, Hume, A. Comte, Schopenhauer, n'ont pas été mariés ou n'ont pas eu d'enfants. Parmi les écrivains et les lettrés, on remarque, sur une liste beaucoup trop longue et surchargée d'exemples douteux, quelques noms dignes d'être signalés, comme ceux des Sénèque, des Casaubon, des Étienne, des Hallam, des Schlegel. Viennent enfin les facultés actives, celles qui font les hommes politiques et les grands hommes de guerre, et dont on prétend qu'elles sont héréditaires comme les autres. Une énergie fortement trempée, toujours en exercice et les qualités qu'elle suppose, hardiesse, courage, confiance en soi, ascendant sur les timides, empire sur les irrésolus, tout cela qui constitue l'homme d'action, l'homme d'initiative, le grand capitaine ou l'homme d'État est-il transmissible? On n'hésite pas à répondre par une affirmation absolue, et comme types d'hérédité ascendante et descendante on cite, parmi les hommes politiques César, Charles-Quint, Cromwell, les Guise, les Mirabeau, les Richelieu, les Pitt; parmi les hommes de guerre, Alexandre le Grand, Annibal, Charlemagne, Gustave-Adolphe, Napoléon.

Ces longues nomenclatures produisent une sorte de vertige. Il faut s'y soustraire par quelques réflexions bien simples qui diminueront un peu la valeur des faits artificiellement assemblés. Nous ne voudrions pas entrer, ce qui serait facile, dans une discussion anecdotique qui réduirait beaucoup la part à faire, soit aux ascendants, soit aux descendants de ces privilégiés du talent ou du génie; mais en réalité que représentent tous ces faits, laborieusement recueillis dans l'histoire de tous les temps et de tous les pays, au prix de l'immense, de l'inépuisable réalité qui remplit la vie? Quelques cas isolés, exceptionnels, extraordinaires, dont l'imagination est saisie en raison même de leur singularité. Si, dans cet ordre de phénomènes, l'hérédité était la loi visible, incontestable, remarquerait-on, par exemple, la mémoire extraordinaire des Porson, ou la faculté politique des Médicis, ou le don musical des Bach? On remarquerait, au contraire, les cas qui feraient exception à la règle; ce serait la non-hérédité que l'on signalerait à notre attention. Qu'arriverait-il de ces fameuses listes de M. Galton, si l'on dressait celle des faits négatifs? On nous répondra, je le sais, que partout où un fait négatif se produit il y a eu quelque cause perturbatrice provisoirement ignorée. Cela est bien possible, on peut imaginer cette raison et bien d'autres. Cependant, si le nombre des cas négatifs, notés par un observateur attentif pendant une certaine période d'années, dans le cercle restreint de la vie ordinaire et non pas seulement sur le théâtre des grands événements, si le nombre des cas inexplicables par la loi de l'hérédité mentale excédait celui des cas auxquels elle semble s'appliquer, que deviendrait la loi elle-même et que serait-ce qu'une loi qui ne régirait que des exceptions? Que faudrait-il en conclure, avec la plus grande indulgence, sinon que cette loi reste fort obscure chez les individus, que son action se complique de mille influences qui la contrarient ou l'annulent, en un mot, qu'en dehors de certains faits extraordinaires, mais où d'autres causes peuvent concourir, elle manque de vérification sérieuse? Et, en effet, que de faits étranges, incertains! Que de parentés douteuses et vagues dans l'ordre de l'intelligence! Que de relations peu authentiques entre diverses manières d'avoir de l'esprit, ou du bon sens, ou du talent ou du génie! L'immense multitude des faits insignifiants, douteux ou négatifs, déborde l'observateur, échappe à ses prises et laisse dans la théorie des vides irréparables qui la faussent ou la brisent.

M. Galton a essayé de serrer de plus près ces résultats de l'hérédité mentale : « Il y a, dit-il, actuellement dans les îles Britanniques deux millions de mâles au-dessus de cinquante ans; parmi eux, j'en trouve huit cent cinquante illustres et cinq cents éminents. Sur un million d'hommes, il y en aura donc quatre cent vingt-cinq illustres et deux cent cinquante éminents. Étant donné un homme éminent ou illustre, quelle chance avons-nous de lui trouver un père, un grand-père, un petit-fils, un frère, un neveu, un petit-neveu éminent ou illustre? » M. Galton a étudié d'abord les familles des huit juges d'Angleterre, qui constituent la plus haute magistrature anglaise (de 1660 à 1865). Ce travail s'est étendu sur deux cent quatre vingt-six juges, et parmi eux l'auteur en a trouvé cent douze qui ont eu un ou plusieurs parents illustres. Puis il a porté ses recherches sur sept groupes : hommes d'État, généraux, littérateurs, savants, poètes, artistes, ecclésiastiques protestants. Il a étudié environ

trois cents familles qui contiennent entre elles près de
mille hommes remarquables, parmi lesquels environ
quatre cent quinze illustres. D'après ces nombres com-
parés entre eux, la chance qu'un homme remarquable
ait des parents qui le soient aussi serait pour le père
de 31 pour 100; pour les frères, de 41 pour 100; pour
les fils, de 48 pour 100. Mais, qu'on le remarque, ce ne
sont pas des lois, ce sont uniquement des moyennes,
établies sur un grand nombre de chiffres différents et
qui, dès lors, ne peuvent pas conduire à la détermination
quantitative, c'est-à-dire à la certitude, ni à la prévision[1].
C'est un objet de curiosité plutôt que de science : « Cette
recherche statistique sur l'hérédité ne tient pas ce qu'elle
promet, dit très bien M. Ribot.... La détermination quantitative n'existe que dans les mathématiques et une partie
de la physique; elle n'a pas encore pénétré dans la biologie; comment donc arriverait-elle jusqu'aux sciences
morales et sociales? Il est même douteux que jamais elle
y parvienne. Le chiffre est un instrument à la fois trop
grossier pour effiler la fine trame des phénomènes et
trop fragile pour pénétrer bien avant dans leur nature si
compliquée et si multiple. Avec sa précision apparente,
il s'en tient à la surface; car il ne peut nous donner que la
quantité, et ici elle est bien peu au prix de la qualité. »
Les résultats de la statistique de M. Galton n'ont pu
sortir du vague, malgré leur apparente rigueur. Qu'est-ce,
je le demande, qu'un homme éminent, qu'un homme
illustre, qu'un homme remarquable? Toute la statistique
est fondée sur cette distinction de termes, qu'il faudrait
d'abord éclaircir. On peut avoir été *remarquable* pour la
notice nécrologique du *Times*, en l'année 1868, et être
aujourd'hui classé parmi les obscurs dont les honnêtes

---

1. *L'Hérédité psychologique*, II⁰ partie, chap. III.

légions remplissent dans l'histoire les intervalles des grands noms. Et puis, pourquoi les hommes *éminents* sont-ils moins nombreux de moitié dans ces statistiques que les *illustres?* Où finit l'*éminence?* Où commence l'*illustration?* Qui peut mesurer ces différences? Et la mesure n'est-elle pas entièrement subjective? Tout cela est, en vérité, plus curieux qu'utile et ne conclut guère.

L'hérédité mentale se marque beaucoup plus clairement dans les faits collectifs ou généraux, ceux qui intéressent les races et les nations. Autant les informations qu'on nous donne sur les individus, leurs ascendants et leurs descendants, nous paraissent vagues, contestables, dénuées de rigueur et de précision, autant les observations tendent à se préciser sous la forme ethnologique. On dirait qu'alors l'hérédité s'imprime en plus gros caractères sur les masses humaines. Il y a des manières de penser et de sentir très vives et très particulières qui se transmettent dans un peuple et font sa marque distinctive au milieu des autres groupes de l'espèce humaine. Qui peut nier la permanence de ce qu'on appelle le caractère national? C'est sur ce fait considérable que Lazarus et Steinthal ont jeté les fondements d'une *Psychologie des peuples,* « qui a pour but de déterminer la nature de l'esprit d'un peuple et de découvrir les lois qui règlent son activité interne ou spirituelle, ou idéale dans la vie, dans l'art et dans la science ». Est-il possible de méconnaître l'étrange parenté qui unit, à travers leurs pérégrinations, leurs exils divers et leur fortune errante, mais toujours accrue, toutes les branches du peuple d'Israël? Qui ne connaît les traits distinctifs de sa physionomie intellectuelle et morale, plus sensibles encore que les traits de sa conformation physique? Et les Chinois, à mesure qu'ils se répandent à travers le monde, ne gardent-ils pas le signe indélébile de leurs facultés mentales, le don prodigieux d'assimilation, sans aucun don d'invention? Et quand cette race prolifique aura envahi de sa domesticité et de son industrie à bon marché la vieille Europe, comme elle est en train d'envahir le Nouveau Monde, croit-on qu'elle modifiera de sitôt quelque chose à sa manière de comprendre et de sentir la vie? — Le Gaulois que nous décrivaient Strabon, Diodore, César, ne revit-il pas dans le Français du dix-neuvième siècle avec sa vanité incurable, sa légèreté d'esprit, ses engouements faciles et aussi avec ses brillantes qualités, sa promptitude de compréhension, sa générosité? — Et pour généraliser la question, n'est-il pas évident que, si l'on compare les races humaines, l'hérédité mentale s'y manifeste en grand? Toutes ne participent pas aux mêmes aptitudes de l'esprit. La race blanche est plus intellectuelle que les races colorées, chez lesquelles on ne peut pas rencontrer d'hommes ayant fait des découvertes scientifiques. Et même, dans la race blanche, quelle variété d'aptitudes héréditaires! Certains groupes, par exemple, ne comprennent pas que, pour arriver à certaines fins, il est indispensable d'avoir une méthode : ils sont incapables d'observer scientifiquement. Cette faculté distingue les peuples européens ou d'origine européenne des peuples orientaux. De là une conséquence grave : il ne suffit pas d'introduire chez les peuples arriérés des moyens d'instruction, des industries, des causes favorables aux sciences pour susciter de vrais savants; il faudrait pouvoir modifier toute l'hérédité mentale, l'esprit et les penchants devenus instinctifs. On le voit très bien en Turquie, en Égypte, dans l'Inde, où la civilisation européenne commence à pénétrer chez des hommes de la même race que la nôtre au point de vue extérieur, mais très différents sous le rapport intellectuel[1]. Il est difficile d'éveiller en eux ces deux grandes aptitudes, la curiosité scientifique et le goût de la méthode. C'est le patrimoine de la vieille Europe, et il lui restera jusqu'à ce que l'évolution ait fait son œuvre. — Quoi qu'on fasse, les faits individuels ne prouvent pas grand'chose dans cet ordre de phénomènes. On a beau les interroger, les réponses qu'on obtient sont plus ou moins obscures et sujettes à mille restrictions; la loi s'efface à mesure que l'horizon de l'observateur se restreint; il reste seulement des cas d'analogie et d'uniformité curieuses. La preuve se relève et se fortifie singulièrement quand elle porte non plus sur les individus, mais sur les ensembles. Ici se manifeste avec éclat la loi de l'hérédité par la transmission des traits intellectuels ou moraux qui forment le caractère national d'un peuple ou le type psychologique d'une race. Il n'y a là qu'une contradiction apparente et nous en donnerons la raison dans les conclusions de cette étude.

## § II

Nous avons à juger maintenant cette tentative qu'on a faite pour réduire à la loi d'hérédité tous les phénomènes intellectuels et moraux. D'après notre exposé des faits, il est assez clair que nous ne prétendons pas nier cette loi, même dans l'ordre psychologique; nous voudrions seulement lui faire sa part, l'enfermer dans ses vraies limites, qui ont été, à ce qu'il nous semble, démesurément étendues. Pour se restreindre elle-même (ce qui est nécessaire dans un si vaste sujet), notre critique se bornera à ces deux points : Est-il d'une bonne méthode philoso-

---

1. A. de Candolle, *Histoire des sciences*, p. 283.

phique d'expliquer par l'hérédité seule les phénomènes les plus complexes, les plus délicats et les plus considérables de la vie humaine, quand on peut, au moins avec autant de vraisemblance, faire intervenir d'autres causes négligées à tort, très sensibles pourtant et même plus directement observables? — Enfin est-il vrai, comme on le prétend, que toutes les exceptions à la loi d'hérédité, même dans l'ordre intellectuel et moral, ne soient que des apparences?

Parlons d'abord de tous ces faits si curieux qui concernent l'hérédité intellectuelle. Pour quelques-uns de ces faits, qui sont précisément les plus extraordinaires, aucune cause assignable n'en rend suffisamment compte pas même l'hérédité. Voilà ce que nous essayerons d'établir. Quant aux autres faits de cette catégorie, ils s'expliquent tout aussi bien, mieux souvent, par le milieu, par l'éducation, les habitudes, l'atmosphère intellectuelle et morale où vit l'enfant, la force des influences qu'il subit et des exemples qui lui sont donnés. M. Ribot veut qu'on nous débarrasse de ces explications superficielles par lesquelles on croit pouvoir remplacer l'hérédité. Le mot est dur, injuste même. Selon lui, l'influence de l'éducation n'est jamais absolue et n'a d'action efficace que sur les natures moyennes. Sans discuter pour le moment cet axiome, nous reconnaissons que le milieu seul n'explique pas le génie, qu'il ne crée pas les facultés supérieures; mais il les manifeste, il les révèle là où elles existent. Que de nobles et hautes intelligences ont dû périr, étouffées dans leur germe par des circonstances défavorables et des milieux hostiles! Quelle part, au contraire, ne doivent pas avoir dans l'éclosion des esprits supérieurs, au sein de certaines familles privilégiées, l'exemple des procédés les plus délicats d'investigation, s'il s'agit des sciences naturelles, l'habitude des méthodes rigoureuses, s'il s'agit des sciences exactes! Qui pourrait démêler ici d'une main assez habile, dans la trame de ces influences diverses, ce qui revient à l'éducation et ce qui revient à l'hérédité?

Quelqu'un l'a tenté, non sans succès. C'est M. de Candolle, dans son *Histoire des sciences et des savants depuis deux siècles*. Ce livre, malheureusement composé de fragments épars et mal classés, abonde en observations justes et fines et tout particulièrement sur cette question. M. de Candolle n'a pas de parti pris contre l'hérédité. Il en a étudié les symptômes et suivi les traces à travers deux siècles, non pas dans des nomenclatures trop vastes pour n'être pas arbitraires et vagues, mais sur un terrain circonscrit, sur les listes des associés étrangers des Académies de Paris, de Londres et de Berlin. C'est après un long et patient examen qu'il est arrivé à des conclusions que nous adoptons volontiers, toutefois en les modifiant librement, en les appliquant en dehors des cadres où M. de Candolle s'est enfermé, en leur imprimant un certain caractère de généralité.

Tout d'abord il faut mettre à part (ce que M. de Candolle n'a pas fait avec assez de soin) le génie proprement dit, qu'on ne peut faire rentrer dans aucune catégorie déterminée. C'est là l'erreur qui vicie à nos yeux tout le travail de M. Galton et que le titre révèle naïvement: *Hereditary Genius*. C'est surtout le génie qui n'est pas un phénomène d'hérédité. Nous n'essayerons pas de l'expliquer; mais M. Galton ne l'explique pas davantage, et son tort est de croire qu'il l'explique. Précisément dans ce que le génie a d'extraordinaire et d'exceptionnel, c'est-à-dire dans ce qui fait proprement son essence, il échappe à toutes nos formules; il est le phénomène anormal par excellence, qu'on ne peut ni réduire à ses derniers éléments, ni classer dans un genre, phénomène irréductible, dont l'éclosion n'a pas de loi, au moins pour la science humaine, pas plus pour la physiologie qui a prétendu en rendre compte que pour la psychologie qui reste sans réponse suffisante devant ce grand problème. C'est là surtout que se révèle l'indigence des listes de M. Galton; c'est bien en vain qu'il essaye de rattacher des lignés d'artistes et de savants à l'homme illustre qui éclate à l'improviste au milieu d'eux. Même dans cette famille musicale des Bach, qui s'étend à travers huit générations et sur deux siècles, on a beau énumérer les exemples d'un don particulier pour la musique qui se répète dans chaque génération; on a beau faire défiler devant nous tous ces braves gens, ces organistes, ces chantres de paroisse, ces maîtres de chapelle, ces musiciens de ville qui sont des ascendants ou des fils, des petits-fils, qu'est-ce que tout cela? Il n'y a qu'un seul Sébastien Bach. D'où est venue cette impulsion particulière, cette force d'élan qui l'a porté au plus haut sommet de l'inspiration? Pourquoi lui tout seul dans sa famille a-t-il fait cette suite prodigieuse de préludes, de fugues, d'oratorios qui restent des monuments isolés dans l'histoire du grand art? Pourquoi lui et pas un autre? Ce ne sont pas les tables de M. Galton qui nous donnent les clefs du mystère. Elles révèlent simplement une transmission de la faculté musicale, une communauté des mêmes aptitudes chez les membres de cette famille. Mais c'est cela seul qui ne lui était pas commun avec les autres, cela qui a fait Sébastien Bach qu'il fallait expliquer, et c'est précisément ce que l'hérédité n'explique pas. Les aptitudes ont été transmises comme un patrimoine, mais le grand phénomène génial n'a été que la propriété d'un seul et ne s'est produit qu'une fois. Il est donc en dehors de l'hérédité, puisqu'il est unique. — Les mêmes réflexions, et avec plus de force encore, pourraient être faites à propos de Beethoven, pour lequel on ne peut alléguer que des exemples peu significatifs, ceux de son père et de son grand-père, maîtres de la chapelle de l'électeur de Cologne. Qu'est-ce que cela prouve pour l'hérédité du génie? Nous pourrions puiser à pleines mains dans ces nomenclatures, qui abondent en cas négatifs. Citerons-nous, parmi les peintres, le plus grand de tous, Raphaël (dont le père avait quelque mérite, sans doute, mais ce n'est pas de mérite qu'il s'agit), ou Titien, dont les deux fils et le frère savaient habilement manier le pinceau? Parmi les grands savants, quel rapport sérieux peut-il exister, dans l'ordre de l'invention et du génie, entre Aristote et son père Nicomaque, médecin d'Amyntas III, dont nous ne savons presque rien? Ou bien encore entre Galilée et son père Vicenzo, qui a écrit une théorie de la musique, entre Leibniz et son père, professeur de jurisprudence à Leipzig? Il n'y a vraiment qu'un seul exemple qu'on puisse nous opposer, la famille des Bernouilli, célèbre par le nombre de mathématiciens, de physiciens, de naturalistes qu'elle a produits pendant plusieurs générations. Encore faut-il bien se rendre compte de ce fait qu'un seul, Jean, fut placé par des contemporains à côté de Newton et de Leibniz pour ses belles découvertes mathématiques. Les autres furent des hommes très distingués, ce qui est bien différent; mais le génie reste à part.

Encore peut-on dire que, dans ces trois ordres de création, la peinture, la musique, les sciences mathématiques, il y a quelque chose d'héréditaire, non le génie assurément, mais une condition du génie, ou bien un certain apprentissage nécessaire, ou bien même une aptitude mixte, à la fois d'ordre physiologique et d'ordre intellectuel, qui sert à déterminer certaines vocations. C'est par là qu'on peut comprendre cette singularité de rencontres nombreuses de musiciens, ou de peintres ou de savants dans la même famille. Chez les peintres, par exemple, il y a quelque chose dont l'inspiration même ne peut se passer, c'est un certain nombre de données premières, de procédés techniques pour le dessin ou la couleur qui se transmettent plus aisément par l'exemple et par l'imitation dans l'atelier du père et qui se distribuent comme un patrimoine commun entre les enfants. Un seul de ceux-là s'élèvera au premier rang; mais cette initiation du métier lui aura été indispensable comme économie de temps et de travail et aussi comme facilité pour laisser l'inspiration plus libre. Macaulay a dit avec raison qu'Homère, réduit au langage d'une tribu sauvage, n'aurait pu se manifester à nous, et que Phidias n'aurait pas fait sa Minerve avec un tronc d'arbre et une arête de poisson. Il faut tenir compte de ces circonstances heureuses, qui se présentent à l'artiste dans certaines familles pour vaincre les premiers obstacles du métier et pour mettre dans la main du génie futur des instruments plus dociles, un crayon ou un pinceau plus familiers et déjà plus habiles dès le premier âge.

Des observations analogues pourraient être faites à propos des musiciens et des savants. Il y a là un élément en partie physiologique et, par conséquent, susceptible d'être héréditaire, qu'il faut noter, c'est la facilité de calculer qui existe dans certaines familles, à peu près comme celle de comprendre instinctivement la musique, que d'autres familles présentent à un degré singulier. M. de Candolle a très bien observé et décrit ces phénomènes. Le sentiment de la musique, c'est-à-dire une aptitude à mesurer le temps et à distinguer les notes, est une disposition de naissance chez beaucoup d'enfants, et dont on trouve l'origine, dans beaucoup de cas, chez le père, la mère ou les descendants qui ont précédé. Quand les parents des deux côtés sont musiciens, presque toujours les enfants naissent avec l'oreille juste. Quand l'un des parents est seul musicien, on voit souvent des frères ou des sœurs différer sous ce rapport. L'aptitude musicale, dans ce cas, n'est pas fractionnée ou atténuée pour chacun des enfants, mais l'un a l'oreille juste, l'autre ne l'a pas. Or l'impression causée par les sons est physique, mais la relation entre les sons et la mesure du temps est plutôt du domaine intellectuel. C'est un de ces phénomènes mixtes, parmi lesquels on peut ranger la faculté du calcul, qui paraît tenir en partie à certaine disposition du cerveau et qui, en tout cas, semble héréditaire dans certaines familles, comme l'appréciation des temps qui est la base de la musique[1]. On comprend comment cette facilité à saisir rapidement et à manier, pour les comparer ou les combiner, des valeurs numériques ou algébriques, est indispensable aux opérations du mathématicien. Or, on remarque cette faculté de calcul comme un bien propre, une singularité dans certaines familles, parmi lesquelles pourra s'élever un jour un mathématicien illustre.

Ces conditions ne sont pas l'essence du génie, mais elles lui sont très utiles pour l'aider à se dégager, à se révéler. C'est comme l'alphabet du métier pour le compositeur, le mathématicien ou le peintre, et il n'est pas inutile que le métier soit devenu pour le grand homme futur une sorte d'instinct par l'exemple et les traditions de famille. Voilà ce qui explique pourquoi il arrive que les grands peintres, les grands mathématiciens, les grands musiciens se produisent souvent dans des familles où la pratique de ces arts et de ces sciences est familière. La même aptitude peut être partagée par plusieurs membres

---

1. *Histoire des sciences et des savants*, p. 318 et *passim*.

de la même famille, qui resteront à un rang secondaire, quand un seul s'élèvera au-dessus de tous. C'est l'aptitude qui est héréditaire, ce n'est pas le génie, et c'est ce que M. Galton a constamment confondu dans ses nomenclatures. Si elles prouvent quelque chose, c'est uniquement l'utilité d'un certain concours de circonstances heureuses, soit l'initiation par le père, l'apprentissage du dessin et de la peinture, transmis presque avec le langage, soit une initiation spéciale par la nature, la faculté du calcul et le sens de la musique. deux instruments qui sont à la disposition de tous les membres d'une famille, mais qui ne deviennent qu'entre les mains d'un seul les outils du génie.

Dans les autres ordres d'invention, par exemple dans la poésie et l'éloquence, rien ne s'oppose à ce que le génie se produise solitairement dans une famille qui ne semblait pas y être préparée. La culture préparatoire, l'aptitude spéciale y sont moins nécessaires; il suffit que la langue nationale soit arrivée à un degré de clarté et de vigueur où elle peut porter la perfection. L'instrument vient ici s'adapter tout naturellement à la grande pensée qui le réclame, sans qu'il y ait besoin d'un apprentissage spécial, comme dans la peinture ou la musique. Parcourez les listes des grands écrivains et des grands poètes. Dans ces libres domaines de l'imagination et de la pensée pure où l'inspiration est affranchie du procédé, on rencontre très rarement au même foyer cette coïncidence d'aptitudes similaires qui a donné lieu, pour les peintres ou les musiciens, à l'illusion de l'hérédité du génie. Le plus souvent le grand écrivain éclôt seul. Il semble apparaître, comme un phénomène inattendu, dans une succession de générations modestes, dont il vient tout d'un coup briser la trame uniforme. Il arrive bien quelquefois que des aptitudes analogues se trouvent dans sa famille; mais c'est un événement sans portée et sans conséquences. Pierre Corneille a eu près de lui son frère Thomas, Racine son fils Louis, André Chénier son frère Marie-Joseph. Cela n'a pas d'autre importance que celle d'une coïncidence fortuite; le plus souvent le génie politique et littéraire se révèle sans montrer à côté de lui des frères inférieurs et sans se rattacher à un état civil. Qu'il ait sa raison d'être, nous n'en doutons pas, mais elle nous échappe; il faudrait la chercher, sinon dans ce domaine de l'inconscient dont on a tant abusé, du moins, en termes plus modestes, dans ces facultés de l'esprit humain dont la mesure, comme la vraie nature et la dernière essence, demeure jusqu'ici insaisissable. Bossuet, Pascal, Molière, Voltaire, Jean-Jacques Rousseau, Byron, Gœthe, tous, quoi qu'on fasse pour chercher quelques secrètes infiltrations qui doivent, à une certaine heure, faire jaillir la source à cette hauteur, tous restent inexpliqués par l'hérédité. Ils sont les premiers et les derniers venus dans la famille qui les a produits, sans aucune transmission visible du don supérieur. Et si nous remontions dans l'histoire, en nous tenant aux temps modernes, Dante, Milton et Shakspeare ne sont-ils pas aussi de grands solitaires que n'expliquent suffisamment ni l'évolution organique, ni le milieu intellectuel, ni la génération? Toutes ces conditions extérieures du génie qu'on a tant de fois déjà analysées et décrites, préparent l'événement et amorcent l'occasion; il y manque le dernier trait, le don suprême qui décide de tout le reste et qui fait qu'au milieu de tant de têtes de la même famille ou de la même nation, également prédestinées par le même concours de circonstances, une seule ait été choisie et que sur cette tête, seule élue, le rayon ait brillé; et l'on se demande toujours : Pourquoi sur cette tête et pas sur une autre? Non, jusqu'ici la grande inspiration dans la science, dans la poésie et dans l'art, n'a pas dit son secret, pas plus aux physiologistes qu'aux autres. Ces esprits souverains, précisément en ce qu'ils ont d'incommunicable, restent élevés et isolés au milieu du flot des générations qui les précède et qui les suit ; par ce côté supérieur de leur nature ils n'appartiennent pas à la nature. Ces hautes originalités d'intelligence qui dominent l'humanité n'ont pas un père et ne laissent pas de fils selon le sang. En dépit de M. Galton, ce qu'il y a de moins héréditaire au monde, c'est le génie.

Pour ce qui est de l'hérédité mentale à un moindre degré, que nous représenterons, si l'on veut, par ces mots, le talent, la vocation, l'aptitude, M. de Candolle nous semble en avoir analysé exactement l'origine et les conditions. Il ne nie pas absolument l'hérédité dans l'éclosion des vocations, surtout des vocations scientifiques, qui sont l'objet spécial de son étude, mais il ne la proclame pas exclusive et décisive ; il ne croit pas, après mûr examen, à une hérédité particulière pour telle ou telle science ; il n'admet qu'une transmission des facultés élémentaires dans un état d'harmonie et de vigueur qui constitue la bonne santé de l'esprit. Mais que deviendra ce précieux héritage? Il peut être appliqué de plusieurs manières bien diverses. L'individu qui a reçu de ses parents une certaine dose et une combinaison heureuse d'attention, de mémoire, de jugement, de volonté, et qui représentera le mieux ainsi les caractères de l'espèce humaine, ne sera pas condamné, par une sorte d'héritage fatal, à la spécialité d'un travail quelconque. Le plus souvent, c'est le choix réfléchi ou l'empire des circonstances qui détermine l'emploi de ces facultés, plutôt qu'une hérédité spéciale ; c'est le milieu et la famille qui en décident l'essor ; c'est l'application énergique de la volonté qui en fixe le succès. Il faut sans doute réserver le cas d'un goût déterminé pour telle carrière, ou d'une vocation irrésistible qui s'impose au jeune homme entrant dans la vie ; mais la preuve que ces goûts et ces vocations ne sont pas héréditaires, c'est qu'ils sont très souvent aux antipodes des habitudes paternelles et qu'ils diffèrent beaucoup entre deux frères ; ce sont souvent les produits d'une imagination active, sollicitée par certains attraits qu'elle s'est forgés à elle-même, ou des phénomènes de suggestion, par suite de quelque conversation ou de quelque lecture entraînante. Il reste donc une grande part aux circonstances et à la liberté dans l'emploi des facultés qu'on a reçues. « L'homme doué d'une forte dose de persévérance, d'attention, de jugement, sans beaucoup de déficit dans les autres facultés, sera jurisconsulte, historien, érudit, chimiste, géologue ou médecin, selon sa volonté déterminée par une foule de circonstances. Dans chacune de ces occupations, il avancera en raison de sa force, de son zèle et de la concentration de son énergie sur une seule spécialité. Je crois peu à la nécessité des vocations innées et impérieuses pour des objets spéciaux. Ce n'est pas, comme on voit, nier l'influence de l'hérédité, c'est la réduire à quelque chose de très général, compatible avec la liberté de l'individu, et pouvant fléchir ou se modifier suivant toutes les influences ultérieures, dont l'action augmente à mesure que l'enfant devient homme. » D'ailleurs même quand il semble que l'hérédité mentale s'accomplit, on remarquera qu'elle suit les grandes catégories de facultés plutôt que les facultés spéciales. Ainsi, rien de plus facile à trouver que deux frères, ou un père et un fils, célèbres l'un dans les sciences naturelles, l'autre dans les sciences historiques et sociales : les deux Humboldt ; Œrsted et son frère, jurisconsulte ; Hugo de Mohl, botaniste, frère de Jules de Mohl, orientaliste ; Mme Necker, auteur de l'*Éducation progressive*, fille du géologue de Saussure; Ampère, érudit et littérateur, fils du physicien. S'il y avait une hérédité spéciale, propre à chaque science, ces exemples seraient inexplicables; ils sont tout naturels, au contraire, si l'on admet seulement une transmission de facultés générales, applicables à toutes les sciences dont les méthodes sont analogues.

La célébrité, qui est la pierre de touche de M. Galton, malgré le vague de l'interprétation que ce mot comporte, est moins héréditaire encore que la spécialité. Elle n'est jamais qu'une exception, déterminée par plusieurs causes réunies. Pour qu'un homme devienne célèbre, il ne suffit pas qu'il soit doué d'une grande capacité; il lui faut encore des circonstances favorables. L'hérédité n'est pour rien dans tout cela, ou du moins elle n'a qu'une influence très accessoire. « Aussi est-ce un des préjugés les plus faux, quoique l'un des plus ordinaires, de croire, par exemple, que les descendants d'un habile capitaine peuvent conduire une armée mieux que d'autres, ou que le fils d'un mathématicien célèbre sera lui-même un grand mathématicien. A supposer, dans ces deux cas, une ressemblance du fils au père, plutôt qu'à la mère ou à d'autres ascendants, il y aurait seulement une probabilité, au moment de la naissance, pour le fils du grand capitaine, d'être un homme disposé à commander, et pour le fils du mathématicien d'être un homme disposé à calculer, ce qui peut faire du premier un bon piqueur ou un majordome distingué et du second un teneur de livres très exact. Pour s'élever au-dessus de la moyenne, bien d'autres choses sont nécessaires, qui dépendent d'autres facultés, héritées ou non, de l'éducation, des circonstances et surtout du caractère individuel. »

Parmi les circonstances favorables à l'impulsion de l'esprit, et particulièrement de l'esprit scientifique, qu'il est possible d'observer de plus près, se place la curiosité. M. de Candollle a raison d'y voir le principe de toutes les découvertes, pourvu qu'on entende par ce mot la curiosité des choses réelles et vraies, non celle des fictions. C'est le rôle du père de famille, le premier éducateur, d'exciter cette curiosité quand elle est inactive et molle de la réprimer et de la diriger quand elle est trop énergique et turbulente. Mais il ne faut pas se plaindre de cet excès, tout en le surveillant. C'est l'éveil même de l'esprit scientifique. Et qui ne sent que le chef de famille, plus encore que l'instituteur, tient là dans sa main le grand ressort moteur de l'activité intellectuelle et une partie de l'avenir de l'enfant futur? L'école physiologique dédaigne bien injustement ces moyens, qui ne semblent médiocres qu'à l'esprit de système. L'expérience, qui nous découvre la réalité sans se soucier des théories, abonde en renseignements curieux sur l'incroyable fécondité de ces suggestions par la conversation, par l'exemple, sur la portée d'un mot, d'une observation, d'un procédé ingénieux employé pour chercher la vérité et qui peut déterminer chez un enfant, chez un jeune homme une série de recherches analogues et, mieux encore, le désir de chercher. Si l'illustre Faraday, à l'âge de treize ans, apprenti chez un relieur, s'étant mis à lire au hasard quelques feuilles d'un modeste petit livre élémentaire sur la chimie, sent s'éveiller tout d'un coup son génie latent, s'empresse de vérifier les expériences indiquées sur la congélation, la dilatation, s'enchante déjà des perspectives qui s'ouvrent devant son esprit et jouit profondément du sens de la méthode qui se découvre à lui, que doivent être pour les vocations du même ordre l'influence des familles scientifiques où elles éclosent, ces habitudes de travail et de libre recherche, cet exercice permanent de la curiosité virile et de la sagacité féconde, qui deviennent comme l'exemple et la leçon de chaque jour? — On nous dit que l'éducation n'a pas une influence absolue; cela est vrai : l'éducation ne crée pas une intelligence supérieure là où elle n'existe pas; elle n'est pas une puissance créatrice, mais elle est au plus haut degré un pouvoir excitateur et révélateur; elle va chercher souvent au fond d'une inertie apparente des germes endormis; elle les agite par une sorte de fermentation, elle les féconde, elle prépare par eux des moissons qu'auraient couvertes éternellement sans elle, sans son appel à la vie, un silence de mort et la stérilité. — On dit que l'éducation n'a d'action que sur les natures moyennes. Sans doute, elle fait donner aux natures médiocres tout ce qu'elles peuvent fournir, tout, excepté la grande capacité. Mais pour les natures supérieures, sans les créer, elle les révèle. Combien d'entre elles, découragées avant d'avoir essayé leurs forces, vaincues d'avance, sans cette sollicitation énergique à la lumière, seraient restées éternellement obscures à elles-mêmes et aux autres!

Évidemment cela ne réussit qu'à la condition que se crée en même temps et se développe la volonté d'agir, de se montrer ou d'être utile. L'indifférence, la paresse de corps ou d'esprit, une certaine mollesse, la fatigue de la lutte, peuvent arrêter des hommes très capables, qui brilleraient sans cela au premier rang. C'est une chose remarquable que, dans chaque spécialité intellectuelle, certaines conditions morales soient nécessaires. Du désordre dans les notes, une simple négligence matérielle dans l'économie des moyens et du temps, une certaine irrégularité, une extrême inexactitude dans les heures ou la disposition de s'occuper de trop de choses différentes, arrêtent quelquefois l'essor d'un homme qui aurait pu devenir célèbre. Inversement, il ne manque pas d'exemples d'après lesquels un individu doué de talents médiocres, mais qui veut et sait les employer, arrive à une réputation méritée[1]. Tout cela est la vérité même observée sans prévention, la vue des choses et des hommes tels qu'ils sont ; tout cela sans grande prétention, et dans le ton de l'expérience de chaque jour, c'est la réalité même, la vie consultée dans ses puissances ou ses faiblesses, l'esprit examiné dans ses ressources et ses facultés et chez qui ni le talent ni la célébrité ne se produisent comme une grâce héréditaire, comme la jouissance gratuite des dons accumulés et transmis dans le cours des générations. L'hérédité prépare les facultés et l'aptitude au talent, mais d'une manière très générale, incomplète et vague. Il s'agit de conquérir et de mériter le reste par le double effort de l'éducation, qui est déjà la volonté excitée et dirigée, et de la personnalité, qui achève par son action propre l'action d'autrui commencée sur elle-même.

Nous voilà loin assurément de l'école biologique, qui goûte médiocrement ce langage et encore moins les idées dont il est le signe. Éducation, exemple, influences morales, suggestions diverses contrariant la nature, tout cela nous écarte beaucoup des causes et des lois qui règlent l'organisme. Mais l'école ne se tient pas pour battue. Non seulement elle repousse *a priori*, avec un dédain aussi peu dissimulé que peu justifié, ce genre d'explications qui lui paraissent superficielles, mais elle a entrepris de prouver qu'il n'y a pas même, à proprement parler, de dérogations à la loi de l'hérédité et que les exceptions ne sont qu'apparentes ; en effet, nous dit-on, elles représentent encore la loi dérangée dans ses conditions normales ou déguisée sous certaines circon-

---

1 M. de Candolle, ouvrage cité, p. 107, 112, 329 et *passim*.

stances accessoires, mais toujours présente même dans ses troubles et ses métamorphoses, en cela d'ailleurs conforme aux lois physiologiques qui, suspendues ou dérangées dans leur action, n'en restent pas moins des lois. Une loi qui agirait en l'absence de ses conditions normales serait un monstre dans la nature et ne serait plus une loi.

Voici donc comment on essaye d'expliquer le nombre prodigieux des faits qui échappent à l'hérédité. La première raison, c'est la diversité et la complication des lois qui la régissent. Pour ne citer que les principales, c'est d'abord *l'hérédité directe ou immédiate*, qui, si elle pouvait jamais se réaliser complètement, représenterait, comme le dit le docteur Lucas, « l'équilibre absolu des ressemblances intégrales du père et de la mère dans la nature physique et morale de l'enfant. » Mais ce cas est très rare, presque improbable. C'est ensuite la *loi de prépondérance dans la transmission des caractères*, d'après laquelle l'un des parents peut avoir une supériorité d'influence sur la constitution mentale de l'enfant. C'est encore *l'hérédité en retour ou médiate* (*l'atavisme*), d'après laquelle les descendants héritent souvent de qualités physiques et mentales propres à leurs ancêtres et leur ressemblent sans ressembler à leurs propres parents.

Dans ces deux derniers cas, comme dans le premier, c'est l'hérédité qui agit incontestablement; seulement ici elle se déguise et il n'est pas toujours facile de la retrouver. En effet, tout ne se passe pas avec la simplicité idéale qui donnerait comme résultat une moyenne entre les deux parents : il peut y avoir prépondérance soit du père, soit de la mère à tous les degrés possibles. De plus, les parents peuvent transmettre à leurs enfants des qualités ancestrales qui sont restées en eux à l'état latent. L'expérience des éleveurs fixe à huit ou dix générations le temps nécessaire pour éliminer les chances de retour. Or dix générations, c'est-à-dire pour l'homme trois siècles, représentent deux mille quarante-huit générateurs dont l'influence plus ou moins marquée est possible. Il y a donc des exceptions qui dérivent de l'hérédité même. Il en est d'autres qui ne dérivent pas de l'hérédité, mais qui la modifient d'une manière normale, de telle sorte que les perturbations qu'elles produisent, ne sont, elles aussi, des irrégularités qu'en apparence. Des causes très importantes agissent depuis le moment de la conception jusqu'à la naissance. On ne peut guère douter que certaines dispositions de l'enfant dépendent de l'état actuel et momentané des parents à l'instant de la procréation. L'influence de l'ivresse, par exemple, a été souvent constatée. Des observations nombreuses ont montré que l'enfant engendré dans un accès de délire toxique, même transitoire, peut être épileptique, aliéné, obtus, idiot. — Il y a une influence du moment qui peut imprimer à l'enfant futur la trace d'états plus transitoires encore, comme les passions et les affections morales. « Un des enfants adultérins de Louis XIV, conçu dans une crise de larmes et de remords de Mme de Montespan, que les cérémonies du jubilé avaient provoquée, garda toute sa vie un caractère qui le fit nommer des courtisans *l'enfant du jubilé.* » Il faut tenir compte aussi du développement du germe dans le sein de la mère. L'*Histoire des anomalies* d'Isidore Geoffroy Saint-Hilaire est pleine de faits curieux qui prouvent que les déviations du type peuvent être amenées par les causes les plus légères dans une des périodes de la vie embryonnaire. — Enfin reste la part à faire à ces lois si délicates, d'une observation si difficile, qu'on appelle *loi de balancement organique*, ou de *compensation de développement*, ou d'*adapta-*

*tion corrélative*, qui s'applique même en psychologie et qui consiste en ce qu'une faculté mentale (comme dans l'ordre physiologique un système d'organes) se développe aux dépens des autres. « Très souvent, paraît-il, à un père très intelligent, ayant mené une vie trop laborieuse, succède un fils de facultés débiles, de forces mentales en quelque sorte épuisées, de même que des enfants très peu sensuels naissent parfois de parents très débauchés ; il semblait que les parents eussent transmis non l'ardeur sensuelle elle-même, mais l'atonie qui succède aux excès prolongés. Il se fait ainsi toute sorte de compensations. Un père ayant beaucoup de santé et d'intelligence donne-t-il naissance à un fils plus intelligent que lui, il y a tout à parier que la santé du fils ne sera pas aussi forte que celle du père[1]. » De toutes ces causes, combinées entre elles, résulte que l'hérédité, tout en étant la loi, est toujours dans l'exception apparente, la totalité des caractères ne s'héritant jamais. Mais cette exception elle-même n'est, dit-on, qu'un accomplissement plus profond de la loi ; ses perturbations prouvent en sa faveur. Une connaissance plus exacte des causes nous montre l'hérédité là même où nous n'avions vu d'abord que des bizarreries et un jeu de la nature. Quand nous croyons que la loi se dément, c'est qu'elle obéit à des nécessités secrètes d'événements que nous n'apercevons pas, de contacts et de secousses qui nous échappent et qui se produisent à l'intérieur de la machine. La machine est très compliquée ; elle dépend de mille rouages dont l'action cachée produit parfois des effets prodigieux. Mais c'est toujours le même mécanisme et toujours la même loi du mouvement. La pathologie n'étant au fond qu'un dérangement normal de la physiologie, les exceptions à la loi de l'héré-

---

1. Ribot, *l'Hérédité*, p. 238, 261, etc.

dité ne sont que la loi troublée et qui, dès lors, ne peut plus donner ses effets ordinaires.

Tel est le cadre des explications dans lequel rentrent tous les faits en apparence contraires à la loi de l'hérédité. On voit dans quelle forte situation s'établissent les apologistes systématiques de cette loi. Ce n'est pas chose aisée que de les y poursuivre et de les en déloger. Comment leur prouver qu'un de ces cas d'exception, si nombreux et si compliqués, ne s'est pas produit justement pour expliquer un fait inexplicable en apparence? Tel fait est en contradiction avec la loi d'hérédité. Mais avec laquelle? Est-ce avec la loi d'hérédité directe ou immédiate? Cela importe peu ; si le fait reproduit une prépondérance marquée du père ou de la mère, et cela à tous les degrés possibles, l'hérédité est justifiée. — Non pas, dirons-nous ; ce fait, bien examiné, n'est imputable ni à l'influence du père ni à celle de la mère. — Soit, mais pouvez-vous prouver qu'il n'y a pas là un cas curieux de retour, un fait d'atavisme? Et l'atavisme, c'est encore de l'hérédité. — Nous entrons ici dans l'indémontrable : car il est impossible de connaître toutes les qualités ancestrales qui ont été en jeu à travers deux ou trois siècles et dix générations. Et puis, si cela ne suffit pas encore, rien n'empêche d'imaginer des dispositions momentanées qui auront pu influer sur la conception et la vie embryonnaire de l'enfant jusqu'à sa naissance. Et, comme dernière explication, ne reste-t-il pas la ressource de l'adaptation corrélative et de la compensation de développement qui dérange les résultats prévus dans les individus, mais rétablit l'exactitude des comptes dans l'espèce? — Il est impossible de nier expérimentalement qu'un de ces cas d'exception ne se soit pas produit dans l'histoire physiologique ou psychologique de l'enfant; la loi de l'hérédité sort donc victorieuse de toutes les épreuves qu'on lui fait subir.

Pas si victorieuse pourtant qu'on pourrait le croire. Ce qui fait sa force apparente fait aussi sa faiblesse. On ne peut pas prouver jusqu'au bout contre elle, mais elle ne peut pas non plus démontrer au delà d'un certain point. Des deux côtés, on en est réduit à des affirmations ou à des dénégations qui se valent dans le néant de toute preuve positive. Pour une quantité considérable de cas qui restent en dehors de l'hérédité visible, les partisans absolus de cette loi sont obligés de se réfugier dans la dialectique commode et illimitée des *probablement* et des *peut-être*, ou, ce qui est plus grave, des *assurément* sans preuve. « *Assurément*, il a dû se passer quelque chose dans la vie embryonnaire de l'enfant, qui a dérangé les lois normales et faussé en apparence l'hérédité en troublant les conditions selon lesquelles elle devait s'accomplir. » C'est, en dernière analyse, à des argumens de ce genre que l'école biologique a recours en beaucoup de cas, et raisonner ainsi, c'est avouer son impuissance, c'est reconnaître qu'on n'a plus des faits positifs à sa disposition, mais seulement des possibilités indéfinies, c'est-à-dire de simples conjectures.

En face de pareils raisonnements qui représentent les expédients d'une école dans l'embarras, se dresse cette réalité, éclatante d'évidence, celle dont nous avons suivi la trace toujours visible dans le cours de cette étude, celle qu'on s'obstine en vain à écarter, l'individualité psychologique et morale. Il n'est cependant pas facile de s'en passer, et c'est soutenir une gageure impossible contre l'expérience que de vouloir nier qu'il y ait dans tous les êtres vivants, et spécialement dans l'homme que nous considérons, un principe contraire à l'hérédité, un élément puissant de diversité, une force autonome et spontanée, qui modifie profondément les lois qu'elle rencontre autour d'elle et réagit contre les causes distinctes ou opposées. Sans revenir sur les faits que nous avons analysés et dans lesquels nous avons rencontré si souvent l'empreinte indélébile d'une individualité réfractaire, — comme ces profondes divergences d'aptitudes psychologiques qui se manifestent dans les mêmes familles, ces apparitions soudaines d'un grand homme au milieu de générations obscures ou ces chutes non moins soudaines d'une race illustre dans d'irrémédiables décadences, ne doit-on pas tenir compte de ces faits si curieux que les naturalistes ont relevés, des jumeaux par exemple, qui à coup sûr ont parcouru les mêmes phases et subi les mêmes accidens de l'instant de la conception à celui de la naissance et chez lesquels se présentent parfois de si étonnants contrastes de goût, de penchants et d'idées ? Que dire des deux jumelles de Presbourg, Ritta et Christina, qu'un accident de la nature avait réunies par l'extrémité postérieure du thorax et qui différaient si complètement de caractère qu'on était obligé de les surveiller sans relâche pour empêcher des querelles et des violences ?

C'est surtout dans l'ordre des phénomènes actifs que se marque ce principe d'individualité antagoniste, contraire à l'hérédité, toujours en lutte avec elle et souvent victorieux : c'est au moment où il s'éclaire par la raison et devient la personnalité, où il produit le développement libre de nos énergies, la pleine possession de nos facultés, leur direction énergique et soutenue vers un but déterminé, choisi par l'homme, voulu par lui, imposé de vive force au cours contraire de la nature, aux obstacles suscités par les circonstances ou aux résistances sociales. La forme rare et extraordinaire de ce pouvoir est celle qu'il prend dans des grands hommes qui ont marqué leur empreinte dans l'histoire, qui se sont emparés du cours naturel des choses et l'ont modelé à leur ressemblance. C'est le génie d'action, le génie des César, des Cromwell, des Richelieu, des

Napoléon, de tous les fondateurs d'empires ou de républiques, de tous ces dominateurs d'hommes qui ont plié les événemens à leur volonté, comme l'herbe qui plie sous le pied du voyageur. Et ce n'est pas seulement à ces hauteurs qu'on peut voir se manifester cette puissance; elle se révèle avec moins d'éclat, mais autant de force, dans l'action incessante de l'homme sur lui-même dès qu'il parvient à se soustraire aux influences du dehors et aux fatalités non moins impérieuses qu'il porte en lui-même : soit la science, qui est le prix d'une conquête de l'attention, d'un despotisme intelligent de la volonté concentrée sur un objet, le résultat de la poursuite obstinée d'une fin que l'esprit s'est assignée; soit la vertu, qui, elle aussi, est une conquête, mais d'un autre ordre, la conquête de la pureté et de l'énergie de la conscience sur les tentations inférieures de l'égoïsme; soit enfin l'héroïsme, qui est la volonté exaltée jusqu'au sacrifice. La tâche de la science, celle de la vertu et de l'héroïsme, sont des tâches essentiellement individuelles; à chacun de les accomplir tout entières pour son propre compte et par ses seules forces. Le savant, l'homme vertueux, le héros, produisent seuls leur œuvre; ils l'emportent tout entière dans la tombe; ils ne l'ont pas reçue comme un patrimoine, ils ne la transmettent pas comme un héritage. Si leurs fils les imitent, pour recommencer la même œuvre ils devront faire le même effort. Mais faut-il vraiment autant que cela pour montrer la personnalité en acte? Un seul trait suffit, une rupture d'habitude, l'affranchissement d'un instinct, un acte libre, c'est assez pour montrer que l'homme a en soi le pouvoir de placer son initiative souveraine dans l'enchaînement des cas similaires et pour briser la trame de l'hérédité.

Ce principe d'individualité contrarie visiblement les partisans absolus de l'hérédité. Mais l'hérédité a des partisans, plus dociles aux faits, qui ne résistent pas à l'évidence: tel le docteur Lucas, qui a senti profondément la difficulté et s'est efforcé de la résoudre. Il croit y réussir en imaginant tout simplement deux lois qui se balancent dans le jeu des forces vitales : l'une est la loi d'*innéité*, par laquelle la nature crée et invente sans cesse; l'autre est la loi d'*hérédité*, par laquelle la nature s'imite et se répète continuellement. La première est le principe du *divers;* la seconde est le principe du *semblable*. Si l'une existait seule, il n'y aurait dans le mode de la vie que des différences infinies en qualité et en quantité ; si l'autre existait seule, il n'y aurait que des ressemblances absolues et une trame uniforme de la vie. Mais, pris ensemble, ces deux principes expliquent comment tous les êtres vivants de la même espèce peuvent être à la fois semblables entre eux par leurs caractères spécifiques et différents entre eux par leurs caractères individuels. C'est en ces termes que M. Ribot résume la théorie du docteur Lucas, qu'il repousse d'ailleurs et non sans vivacité. M. Littré, plus indulgent, l'interprète dans son vrai sens et la reprend à son compte. « En toute transmission de la vie, dit-il, le nouvel habitant du monde apporte une part individuelle (ce que M. Lucas nomme *innéité*) et une part héréditaire qui provient des deux auteurs. Avec beaucoup de sagacité M. Lucas a démêlé ce double principe, ou, en d'autres termes, ce double fait primordial... C'est l'innéité qui produit dans toutes les familles les hommes de génie, les aptitudes spéciales, les dispositions prédéterminées; et c'est l'hérédité qui assigne aux races leurs caractères, aux castes leurs mœurs, aux générations des phases historiques et leurs tendances séculaires. » M. Littré porte le principe de l'individualité à ses dernières limites quand il dit : « C'est l'innéité qui, dans la culture des plantes et dans l'élève des animaux, produit les variétés; et c'est l'hérédité qui, lorsqu'elles en valent la peine, les conserve et les perpétue[1]. »

La psychologie naturaliste, chez plusieurs de ses représentants les plus récents, ne refuse pas d'admettre dans l'homme une spontanéité propre; dans un très curieux travail sur le développement du pouvoir volontaire, M. Bain en cherche le germe dans cette activité spontanée qui a son siège dans les centres nerveux, qui agit sans aucune impression du dehors, sans aucun sentiment antérieur, quel qu'il soit. M. Wundt, d'une façon plus explicite encore, démêle les causes *intérieures*, qu'il oppose aux causes *extérieures* de l'activité volontaire, et qui forment ce qu'il appelle le *facteur personnel (persœnliche Faktor)*. Ce facteur personnel qui vient se mêler à la chaîne des effets et des causes, est l'*essence interne* de l'homme, le *caractère*. Le caractère est, selon lui, la *seule cause immédiate* de l'activité volontaire. Dans ce qu'elle a d'intime, elle doit toujours rester une énigme; elle est l'indéterminable *Ding an sich* de Kant. « Quand on dit que le caractère de l'homme est un produit de l'air et de la lumière, de l'éducation et de la destinée, de la nourriture et du climat, qu'il est prédestiné par ces influences comme tout phénomène naturel, c'est là une conclusion complètement indémontrable. L'éducation et la destinée impliquent déjà un caractère qui les détermine : on prend ici pour effet ce qui est déjà en partie cause. Mais les faits d'hérédité rendent vraisemblable au plus haut degré que, si nous étions en état de remonter jusqu'au point initial de la vie individuelle, nous rencontrerions là un germe de personnalité indépendant (*selbständiger*) qui ne peut être déterminé du dehors, vu qu'il précède toute détermination. » En citant cette page curieuse, M. Ribot déclarait y donner

---

1. *Médecine et Médecins*, p. 368.

son adhésion dans la première édition de son livre[1]. Pourquoi n'a-t-il pas maintenu ce passage et son acquiescement à la doctrine qu'il contient? M. Ribot semblait alors sur le point de nous faire la concession suprême d'un *facteur personnel*. Cependant déjà la logique de son idée fixe l'arrêtait; il y avait lutte, hésitation. Dans l'intervalle de ces dernières années, il est retombé dans le déterminisme, qui ne lâche pas sa proie. La dialectique du système l'a replongé tout entier dans la force fatale et impersonnelle.

Recueillons au profit de la vérité, supérieure aux doctrines, les précieux aveux du docteur Lucas, de Littré, de Bain et de Wundt. Aucun de ces savants ne s'est refusé à reconnaître ce *fait-principe*, caché au fond de notre vie intellectuelle et morale, peut-être même de notre vie physiologique, un *primum movens* quelconque qui échappe au déterminisme, ce germe d'individualité qui ne peut être déterminé du dehors, vu qu'il précède toute détermination extérieure, la conditionne et la modifie. Les seules objections qu'on ait élevées contre ce principe, c'est qu'on ne peut l'expliquer par les lois connues, ni le comprendre dans la série des causes naturelles. Quoi d'étonnant, si cette cause elle-même n'est pas d'ordre physiologique? Et puis, est-il d'un bon esprit de nier une réalité parce qu'on n'en comprend pas l'origine? Mais alors niez la vie, puisque la génération spontanée est impuissante à l'expliquer. De quelque façon qu'il se produise, un principe dynamique existe; appelez-le *monade*, ou *âme*, ou *force*; pourvu que vous reconnaissiez que cette force est une force autonome et distincte, peu importe le nom. Cette force qui fait, au plus bas degré, l'individualité de l'être vivant, au plus haut, la personnalité de l'être raisonnable, elle s'impose à vous. Expéri-

---

1. *L'Hérédité, étude psychologique*, 1<sup>re</sup> édition, p. 477.

mentalement, vous ne pouvez pas la contester. La seule raison qui vous pousse à le faire, c'est une raison métaphysique. Mais cela n'est pas assez pour nous persuader. Vous dites souvent, et avec raison, qu'une conviction ou une espérance métaphysique ne suffit pas à prouver une réalité, soit. Mais consentez de même à ce qu'une difficulté d'ordre métaphysique ne prescrive pas contre un fait. Vous vous épuisez en vains efforts pour ramener cette force autonome à n'être qu'une forme déguisée de l'hérédité. Sans en nier directement l'existence, vous en transformez la nature. Vous n'y réussirez pas. Car s'il y a dans l'homme un pouvoir personnel, c'est précisément quelque chose qui se crée et se renouvelle sans cesse, en contradiction avec les éléments donnés; c'est quelque chose qui rompt la trame des phénomènes mécaniques pour y insérer un acte ou une série d'actes nouveaux, non contenus dans les phénomènes. La question n'est pas de savoir si l'apparition d'une telle force dérange les cadres d'une théorie; la question est de savoir si telle chose existe. Tant pis pour les théories qui ne s'accommodent pas avec la réalité.

Nous pouvons maintenant conclure, à ce qu'il semble, et ramener en quelques traits, sous les yeux du lecteur, les résultats de cette étude. L'hérédité psychologique existe assurément; elle existe comme prolongement ou retentissement de l'hérédité physiologique, dont les influences pénètrent au dedans de nous et enveloppent même notre être intellectuel et moral. — Mais dans quelle mesure se manifeste son influence?

En faisant de l'hérédité psychologique quelque chose d'uniforme et d'absolu, on l'a faussée. Elle existe, mais à différents degrés. Elle est plus sensiblement vérifiable dans les ensembles, dans les races, que dans les individus; elle s'y révèle en traits bien plus fortement marqués, parce que, dans les peuples et dans les races, l'élément individuel tend à s'effacer de plus en plus pour laisser reparaître la nature, c'est-à-dire l'espèce. Elle se montre particulièrement dans les cas de psychologie morbide, parce que les faits de ce genre sont des cas dérivés, dans lesquels l'individu retombe sous la domination presque exclusive des influences physiologiques. Elle se montre plus agissante à mesure que les phénomènes sont plus voisins de l'organisme, elle devient moins active à mesure que l'on gravit l'échelle des phénomènes humains : très forte dans les actes réflexes, les cas de cérébration inconsciente, les impressions, les instincts; décroissante et de plus en plus vague dans les phénomènes de sensibilité supérieure et de pensée; nulle dans les manifestations les plus hautes, celles de la raison et de la moralité, le génie, l'héroïsme, la vertu. Enfin, chez les individus eux-mêmes, elle ne s'offre pas avec des caractères identiques; elle mesure exactement son empire sur le degré de force et de personnalité de chacun de nous, gouvernant tyranniquement les uns, ne touchant que légèrement les autres, abdiquant devant les résistances décidées.

De tout cela ne résulte-t-il pas un enseignement certain et comme une démonstration éclatante? La loi d'hérédité s'atténue ou s'aggrave, selon que l'on s'abaisse dans la hiérarchie des facultés et des êtres. On peut suivre ainsi à la trace l'action et la réaction du pouvoir personnel en lutte avec cette loi qu'il modifie, qu'il suspend ou qu'il supprime. C'est, en d'autres termes, la lutte éternelle de l'espèce et de l'individu, ou en des termes plus généraux encore, l'antithèse de la nature et de l'homme. Non pas que la nature soit jamais détruite dans l'homme; mais il dépend de nous d'en restreindre l'empire et de convertir dans une certaine mesure la fatalité en liberté. Oui, sans doute, le déterminisme a sa part jusque dans le monde moral, mais quelle part? Les esprits absolus et sans nuance préfèrent les grosses solutions, les solutions absolues comme eux. La vérité est plus difficile à démêler. Jusqu'au centre de l'esprit nous retrouvons des éléments de l'universelle nécessité. L'hérédité pénètre dans notre for intérieur; là elle rencontre le pouvoir personnel qui entre en lutte, qu'elle domine ou qui la domine; c'est le problème moral qui commence. L'hérédité fournit les éléments et les matériaux de notre liberté future, c'est sur eux qu'elle doit s'établir; ces éléments sont la matière à laquelle elle imprimera sa forme. C'est précisément l'œuvre et le signe de notre personnalité de façonner à son image toutes ces influences variées qu'elle rencontre autour de son pouvoir naissant, de les transformer et de s'en dégager en se créant sans cesse elle-même et se développant par son libre effort.

Il reste à poursuivre dans leurs principaux effets les combinaisons variées de ces deux principes également irrécusables, l'hérédité et la personnalité; nous verrons comment leur mélange continuel et leur jeu réciproque rendent compte, par des conséquences inattendues et simples, des plus grands phénomènes de la vie individuelle et sociale.

## II

LES CONSÉQUENCES DE L'HÉRÉDITÉ. — LES LOIS DE FORMATION DU CARACTÈRE, L'INSTITUTION DES CLASSES, LES CAUSES MORALES DU PROGRÈS ET DE LA DÉCADENCE.

Nous avons examiné, dans les pages précédentes, ce qu'on nomme l'hérédité psychologique ; nous avons essayé de montrer que l'action de l'hérédité, très sensible dans les phénomènes organiques et dans les phénomènes mixtes, s'efface et s'atténue à mesure que l'on s'élève dans la hiérarchie des facultés, et tend à disparaître quand on arrive aux fonctions caractéristiques de l'homme, la pensée pure, l'art, la moralité. Dès les commencements les plus obscurs de l'existence, l'hérédité rencontre à côté d'elle, au-dessus d'elle, un principe antagoniste, le principe qui fait, à son plus bas degré, l'individualité de l'être vivant, à son plus haut degré, la personnalité de l'être raisonnable. Il est impossible de rien comprendre au monde réel et vivant si l'on ne tient pas compte de ces deux forces en présence dans la bataille de la vie, sur l'humble terrain de l'existence individuelle comme sur le théâtre élargi où se joue le grand jeu de l'histoire.

Ces conclusions, prises dans la réalité, rencontrent cependant des résistances qui ne désarment pas. L'hérédité, nous dit-on, est l'explication suprême, la dernière raison de tout. Elle est l'ouvrière unique de l'intelligence de l'homme, de son caractère et de son histoire ; c'est elle qui explique l'origine de la pensée et toutes ses formes, la moralité et toutes ses lois ; elle encore qui a fondé l'organisme social en distribuant dans des cadres nécessaires les aptitudes, les capacités et les forces, elle toujours qui crée la civilisation avec ses attributs essentiels, la solidarité, la continuité, le progrès ; c'est grâce à elle et à elle seule que se forme peu à peu le capital intellectuel ou social d'une nation, et qu'il se transmet fidèlement comme le patrimoine d'une famille unique qui ne meurt jamais et reste toujours ainsi l'héritière d'elle-même à travers les siècles, assurée d'une fortune sans limite et d'une prospérité sans trêve.

Nous voudrions faire la part de ces illusions et remettre en lumière dans tous les phénomènes de la vie individuelle et sociale l'action de la personnalité humaine, sans laquelle l'hérédité ne pourrait ni produire sûrement ses plus heureux effets ni les transmettre impunément. Inexplicables par une seule de ces causes et par un ressort unique, ces grandes fonctions de la vie et de l'histoire s'expliquent aisément par le jeu combiné des deux forces, et c'est aussi de cette combinaison, selon qu'elle avorte ou qu'elle réussit, que se déduisent les lois principales qui décident du progrès ou du déclin dans les choses humaines.

§ I

Quand on lit les récents ouvrages de la psychologie nouvelle où disparaît à tout jamais la personne humaine, engloutie dans le grand fleuve où chaque individu n'est qu'un flot qui passe, sans existence réelle et presque sans nom, on est saisi d'une sorte d'effroi, et l'on est tenté de répéter le cri de désespoir que jetait Michelet vers la fin de sa vie, en présence de ces théories naissantes qui lui semblaient déposséder l'homme de lui-même et le livrer tout entier en proie aux forces cosmiques : « Qu'on me rende mon *moi!* » — En effet, au milieu de toutes ces influences qui pèsent sur chaque homme, les actions variées du milieu et du climat, celles du groupe social dont il fait partie, sous le coup de la pression qu'exercent sur nous les siècles passés, la suite de nos aïeux dont l'influence anonyme et secrète descend jusqu'à nous, la famille immédiate qui a pétri notre âme par la discipline bonne ou mauvaise des exemples et de l'éducation, l'opinion et les passions de nos compatriotes, les préjugés et les tyrannies du temps où nous vivons, quand tout semble ainsi concourir à faire de ce *moi* une résultante de circonstances accumulées et fatales, le miracle, c'est que l'individualité du caractère ou celle de l'intelligence puisse se maintenir. Comment et à quelles conditions peut se conserver dans le monde l'originalité morale et intellectuelle qui seule donne à la vie son intérêt et son prix?

Mais avant tout, nous devrons écarter du débat les récentes théories de l'empirisme anglais qui ont poussé à leurs dernières limites les applications de l'hérédité. Selon MM. Herbert Spencer et Lewes, les formes de la pensée ne sont, comme les formes de la vie, que le dernier terme d'évolutions antérieures. L'erreur commune de Descartes et de Kant est d'avoir pris comme type d'étude l'esprit humain adulte, et considéré les conditions actuelles de la pensée comme des conditions initiales, des aptitudes innées, des *préformations*. Ce qui constitue l'intelligence, c'est l'expérience de la race, organisée et consolidée à travers un grand nombre de générations. L'idée de l'évolution est appliquée en toute rigueur à l'origine des idées, le développement mental accompagne fidèlement le développement du système nerveux qui le produit et qui l'exprime. Les expériences individuelles ne fournissent que les matériaux concrets de la pensée. Le cerveau représente une infinité d'expériences reçues pendant l'évolution de la vie en général; les plus uniformes et les plus fréquentes ont été successivement léguées, intérêt et capital, et elles ont ainsi monté lentement jusqu'à ce haut degré d'intelligence qui est latent dans le cerveau de l'enfant, et qu'il léguera à son tour, avec quelques faibles additions, aux générations futures[1]. — Il en va de même pour la genèse des idées morales. Elles ne procèdent pas autrement que les formes

---

1. H. Spencer, *Principes de psychologie*, synthèse spéciale.

de la pensée. Il n'y a pas un code de morale inné, ni en puissance ni en acte, dans l'entendement humain. Toutes les idées fondamentales moulées dans notre cerveau par l'expérience des siècles se sont créées successivement et transmises avec les modifications de la structure organique. Nul fait de conscience n'échappe à cette explication universelle : ni les sentiments, ni la volonté, ni le phénomène moral dans toutes ses délicatesses et sa complexité. Les vraies bases d'une théorie du bien devront être cherchées dans la biologie et la sociologie; le seul bien que nous puissions concevoir, c'est l'équilibre définitif « des désirs internes de l'homme et de ses besoins externes », en d'autres termes, l'harmonie entre la constitution organique de chacun et les conditions de l'existence sociale, qui est à la fois l'idéal moral et la limite vers laquelle nous marchons. La morale se constitue graduellement par les lois empiriques des actions humaines, reconnues chez toutes les nations civilisées comme les conditions essentielles de leur existence et répondant le mieux à leur instinct de conservation. Ainsi se développent une à une les règles de conduite privée et publique, qui ne sont dans leur humble origine que des expériences généralisées d'hygiène sociale et d'utilité[1].

Donc plus de discussions vaines sur les axiomes de métaphysique, les principes régulateurs de la raison, les idées directrices de l'entendement, les principes de morale. Ni l'innéité de Descartes, ni celle de Leibniz, ni les lois formelles de Kant, ni la *table rase* de l'empirisme vulgaire, ni la sensation transformée, n'ont raison les unes contre les autres, dans cette vieille querelle sur l'origine des idées. La question est renouvelée et ne se pose plus dans les mêmes termes, ou du moins les termes

---

[1]. Voir les *Bases de la morale évolutionniste*, par H. Spencer.

anciens n'ont plus le même sens. Il y a une innéité, mais actuelle, non d'origine, qui est le résultat de l'expérience collective des âges et comme le résidu des efforts de chaque homme et de chaque génération. C'est l'hérédité qui a tout fait; elle a créé de toutes pièces l'homme intellectuel et moral, comme l'homme physique; elle l'a tiré lentement, pas à pas, du *presque néant* où gisaient son misérable présent et son précaire avenir; elle en a formé sa nature actuelle; c'est de ce point obscur qu'elle a développé la trame de ses riches destinées.

Quelle que soit pour certains esprits la séduction d'une pareille hypothèse qui applique au règne de la pensée le même transformisme qu'au règne de la vie, et qui, d'un petit nombre d'actes psychiques très simples, peut-être d'un seul, l'acte réflexe, fait sortir la variété infinie des instincts, des intelligences, des sentiments et des passions, toute la raison, toute la conscience morale de l'humanité, M. Ribot lui-même, si hardi dans le sens des solutions simples, ne se reconnaît pas le droit d'accepter celle-ci dans les conditions où elle se présente. Elle ne lui semble ni vérifiable par l'expérience, ni suffisamment démontrée par la logique[1]. — Discuter cette question sans bornes dans le temps et dans l'espace, nous ne l'essayerons même pas; ce serait remuer jusque dans ses fondements la science de l'âme tout entière; d'ailleurs elle se rapporte plutôt à l'hérédité spécifique qu'à l'hérédité individuelle; elle a en vue d'expliquer la transmission des aptitudes et des fonctions générales dans l'espèce plutôt que la transmission des variétés individuelles, ce qui est notre sujet propre. Au vrai, c'est une thèse de métaphysique, car l'empirisme a sa métaphysique, quoiqu'il prétende le contraire; c'est un de ces problèmes

---

1. Ribot, *l'Hérédité psychologique*, p. 209.

d'origine où, d'après l'école empirique, l'expérience seule pourrait décider en dernier ressort, et où, par le fait, l'expérience ne peut rien décider, puisqu'il lui est impossible d'y atteindre. Qu'il nous suffise de signaler en passant ces libres spéculations sans nous y arrêter. Il vaut mieux restreindre le terrain de la discussion à ce qui est plus directement observable, à ce qui relève de l'expérience individuelle et actuelle.

Prenons pour exemple les lois de la formation du caractère, qui est un des points de la psychologie où s'est porté le plus vivement l'effort des controverses actuelles[1].

A quoi se bornent les théoriciens de l'hérédité absolue dans l'explication qu'ils en donnent? — Ils nous accordent que c'est le caractère qui constitue la marque propre de l'individu au sens psychologique, et le différencie de tous les individus de son espèce. Ils nous accordent aussi que dans les conflits de la vie morale, la raison dernière du choix est le caractère. Mais ils prétendent que, bien qu'il agisse en tant que cause, il n'est lui-même qu'un effet : c'est une simple résultante d'éléments où l'on chercherait en vain, à l'origine, quelque chose comme une libre énergie, comme la capacité d'un simple effort créant une initiative. Le caractère, selon eux, est un produit très complexe dont l'hérédité est la base, avec des circonstances physiologiques qui s'y joignent, mêlées à quelques influences d'éducation. Ce qui le constitue, ce sont bien plutôt des états affectifs, une manière propre de sentir qu'une activité intellectuelle et surtout volontaire. C'est cette manière générale de sentir, ce ton permanent de l'organisme qui est le premier et le véritable

---

[1]. Ribot, *l'Hérédité psychologique* et *les Maladies de la volonté*. — D<sup>r</sup> Jacoby, *la Sélection dans ses rapports avec l'hérédité*, etc.

moteur de la personnalité. Or, comme ces éléments sont héréditaires, il n'est pas douteux que les caractères qui en résultent ne soient héréditaires eux-mêmes. Ce qui en explique l'infinie diversité, c'est la variété des associations qui peuvent se faire entre ces divers éléments affectifs et vitaux. Cette multiplicité de combinaisons possibles nous dispense d'avoir recours à quelque unité mystérieuse et transcendante. D'ailleurs, par une concession qui ressemble beaucoup à une ironie, on laisse aux métaphysiciens la liberté de rêver au delà et d'admettre, s'il leur plaît, avec Kant, un caractère *intelligible* qui explique le caractère empirique[1]. Mais on refuse de les suivre jusque-là, et même on se soucie peu de comprendre ce que cela veut dire.

Ces explications sont-elles suffisantes? Je ne le pense pas. Je n'y peux voir, pour mon compte, qu'une série d'assertions sans preuve. Il nous suffira d'opposer à cette théorie du caractère expliqué uniquement par l'hérédité, celle qui résulte de l'étude des faits. Nous ne prétendons pas nier la part qui doit être réservée à la faculté de transmission, mais nous essayerons de la restreindre dans ses vraies limites. Croit-on que cette œuvre soit impossible? Croit-on que l'on ne puisse vraiment pas démêler la double part que prennent l'hérédité et le principe d'individualité dans l'histoire d'un caractère humain, d'après l'observation la plus simple, en dehors de tout système préconçu, de tout parti pris d'école?

L'important est de bien distinguer les éléments multiples qui entrent dans la composition du caractère. — Une erreur fréquente est de le confondre avec le *tempérament*. Ce terme, dans son acception technique, exprime préci-

---

1. *L'Hérédité psychologique*, p. 326. — *Les Maladies de la volonté*, p. 30 et suiv.

sément le ton général de l'organisme auquel l'école biologique prétend réduire l'essentiel du caractère, et qui n'en est, selon nous, qu'un élément inférieur et subordonné ; il exprime le résultat de la prédominance d'action d'un organe ou d'un des systèmes qui constituent l'organisme. C'est là à peu près la définition de M. Littré, et tous les vrais écrivains ont d'instinct employé ce mot dans ce sens spécial et restreint. La Rochefoucauld a dit, non sans une certaine insolence d'idée, mais dans une très bonne langue : « La vanité, la honte et surtout le tempérament, font souvent la valeur des hommes et la vertu des femmes[1]. » De même Mme de Sévigné, quand elle écrit : « Quelle journée ! Quelle amertume ! Quelle séparation ! Vous pleurâtes, ma très chère, et c'est une affaire pour vous ; ce n'est pas la même chose pour moi, c'est mon tempérament[2]. » Le psychologue et naturaliste Bonnet a eu le sentiment très exact de ces nuances : « Chez les animaux, dit-il, le tempérament règle tout ; chez l'homme, la raison règle le tempérament, et le tempérament réglé facilite à son tour l'exercice de la raison. » — Kant, au contraire, est tombé dans une confusion regrettable quand il a classé les caractères en sanguins, nerveux, bilieux et lymphatiques ; il n'a fait ainsi que classer les tempéraments, c'est-à-dire les divers genres de constitution physique, résultant des influences de race et de naissance, des actions diverses et des causes qui ont contribué à former l'organisme. — Comme on l'a dit, le tempérament est la base physique et le mode d'expression du caractère, il n'est pas le caractère même. Croirait-on, par hasard, avoir défini des caractères, si l'on disait d'un homme que, dès le premier mot d'une discussion,

---

1. *Maximes*, p. 220.
2. 11 juin 1677

le sang lui monte au visage, ou si l'on disait d'une femme qu'elle est nerveuse? Resterait à savoir, après cela, ce qu'est cet homme, et ce qu'est cette femme, si cet homme est avare ou prodigue, s'il est fourbe ou loyal, si cette femme a un naturel aimable ou maussade; car il y a bien des variétés dans la catégorie des nerveux et dans celle des sanguins; ce sont là des désignations toutes de surface et qui ne disent pas grand'chose.

L'*humeur* n'est pas non plus le caractère. Ce mot désigne plus particulièrement une disposition du tempérament ou de l'esprit, mais d'ordinaire une disposition passagère, accidentelle. On est, selon les jours et les moments, de bonne ou de mauvaise humeur. L'humeur est essentiellement variable et fugitive, comme le remarque M. Lafaye[1], qui ajoute qu'on soutient son caractère, qu'on ne soutient pas son humeur, sans doute parce qu'elle dépend de quelque accident intérieur, de quelque état momentané de complexion ou de santé. C'est ce qui a fait dire à la Rochefoucauld que « les fous et les sottes gens ne voient que par leur humeur ». Ne craignons pas de consulter toujours sur ces nuances les bons écrivains. C'est précisément cela qui fait leur différence avec les médiocres; il y a chez eux un tact, une intuition de fine psychologie qui peut guider la science dans ses observations, éclairer ses pressentiments. La Bruyère a bien raison : « Dire d'un homme colère, inégal, querelleur, chagrin, pointilleux, capricieux : c'est son humeur, ce n'est pas l'excuser, comme on le croit ». Et Jean-Jacques Rousseau oppose avec bonheur deux traits de sa physionomie dans ce contraste où il y a toute autre chose qu'une antithèse de mots : « Mes malheurs n'ont point altéré mon caractère, mais ils ont altéré mon humeur et y ont mis une inégalité

---

1. *Dictionnaire des synonymes.*

dont mes amis ont encore moins à souffrir que moi »
Dans tous ces exemples se marque un sens psychologique
très délicat et très fin.

Le *naturel* est le caractère naissant, la donnée première
du caractère ; il lui donne sa base psychologique, si je
puis dire, comme le tempérament lui donne sa base physique. C'est, selon M. Littré, la manière d'être morale,
telle qu'on la tient de la nature. On ne peut mieux dire.
La variété des naturels est inépuisable. Comment décrire
toutes les diversités possibles de naturels, bons ou mauvais, honnêtes ou pervers, dociles ou réfractaires, laborieux ou indolents, généreux ou égoïstes ?

On peut cependant introduire un certain ordre dans
cette multitude en apparence confuse, si l'on remarque
qu'il y a pour certaines classes de naturels un signalement
commun : par exemple, la prédominance des instincts et
des désirs relatifs à la vie physique donnera le gourmand,
le peureux, le paresseux, le libertin ; la transformation de
ces instincts par la réflexion produira l'égoïste, l'avare ;
la prédominance des sentiments bienveillants produira la
sympathie active, la charité, l'amour de l'humanité ; la
prédominance des émotions expliquera le sentimental, le
passionné, le mélancolique ; la supériorité des facultés
actives produira l'ambitieux, le politique, l'homme de
guerre ; les aberrations de la volonté rendent compte
des naturels obstinés, réfractaires, indociles à l'expérience de la vie comme à l'éducation ; le triomphe
exclusif de l'élément intellectuel ou son mélange, à différentes doses, avec la sensibilité expliquera les hommes
de raisonnement et d'observation, ou bien les artistes
et les poètes. — Le naturel, tant qu'il n'est pas élaboré
par le travail personnel de l'homme, a une force d'impulsion presque irrésistible qui a été de tout temps remarquée :

> Le naturel toujours, sort et sait se montrer ;
> Vainement on l'arrête, on le force à rentrer.
> Il rompt tout, perce tout et trouve enfin passage[1].

C'est le cri de La Fontaine : « Tant le naturel a de force[2] ! » C'est l'observation de Destouches, si connue, si souvent citée, avec des erreurs continuelles d'attribution et d'origine :

> Chassez le naturel, il revient au galop[3] ;

ou la maxime pédagogique de Bonnet : « C'est à bien connaître la force du naturel que consiste principalemen le grand art de diriger l'homme ».

Le *naturel* est le premier trait psychologique de l'individu vivant ; il existe chez l'animal comme chez l'homme mais, chez l'homme, l'individualité monte plus haut et s'achève en devenant la personnalité par l'intervention de la volonté et de la raison. — Avant de montrer la part de l'homme dans la formation de son caractère, nous devons signaler un élément très important qui, sous mille formes, y intervient, je veux dire l'ensemble des influences extérieures, de toutes ces actions mêlées, le milieu ambiant, les coutumes, les institutions et les religions, les opinions régnantes, les mœurs de chaque génération ou de chaque peuple qui modifient ou transforment profondément cette donnée première du caractère futur. C'est là une cause inépuisable de variétés nouvelles que l'on peut à peine indiquer dans une rapide analyse. Qu'il nous suffise de rappeler combien le tour d'imagination ou la forme d'esprit, le cours mobile des passions, certaines épidémies morales peuvent introduire, à différentes

---

1. Boileau, satire XI.
2. Fables, II, 18.
3. *Le Glorieux*, III, 5.

époques, de changements apparents dans l'expression des naturels analogues ou même, au point de départ, identiques. Les mêmes types peuvent, selon les siècles, subir des transformations qui ne sont étonnantes qu'en apparence. Que de variétés historiques dans un seul type, par exemple celui de l'homme d'action, sans principe ni préjugé d'aucune sorte, aventurier au seizième siècle, promenant sa rapière indifférente et mercenaire à travers les petites cours d'Italie, *condottiere* ou capitaine à gages, souteneur toujours prêt de toutes les causes qui le payent; officier de fortune au dix-huitième siècle, à travers les grandes guerres de l'Autriche, de la France et de la Prusse; soldat discipliné sous le génie de Napoléon, rêvant d'un bâton de maréchal ou d'un trône à travers les champs de bataille de l'Europe; plus tard spéculateur effréné attirant et jetant sans garantie le patrimoine de cent familles dans les luttes sans merci de la Bourse; ou bien encore, politique sans scrupule, changeant à temps d'opinion et de parti, risquant son enjeu dans toutes les grandes parties qui se jouent au nom du peuple, espérant toujours que, dans cette mobilité vertigineuse des partis, la chance tournera aujourd'hui ou demain en faveur de la cause à laquelle il s'est momentanément engagé! Au fond, n'est-ce pas toujours le même personnage qui se renouvelle selon les temps? — Tel autre qui eût été volontiers, au quatorzième siècle, un moine rêveur et doux, pacifié par une foi non discutée, sous une règle acceptée, écrivant au fond d'une cellule quelque traité sur *l'Internelle consolation*, ne vous étonnez pas si vous le retrouvez parmi nous, dans ce temps de critique universelle, transformé par l'esprit du siècle, savant de toute la science humaine, toujours doux et pacifique, mais s'efforçant de ne plus croire à l'invisible, le bénédictin du positivisme. — Imaginez maintenant le poëte sensible du dix-huitième siècle, l'élève de J.-J. Rousseau, celui qui ne demandait qu'à toucher les cœurs, à verser quelques pleurs ou à en faire répandre, et pour qui l'émotion était une vertu suffisante, vous le retrouverez parmi nous, mais transfiguré par la mode (puisqu'il y en a une dans les idées); c'est quelque romancier, naturaliste à outrance, vivisecteur implacable, analyste impassible des infirmités humaines, ou quelque poète qui confondra le lyrisme avec l'épilepsie, en proie à je ne sais quel démon inconnu et que ses nerfs surexcités, non sans quelque artifice, secouent horriblement pour arriver à secouer les nôtres. La sensibilité de Jean-Jacques est devenue une névrose; c'est dans l'air et dans l'esprit du temps. — Et l'égoïste, sous combien de déguisements il peut s'offrir à nous? Il a pu être avare il y a deux siècles, à une époque où le crédit n'était pas inventé, où l'on enfouissait son timide million dans une cassette gardée à vue. Harpagon est devenu un spéculateur fastueux, versant les trésors de sa chère cassette, à condition qu'ils lui rapportent au centuple, et tirant de gros intérêts de son apparente prodigalité. Rien ne serait plus piquant que de poursuivre les métamorphoses des mêmes personnages dans l'entraînement des idées ou des passions, dans le changement des mœurs, l'action et la réaction des types, qui modifient les milieux où ils se produisent, et des milieux, qui mettent sur des types, identiques au fond, leur empreinte perpétuellement mobile. C'est la comédie humaine, non pas celle de Balzac, qui s'est borné au dix-neuvième siècle, mais celle de tous les temps.

Telle est, à ce qu'il me semble, la loi de composition successive du caractère humain, l'ordre dans lequel se classent les divers éléments dont il est formé jusqu'au moment où l'action personnelle entre en scène. Quelle est la part de l'hérédité dans ces divers éléments? Elle est très grande en tout ce qui concerne le tempérament. Il n'est guère douteux que la constitution physique ne reproduise d'ordinaire ou celle du père, ou celle de la mère, ou le mélange des deux, et quand on ne peut pas reconstruire la généalogie d'un tempérament, il est vraisemblable que cette variété inattendue s'explique par quelque accident survenu à l'instant de la conception ou dans la vie embryonnaire de l'enfant. — Nous devons mettre à part, en dehors de la question d'hérédité, les influences historiques et sociales qui pénètrent et s'établissent en chacun de nous ou par la coutume et l'opinion régnante, ou par la mode et les mœurs. L'action qui s'exerce ainsi n'est pas une action héréditaire : elle est actuelle, puisque les mœurs et l'opinion changent d'une génération à l'autre ; il en faut chercher l'origine dans l'instinct d'imitation, si puissant sur les jeunes esprits, dans une sorte de contagion morale qui se produit pour les idées et les sentiments, pour la manière de penser, de sentir ou de vouloir à une époque déterminée. — Resterait à examiner, au point de vue de l'hérédité, ce que nous avons nommé le naturel, cette manière d'être morale que chacun apporte en naissant, qu'il manifeste dès que cela lui est possible et par laquelle il s'annonce dans la vie comme un individu distinct de tout autre. Dans cette trame complexe que nous essayons de démêler, les fils si ténus, si délicats, tendent à se confondre dès qu'on ne les tient pas de force, isolés sous le regard de l'analyse. On ne peut nier que l'hérédité physiologique ne pénètre encore ici sur certains points et n'exerce quelque action sur le naturel. Mais dans quelle mesure ? Et quelle part faut-il faire à ces influences ? Elles ne dominent pas comme dans le tempérament, dont elles forment l'essence ; ici, elles rencontrent un élément de diversité, l'élément antagoniste que le docteur Lucas et

M. Littré signalent sous le nom d'*innéité*, et dans lequel M. Bain et M. Wundt reconnaissent le *facteur personnel*. C'est le principe dont nous avons essayé récemment de démontrer la réalité négligée et méconnue par l'école biologique. Nous avons établi, autant que cela est possible dans ces difficiles matières, que la variété étonnante des natures morales, poussée parfois jusqu'à la contradiction, dans la même famille et sous les mêmes influences héréditaires, entre les enfants et les parents, ou les enfants entre eux, est incompréhensible en dehors de ce principe; qu'elle est absolument réfractaire aux applications tirées de l'hérédité directe et immédiate, médiate ou indirecte, et que si, à bout d'arguments, on prétend la rattacher sans preuve à des retours inattendus d'atavisme ou à des perturbations normales qui accomplissent encore la loi en ayant l'air de la violer, dès lors on quitte le terrain de l'observation, on se perd dans l'inconnu, où chacun reprend la liberté de raisonner à sa guise et à son aise, c'est-à-dire sans profit pour la science sérieuse. — Donc, au centre de la vie, de l'aveu du docteur Lucas et de M. Littré, de M. Bain et de M. Wundt et de bien d'autres, plus fidèles à la réalité qu'à un système, il y a un *primum movens* qui échappe au déterminisme, un germe d'individualité qui ne peut être déterminé du dehors, vu qu'il précède toute détermination extérieure, la conditionne et la modifie. On restitue ainsi au caractère sa base première, son essence propre mêlée profondément à des fatalités physiologiques et à toute sorte d'influences héréditaires, mais déjà assez fortement marquée pour s'en distinguer nettement. Ce n'est là que le caractère originel, qu'il ne faut pas confondre avec le caractère ultérieur et acquis; mais cette donnée primitive a une grande importance. Dans le cas où rien ne l'entrave, elle devient l'idée directrice, le ressort moteur de notre vie; elle en contient en germe le plan et les développements futurs, si une autre cause ne vient pas déranger ce plan et imprimer à la vie une autre direction.

C'est ici qu'apparaît l'action de l'homme. Il peut ou accepter cette manière d'être morale qui lui est donnée, ou la combattre ou enfin, sans la combattre, la transformer. Il dépend de lui de laisser prévaloir sans lutte et sans effort l'ensemble de ces dispositions naturelles, d'y consentir, si je puis dire, ou bien de les modifier. Voilà le dernier élément du caractère humain; c'est le pouvoir d'agir sur une nature donnée, et de compléter l'individualité en l'élevant jusqu'à son terme supérieur, la personnalité. Au premier degré, la statue humaine était encore engagée profondément dans les éléments naturels qui sont comme sa matière, marbre ou argile. A ce second degré, l'artiste, l'homme lui-même, va dégager peu à peu la statue, imprimer à la matière qui lui est donnée la forme de sa pensée propre, convertir la fatalité en liberté: c'est l'œuvre vraiment humaine, devant laquelle se retirent de plus en plus l'hérédité et toutes les influences de ce genre; c'est le triomphe de l'homme sur la nature transformée, c'est-à-dire sur la nécessité domptée.

Tous les hommes, à beaucoup près, n'accomplissent pas cette tâche; il n'en est pas moins vrai que c'est la tâche humaine par excellence. Il suffit d'ailleurs que quelques-uns l'aient virilement faite, que d'autres y travaillent pour que nous la proclamions non seulement souhaitable, mais possible, réalisable et constituant le but le plus élevé de la vie. La vraie loi, celle qui résume toutes les autres, n'est-elle pas que l'homme doit être tout ce qu'il peut être? — Voyons-le donc à l'œuvre: voyons ce qu'il peut par l'élaboration de son caractère, dans la lutte à soutenir contre le tempérament qui lui impose ses servitudes, contre l'hérédité qui l'assiège de ses influences, contre la nature qui tend toujours à le déposséder de lui-même. C'est aux déterministes eux-mêmes que nous empruntons particulièrement les éléments de notre observation ; il semble que leur témoignage, invoqué à ce propos, sera moins suspect que le nôtre, et qu'en les faisant parler nous obtiendrons plus de crédit que si nous parlions en notre nom.

C'est une concession bien importante que nous fait Stuart Mill quand il dit « qu'on agit toujours conformément à son caractère, mais qu'on peut agir sur son caractère ». Cela nous suffit à la rigueur. Le caractère n'est donc pas imposé à l'homme comme une fatalité; il y a quelque fissure à travers la muraille de la prison, par où peut passer un *minimum* de liberté. Or, ce qu'il est possible de faire avec ce peu de liberté, si peu que ce soit, pour agrandir la brèche du déterminisme, seuls les observateurs de la vie morale s'en doutent; seuls ils savent comment, en l'appliquant bien, en l'employant à propos, on peut en tirer parti pour l'augmenter indéfiniment, comment, par une méthode de culture appropriée, on peut lui faire produire des résultats inattendus.

Pour montrer ces résultats et les moyens par lesquels on les obtient, consultons non pas des philosophes, mais des médecins. Leur enseignement est bien curieux : il nous montre comment le traitement moral, appliqué à la folie, consiste essentiellement à éveiller et à soutenir l'attention du malade. Cette même méthode s'applique à l'élaboration du caractère. N'est-ce pas au fond quelque chose d'analogue, et ne sommes-nous pas tous, plus ou moins, des malades? Ne s'agit-il pas de nous délivrer des hallucinations du tempérament, des penchants ou des habitudes, comme il s'agit, pour les aliénés, de les affranchir des idées fixes? Un très fin psychologue, le docteur Maudsley, a tracé quelques linéaments de cette hygiène morale qui méritent d'être mis en lumière; on y trouve une réfutation décisive du déterminisme héréditaire, bien que ce ne soit pas assurément là l'objet que s'est proposé le savant docteur.

D'abord il faut considérer que le caractère étant le produit actuel d'un long développement et d'une action persévérante, on ne doit pas attendre, pour agir efficacement, qu'il soit entièrement façonné par les circonstances et par la vie. Si l'on peut prévenir cette époque de formation complète, cela vaut beaucoup mieux. Mais surtout il faut se persuader qu'on n'agit pas par surprise, à l'improviste et comme par un coup de théâtre, sur son caractère. On ne défait pas si facilement une trame si complexe, si fortement tissue et consolidée; on ne peut détruire en un instant l'histoire de toute une vie. On a besoin pour cela de temps et de soins; il y faut employer des procédés; il faut ruser avec son caractère : c'est quelque chose comme une tactique savante ou une diplomatie qu'il faut conduire avec art, sans précipitation, sans mauvaise humeur ni découragement. Non sans doute, on ne réussirait pas, par un pur effort de volonté instantanée, à penser, à sentir d'une certaine façon ou à toujours agir suivant certaines règles qu'on s'imposerait tout d'un coup. Mais ce que peut tout homme, c'est modifier imperceptiblement son caractère en agissant sur les circonstances qui, à leur tour, agiront sur lui; il peut, en appelant à son aide certaines circonstances extérieures, apprendre à détourner son esprit d'une série d'idées ou d'un ordre de sentiments dont, par suite, l'activité s'éteindra; il peut diriger son esprit vers un autre ordre d'idées ou de sentiments qui dès lors reprendront en lui plus de force; par une constante vigilance sur lui-même et un exercice assidu de la volonté dans une direction voulue, il arrivera ainsi à contracter insensiblement l'habitude des actions, des sentiments et des pensées auxquels il souhaitait s'élever. Il peut ainsi grandir par degrés son caractère jusqu'à l'idéal proposé. — Que se passe-t-il quand nous voulons faire un exercice physique quelconque, d'escrime ou de gymnastique par exemple? Nous coordonnons, pour l'ajuster à un but spécial, le jeu des muscles distincts en une action complexe. En faisant cela, nous développons en nous le pouvoir d'avoir des volitions qui commandent les mouvements nécessaires à cette fin. Nous arrivons ainsi, en acquérant ce pouvoir particulier sur nos muscles, à exécuter des actes compliqués dont nous serions, sans cet entraînement préalable, aussi incapables que de voler en l'air. Il faut un entraînement analogue pour acquérir un pouvoir spécial sur nos sentiments et nos pensées, en les associant en vue d'un acte déterminé. M. Maudsley indique avec une singulière compétence les moyens d'atteindre ce grand résultat, le *self-development*. Sa pensée constante est qu'on ne peut transformer de vive force son caractère en contrariant brusquement toutes ses affinités, en effaçant toute l'œuvre des années de croissance et de formation; mais l'homme est loin de savoir lui-même tout ce qu'il pourrait tirer de ses facultés mentales par une culture rationnelle et logique ainsi que par un exercice continu; pour y parvenir, il est de toute nécessité de donner à sa vie un but élevé et d'avoir en vue ce but défini dans tout ce que l'on fait; suivre une voie contraire, négliger la culture assidue et l'exercice de ses facultés mentales, c'est laisser son esprit flotter à la merci des circonstances extérieures; enfin, pour l'esprit comme pour le corps, cesser de lutter, c'est commencer à mourir[1].

1. *Crime et Folie*, conclusion.

Voilà comment la médecine elle-même nous enseigne les moyens de refaire notre caractère, de le reconquérir sur l'hérédité, en général sur la nature, et d'y marquer notre forte et personnelle empreinte. L'action sur les habitudes, qui sont une part considérable du caractère, est un autre aspect de la même question. Cette action est double, elle opère en deux sens contraires. L'habitude est une force mystérieuse qui enveloppe la vie d'une sorte de fatalité. Oui, sans doute, mais c'est nous qui l'avons créée, et l'ayant créée, nous pouvons la dissoudre. — Quand on dit que le caractère est fait en grande partie d'habitudes, c'est dire qu'en grande partie il est notre œuvre; car dans les habitudes, c'est la liberté qui se lie elle-même. En les contractant, je crée en moi une sorte de solidarité entre mon présent et mon avenir, dont je réponds. Cet avenir que je prépare représentera une somme de *volonté* actuelle où je me reconnais moi-même, et que j'ai converti *volontairement* en une sorte de fatalité. Je dis une sorte de fatalité, car l'habitude n'imite la fatalité que par sa forme, par son mécanisme extérieur. Ce que la volonté a fait, elle peut le défaire; elle garde, au moins très longtemps, son droit et le pouvoir de l'exercer. On ne peut même jamais dire, à la rigueur, que l'abdication soit définitive; on ne doit jamais croire qu'il soit impossible de dissoudre cette nécessité volontaire que nous avons construite nous-même. Ni la psychologie ni la morale ne donnent raison à ce quiétisme intérieur, à ce fatalisme paresseux qui s'endort si volontiers sur « le mol oreiller » des habitudes prises, en disant : « Je ne puis me refaire ». Dans l'œuvre perpétuelle et toujours à recommencer de la vie, il faut que la personnalité se surveille et soit prête à se ressaisir; elle le peut, elle le doit.

Telle nous paraît être la vérité expérimentale sur la formation du caractère, composé de tous ces éléments divers et successifs : le tempérament, l'humeur, le naturel, les influences sociales, les habitudes individuelles et, par-dessus tout cela, le pouvoir personnel qui s'en empare, qui réduit l'hérédité et qui crée l'homme nouveau, l'homme maître de lui en face de la nature non détruite, mais transformée.

Ce n'est donc pas exagérer les choses que de dire que le caractère qui, à l'origine, était une donnée de la nature, peut devenir, au terme de ses évolutions, l'œuvre de l'homme. Il exprime l'empire sur soi-même, et, comme dit Kant, la disposition à agir suivant des principes fixes. Il contient la dignité de l'homme, la résolution de ne pas avilir ou abaisser en soi la personnalité humaine. Il manifeste d'une certaine manière la relation de notre personnalité avec l'idéal; il traduit par de nobles inquiétudes, chez les meilleurs d'entre nous, la nécessité de se proposer un but qui nous élève au-dessus des circonstances extérieures, de toutes les formes de la servitude, qui mette notre cœur à son vrai niveau et qui serve à définir notre vie autrement que par une succession de sensations insignifiantes dans leur pauvre et monotone variété. Que ce but, choisi librement ou en vertu d'une vocation secrète, mais qui n'en exige pas moins l'application et l'emploi de toutes nos forces, que ce terme de nos efforts soit la science, l'art ou l'action, le caractère façonné en vue de cet objet et formé pour ainsi dire à son image devient le signe de notre affranchissement et comme un acte continu de liberté à travers les résistances des hommes ou les obstacles des choses. C'est donc une psychologie fausse qui fait du caractère la résultante des milieux et des influences, une table rase sur laquelle tous les événements du dehors et toutes les fatalités intérieures mêlent leur empreinte, une réalité purement phénoménale, construite, couche par couche, par des séries d'alluvions accidentelles. Le caractère devient à la longue notre œuvre personnelle, il est l'histoire vivante de chacun de nous, si humble qu'elle soit, dans les destinées d'une famille ou d'une race, d'un siècle ou d'une nation.

C'est la décadence des caractères qui fait les époques de décadence. Ces tristes jours sont ceux où les volontés s'affaiblissent, où les grandes initiatives baissent, où on laisse prendre l'empire sur soi aux fatalités de nature, où l'on accepte son caractère tout fait de l'hérédité et des influences organiques, sans essayer de le refaire ; où se produit une sorte d'abdication indifférente ou molle devant la force, d'où qu'elle provienne ; où se manifeste partout une vague disposition à rejeter la responsabilité sur les événements victorieux, sur les grands courants qui entraînent les masses et dont personne ne veut s'isoler ; quand se révèle enfin je ne sais quelle joie lâche à s'abandonner, à ne pas opposer ni aux hommes ni aux choses un effort inutile et solitaire : époques abaissées, dont les deux signes irrécusables sont l'effacement universel et le triomphe du médiocre.

## § II

La même illusion qui avait fait croire d'abord qu'on tenait dans l'hérédité la clé de la nature humaine, qu'elle en ouvrait toutes les parties mystérieuses, que la psychologie individuelle n'aurait bientôt plus de secrets, cette illusion s'est étendue à l'organisme social tout entier. Le même principe expliquant la naissance et le développement des sociétés humaines, on a pensé mettre la main sur le ressort universel de la civilisation, sur l'agent infaillible du progrès ; et quelques esprits hardis n'étaient pas éloignés de croire que, par une sélection intelligente et continue, combinée avec l'hérédité, on arriverait à diriger presque à coup sûr l'évolution sociale, à l'administrer scientifiquement. On déléguait à la science, dans un rêve grandiose, le soin de pourvoir à la marche du genre humain et à la préparation de l'avenir; elle deviendrait quelque chose comme une Providence terrestre, dont le le siège serait le cerveau de quelques savants. Il dépendrait d'eux de faire éclore sur ce pauvre globe un paradis industriel, économique, où l'humanité, épurée par une hérédité toujours progressive, riche de tous les biens accumulés du passé, n'en laissant jamais rien perdre et les augmentant sans cesse, verrait enfin des jours heureux briller sur sa vieillesse, où la guerre s'éteindrait, où la haine sociale se convertirait en amour, où la misère disparaîtrait. Beau rêve de philanthropes darwinistes, qui semble aujourd'hui se dissiper, après quelques années d'illusions, et qui est venu se briser, comme tant d'autres, contre des réflexions tardives et des observations plus précises.

Étudions d'abord les faits qui ont donné lieu à ces grandes espérances et qui d'ailleurs ont leur intérêt dans le présent et dans le passé de l'espèce humaine, en dehors des applications exagérées qu'on a voulu en déduire pour l'avenir.

Parmi les conséquences sociales de la loi d'hérédité se place au premier rang l'institution de familles privilégiées, investies par l'opinion de certaines aptitudes qui avaient désigné à l'origine leurs chefs ou fondateurs pour certaines fonctions supérieures, le gouvernement, le commandement militaire ou simplement une autorité morale de conseil et d'influence. L'hérédité naturelle est la base de l'hérédité instituée. Voilà ce qu'explique très bien M. Ribot dans un chapitre où il ne s'agit que d'histoire et où il nous offre l'occasion et le plaisir trop rares d'être d'accord avec lui[1]. Il montre que tous les peuples ont eu une foi, au moins vague, à la transmission des capacités, que des raisons sociales, politiques, ou même des préjugés ont dû contribuer à la développer et à l'affermir, mais qu'il serait absurde de croire qu'on l'a inventée. Les institutions qui en dérivent reproduisent logiquement les caractères que l'on reconnait dans l'hérédité, qui est par essence un principe de conservation et de stabilité : la famille, par exemple. Dès que nous arrivons aux temps historiques, nous trouvons la famille patriarcale fondée sur la base immuable de l'hérédité. L'enfant est regardé comme la continuation immédiate des parents. A l'origine, un chef de la famille, être mystérieux et révéré ; puis, une suite de générations, chacune étant représentée par le fils aîné, à la fois dépositaire des traditions, mandataire du patrimoine, représentant du premier père qui revit en lui avec toutes ses lumières et son autorité indiscutable. C'est un être unique qui se perpétue à travers les âges. M. Fustel de Coulanges, dans *la Cité antique*, a mis hors de controverse le caractère de la famille antique, sa participation strictement héréditaire aux mêmes croyances et aux mêmes rites, ce que Platon exprimait à sa manière quand il définissait la parenté : « la communauté des dieux domestiques ». Ce caractère se retrouve identique dans toutes les branches de la race aryenne, chez les Hindous, les Grecs et les Romains.

La même chose se passe pour l'investiture des chefs politiques, qui gouvernent une tribu ou un peuple, comme le père de famille gouverne ses enfants. Au début de la période historique, la souveraineté concentrée en

---

[1]. *L'hérédité psychologique*, III<sup>e</sup> partie, chap. IV.

un seul homme est absolue; il est le roi. Les traditions primitives le représentent comme un dieu ou un demi-dieu. S'il fallait une preuve, dit Herbert Spencer, que c'était bien à la lettre qu'on attribuait au monarque un caractère divin ou demi-divin, nous le trouverions chez les races sauvages, qui admettent encore aujourd'hui que les chefs et leurs familles ont une origine céleste, ou que les chefs seuls ont une âme. L'hérédité est la base du pouvoir souverain. La souveraineté étant de source divine, ou par naissance directe, comme chez les races sauvages, ou par délégation, comme chez les civilisés, il est clair qu'elle ne peut se transmettre que par le sang.

Enfin, comme elle a fondé la famille et l'État, l'hérédité fonde les catégories dans les sociétés organisées. Dès que les premières formes de la vie civilisée commencent à se produire chez les aryens, l'institution des castes ou des classes apparaît. Ce qui caractérise la caste, c'est qu'elle repose sur une origine surnaturelle, sur la délégation de dons et d'attributs distincts : on n'y entre que par la naissance, tout l'art ou le mérite ne peuvent en forcer les portes; chaque individu en naissant se trouve fatalement encadré; et c'est ainsi l'ordre de la nature qui décide souverainement des capacités et de la fortune de chacun, selon la loi sacrée de Manou : « Une femme met toujours au monde un fils doué des mêmes qualités que celui qui l'a engendré. — On doit reconnaître à ses actions l'homme qui appartient à une classe vile, qui est né d'une mère méprisable. — Un homme d'une naissance abjecte prend le mauvais naturel de son père ou celui de sa mère, ou tous les deux à la fois; jamais il ne peut cacher ses origines. » Ce n'est que l'application rigoureuse et dans ses dernières conséquences de l'hérédité morale, qui, supposée inflexible, répartit dans des moules immuables les prêtres, les guerriers, les marchands, les agriculteurs, les parias. — Contrairement à la caste, la noblesse doit son origine à la sélection, qui est une cause naturelle. Elle suppose au début la supériorité des forces, des talents, des caractères ou l'éclat des services rendus. Souvent elle naît de la conquête. Une race conquérante, inférieure en nombre, supérieure en force, forme une race privilégiée, comme les Normands en Angleterre, chez nous les Francs, les Incas au Pérou. D'autres fois elle s'est établie par le choix du prince, qui récompensait quelque action d'éclat ou bien par la nature de certaines charges et de certaines fonctions qui anoblissaient. Mais, quelle qu'en soit l'origine, une fois fondée, le caractère de la noblesse est d'être héréditaire. Elle est continue et permanente, sauf le cas de dérogeance. Cette hérédité du sang suppose, comme dans la caste, la foi à l'hérédité du mérite; elle repose sur cette croyance, passée en institution, que tous les genres de supériorité sont transmissibles; qu'on reçoit de ses aïeux le courage, la loyauté, l'honneur tout aussi bien que la force physique. Toute la hiérarchie sociale du moyen âge, toutes nos épopées féodales, tous nos vieux poèmes représentent les vaillants comme issus de vaillants, et les couards et les félons comme des bâtards, rejetons dégénérés d'une grande race, où ils se sont introduits par violence ou surprise. — A la même croyance se rattachent, par voie de conséquence inverse, les institutions et les lois qui supposent l'hérédité des vices et des crimes; et de là les races maudites, les castes impures, les familles proscrites; de là aussi la vindicte sociale punissant la perversité du père sur les enfants et les petits-enfants. « Les êtres produits par génération, dit Plutarque, dans son *Traité sur les délais de la justice divine*, ne ressemblent point aux productions de l'art. Ce qui est engendré provient de la substance même de l'être générateur, tellement qu'il tient de lui quelque chose qui est très justement puni ou récompensé pour lui, car ce quelque chose est lui. »

Toutes les institutions politiques et sociales ne sont, on le voit, que l'application pratique de la croyance originelle à la transmission des aptitudes qui ont fondé une famille et une race. Il arrive ainsi, par une singulière rencontre, que les institutions les plus antiques de l'humanité, contemporaines des sociétés naissantes, trouvent une confirmation et un appui inattendus dans les théories les plus modernes et particulièrement dans l'école de Darwin. Remarquons, en effet, le caractère aristocratique de ces théories. Tous les partisans de Darwin ne s'y rallient pas; mais il s'agit seulement de logique ici, non de politique, et il n'est pas douteux qu'au point de vue purement logique, le transformisme ne soit entièrement favorable au dogme de la transmission des privilèges du mérite, de l'intelligence ou des capacités suivant le sang et attachées à certaines familles. N'y a-t-il pas l'une de ces coïncidences étranges ou l'un de ces retours étonnants de doctrines que remarquent les observateurs de l'esprit humain? Parcourons quelques-unes des applications de la théorie nouvelle, telle que les expose, non sans courage, un de ses interprètes les plus fidèles et les plus convaincus[1]. Les classes sociales, nous dit-on, se sont formées dans chaque société de la même façon et par l'action de la même loi que les races au sein de l'espèce et que l'homme lui-même au milieu des espèces animales. Il faut avoir l'entendement obscurci

---

1. Mme Clémence Royer, *Origines de l'homme et des sociétés*, chap. XIII. — Nous avons exposé avec plus de développement ces conséquences du darwinisme dans un chapitre des *Problèmes de morale sociale*, intitulé : *Origine et avenir des sociétés d'après la doctrine de l'évolution*.

par des préjugés de système ou des passions personnelles pour ne pas saisir les mille liens qui unissent ces inégalités innées, originelles, aux inégalités sociales garanties par la loi, en d'autres termes l'hérédité naturelle à l'hérédité instituée. On nous donne ces deux propositions fondamentales comme résumant les conséquences nécessaires de la théorie : 1° il n'est point d'inégalité de droit qui ne puisse trouver sa raison dans une inégalité de fait, point d'inégalité sociale qui ne doive avoir et n'ait à l'origine son point de départ dans une inégalité naturelle; 2° corrélativement, toute inégalité naturelle qui se produit chez un individu, s'établit et se perpétue dans une race, doit avoir pour conséquence une inégalité sociale, surtout lorsque l'apparition et la fixation de cette inégalité dans la race correspondent à un besoin social, à une *utilité ethnique* plus ou moins durable.

A l'appui de cette double thèse, on cite tous les faits historiques d'hérédité que nous avons énumérés et bien d'autres, comme l'institution de la magistrature et du sacerdoce antiques à côté des aristocraties, des royautés et des castes, en général de toutes les autorités politiques, héréditaires dans l'origine, qui ont pu sans doute exagérer le fait primitif des inégalités naturelles, parfois même le fausser par la ruse, l'hypocrisie ou la violence, mais qui le plus souvent n'ont fait que l'exprimer avec un saisissant relief et le traduire avec éclat sur la scène de l'histoire. Dire que ce fait est fatal, c'est dire qu'il est légitime; les deux choses ne se distinguent pas dans l'école de l'évolution. Marquer l'origine et le caractère des inégalités sociales, c'est retrouver leurs titres dans le seul code qui ne soit pas rédigé par l'arbitraire et la fantaisie, le code de la nature.

De là que de conséquences! L'équité n'est pas l'égalité qui s'établit d'homme à homme dans la démocratie moderne, ce n'est pas l'égalité absolue, c'est la proportionnalité du droit. Il n'est pas vrai que tout homme soit égal à un autre, pas plus que l'animal n'est égal à l'humanité. De même, que dans les organismes les plus élevés, la division physiologique du travail est la condition même de la vie, de même dans l'organisme social qui en reproduit les conditions et les règles, il y a division et hiérarchie des fonctions. C'est l'idée maîtresse de la science nouvelle, la sociologie. Ajoutez-y l'hérédité qui est au fond de la doctrine et, par une série de conséquences, vous pourrez reconstruire toute une société qui ressemblerait fort à la société féodale, sauf que la féodalité avait pour base la force et que la société future aura pour base la science. Mais le principe sera le même : l'inégalité transmise par le sang et garantie par la loi, le privilège scientifique à la place du privilège militaire, la noblesse du laboratoire au lieu de la noblesse de l'épée. Il y avait autrefois le noble et le peuple; il y aura maintenant le savant et la foule. Le savant deviendra caste à son tour ; il fera souche de petits savants en herbe avec tous les privilèges de sa sagacité acquise et transmissible ; il tendra de plus en plus à prendre au sérieux le dogme de l'inégalité héréditaire et à exclure la multitude du partage de son droit incommunicable et garanti.

Et qu'on ne pense pas que ce soit là une utopie solitaire. Sous des formes variées, ce rêve a été fait plusieurs fois de notre temps. Il nous serait aisé de signaler, chez plusieurs de nos penseurs contemporains, ce germe d'une dictature intellectuelle, déléguée aux savants, ministres et mandataires du progrès, d'avance consacrés par la nature, dont ils sauront mieux que tout autre interpréter et appliquer les lois. Je ne crois pas, en disant cela, m'éloigner beaucoup de la pensée intime de M. Herbert Spencer, qui se trahit en plusieurs endroits de ses livres.

Qu'est-ce, en effet, pour lui que le progrès social, sinon la tendance à l'*intégration*, c'est-à-dire à la concentration des éléments du groupe social, « à la consolidation de la masse totale? » Qu'est-ce, au contraire, que le déclin, la dissolution, sinon la tendance des parties à se disperser, « de la masse, à se *déconsolider?* » Une société est en progrès à mesure qu'elle s'organise en parties distinctes et coopératives, en une hiérarchie coordonnée de mouvements et de facultés. Le terme de sa croissance est atteint quand les unités sociales se sont agrégées en groupes coordonnés qui accomplissent des fonctions distinctes et harmoniques, c'est-à-dire quand tous les membres qui la composent sont irrévocablement fixés dans les cadres d'une hiérarchie immobilisée. Telle est la doctrine qui ressort de la *Statique sociale*, de l'*Essai sur le progrès*, de toute la *Sociologie* de M. Spencer. Et, sous des termes techniques, peut-on voir là autre chose qu'une résurrection scientifique des classes formant cette « hiérarchie immobile » qui marque le jour de l'évolution accomplie? Dès lors, grâce à cette distribution des capacités, des forces et des fonctions sociales, le bien parfait régnera sur la terre : « Le progrès ainsi expliqué n'est point un accident, mais une nécessité. Loin d'être le produit de l'art, la civilisation est une phase de la nature, comme le développement de l'embryon ou l'éclosion d'une fleur. Les modifications que l'humanité a subies et celles qu'elle subit encore résultent de la loi fondamentale de la nature organique, et, pourvu que la race humaine ne périsse point et que la condition des choses reste la même, ces modifications doivent aboutir à la perfection. Il est sûr que ce que nous appelons le mal et l'immoralité doit disparaître; il est sûr que l'homme doit devenir parfait[1]. »

---

1. Herbert Spencer, *Social Statics*.

— Il n'importe pas en ce moment de savoir combien de temps doit durer cet équilibre parfait, quel sera le lendemain de ce règne de la perfection sur la terre, et par quel rythme fatal la dissolution doit accomplir son œuvre dans les sociétés d'abord, dans la terre elle-même, dans le monde actuel tout entier. Il nous suffisait de montrer que l'évolution sociale se fera par la prédominance de l'élite scientifique, en vertu de la loi fondamentale « de la hiérarchie coordonnée ». N'est-ce pas proclamer la nécessité de ce qu'un des disciples de cette école appelle « une classe régulatrice, distincte des classes gouvernées », se formant par un lent et patient travail d'affinage et de perfectionnement, la caste des savants, ouvriers ou plutôt initiateurs de la civilisation, qui doivent concentrer entre leurs mains la fonction sociale par excellence, le pouvoir de faire les lois, c'est-à-dire d'interpréter le vrai droit naturel fondé sur les lois de la vie, d'établir, à tel moment de l'histoire, l'utilité spécifique qui correspond à chacune des phases de l'humanité?

Cette fonction du savant, tout idéale sans doute chez M. Herbert Spencer, prend chez un de nos plus brillants écrivains une consistance singulière, j'allais dire une réalité effrayante, si je ne me souvenais à temps qu'il ne s'agit que d'un rêve. On n'a pas oublié la sensation que produisit, il y a quelques années, cette hypothèse proposée sur l'avenir du monde et sa transformation par la science. « Le but poursuivi par le monde, nous disait-on, loin d'être l'aplanissement des sommités, comme le voudrait la démocratie sectaire et jalouse, doit être, au contraire, de créer des êtres supérieurs, que le reste des êtres conscients adorera et servira, heureux de les servir. La fin de l'humanité, c'est de produire des grands hommes; le grand œuvre s'accomplira par la science, non par la démocratie.... L'essentiel est moins de produire des masses éclairées que de produire de grands génies et un public capable de les comprendre. Si l'ignorance des masses est une condition nécessaire pour cela, tant pis. La nature ne s'arrête pas devant de tels soucis; elle sacrifie des espèces entières pour que d'autres trouvent les conditions essentielles de leur vie…. L'élite des êtres intelligents, maîtresse des plus importants secrets de la réalité, dominerait le monde par les puissants moyens qui seraient en son pouvoir et y ferait régner le plus de raison possible…. Par l'application de la science à l'armement, une domination universelle deviendrait possible, et cette domination serait assurée en la main de ceux qui disposeront de cet armement… L'être en possession de la science mettrait une terreur illimitée au service de la vérité. Les terreurs, du reste, deviendraient bientôt inutiles. L'humanité inférieure, dans une telle hypothèse, serait bientôt matée par l'évidence, et l'idée même de la révolte disparaîtrait. » Ainsi se reconstituera, au profit de la science, une aristocratie formidable dont l'aristocratie du passé ne pouvait donner aucune idée : « Le principe le plus nié par l'école démocratique est l'inégalité des races et la légitimité des droits que confère la supériorité de race. Loin de chercher à élever la race, la démocratie tend à l'abaisser; elle ne veut pas de grands hommes…. Il est absurde et injuste, en effet, d'imposer aux hommes, par une sorte de droit divin, des ancêtres qui ne leur sont en rien supérieurs. La noblesse, à l'heure qu'il est, en France, est quelque chose d'assez insignifiant, puisque les titres de noblesse, dont les trois quarts sont usurpés et dont le quart restant provient, à une dizaine d'exceptions près, d'anoblissements et non de conquête, ne répondent pas à une supériorité de race, comme cela fut à l'origine; mais cette supériorité de race pourrait redevenir réelle, et alors le fait de la noblesse serait scientifiquement vrai et aussi incontestable que la prééminence de l'homme civilisé sur le sauvage, ou de l'homme en général sur les animaux[1].

Nous ne prendrons pas au pied de la lettre ces spéculations écloses dans toute la liberté du dialogue ou du rêve ; nous ne toucherons pas davantage aux droits régaliens vraiment énormes que l'on attribue à cette dynastie d'hommes divinisés. Mais nous trouvons là et nous voulons constater un état de l'imagination contemporaine, une vue sur l'avenir qui n'est pas unique, ni même rare parmi les savants. Comment s'en arrangera la démocratie moderne, si jalouse de liberté et plus encore d'égalité, nous n'en savons rien. Acceptera-t-elle cette loi de sélection scientifique qui rétablit les inégalités sociales dans toute leur rigueur, comme la condition du progrès, avec la sanction d'une fatalité qui est celle des lois de la nature ? Il semble bien qu'il y ait antipathie de tempérament comme de doctrine entre l'école démocratique et l'école de Darwin. Si le divorce n'a pas encore éclaté, cela tient, ou bien à une affectation d'ignorance invraisemblable de la part d'une démocratie qui se prétend scientifique, ou bien à une complicité de silence concertée par les habiles pour n'avoir pas à s'expliquer sur des points délicats et laisser croire le plus longtemps possible que l'accord règne entre les maîtres du pouvoir actuel et ceux qu'on proclame comme les maîtres de la pensée contemporaine. Et pourtant, infailliblement, ceci tuera cela, si le darwinisme a raison.

Pour nous, qui ne sommes pas liés par les mêmes engagements, et qui gardons dans ces grands conflits d'idées la liberté de notre jugement, nous avouons ingénument

---

1. *Dialogues et fragments philosophiques*, par Ernest Renan. — Troisième dialogue, *Rêves*, p. 100-120.

que, malgré notre goût pour la science, nous ne verrions pas sans terreur l'avènement de cette dictature d'un nouveau genre, quelque atténuée qu'elle fût dans la pratique. Que l'on rende les plus grands honneurs aux savants qui illustrent un pays, qu'on les comble de richesses si l'on veut, pour les mettre à l'abri des soucis vulgaires, dans les conditions les plus favorables aux grandes expériences dont dépendent les découvertes, et pour lesquelles il ne faut jamais qu'une nation lésine (car ce serait lésiner avec sa fortune ou sa gloire), je l'accorde de tout cœur et j'y applaudis. Sortons de l'abstraction et rentrons dans les faits. Que l'on appelle au sénat quelques-uns d'entre eux qui puissent éclairer le législateur sur des questions spéciales, soit. Mais je me défierais beaucoup d'une chambre uniquement recrutée de cette façon. L'esprit scientifique et l'esprit politique ne marchent pas toujours du même pas; les méthodes diffèrent: la science cherche l'universel et le nécessaire dans les lois; la politique cherche le possible dans les transactions. Les aptitudes diffèrent également. Un esprit excellent dans le laboratoire peut être un esprit incurablement faux dans une commission législative; il peut y apporter une raideur et une logique absolue qui peuvent faire beaucoup de mal. Supposez une oligarchie scientifique régissant souverainement un peuple : on peut à peine imaginer de quelle expérience elle pourrait s'aviser sur ses sujets, *in anima vili*[1].

---

1. Veut-on un exemple entre mille? Dans un livre tout récent, *l'Univers invisible*, de MM. Balfour-Stewart et Tait, nous trouvons cette idée vraiment neuve sur l'emploi de l'électricité comme mode de châtiment appliqué aux criminels : « On peut, nous disent ces deux savants, appliquer l'électricité de façon à produire, pendant un temps fixé par la loi et sous la direction de physiciens et de physiologistes habiles, une *torture absolument indescriptible*, sans accompagnement de blessures ou de contusions, qui pénétrerait toutes les fibres de la charpente de pareils mécréants ».

La curiosité savante pourrait être désastreuse sur ceux qui y seraient soumis. Ce même désintéressement pratique, qui est une gloire dans la science, serait un grand péril dans le maniement des choses humaines, dont les éléments à combiner sont les intérêts et les droits. On ne traite pas ces deux éléments, qui représentent des intelligences et des volontés, par les mêmes procédés d'expérimention que les substances insensibles d'un laboratoire. S'il s'agit des intérêts, ils ne souffrent pas qu'une intelligence prétendue supérieure les interprète à sa manière et en déclare habituellement la convenance; s'il s'agit des droits, il y a là une réalité vivante, résistante, indomptable, dont la pratique de la science ne donne aucune idée. En toutes ces matières délicates, un homme de simple bon sens, de droite raison, non endoctriné par les systèmes, ni fanatisé par les partis, offrirait plus de garanties que le plus illustre algébriste ou le plus grand chimiste de l'Europe.

Les exemples ne manquent pas autour de nous à l'appui de notre opinion. Un des meilleurs écrivains, un des rares critiques que la France possède encore, écrit, jour par jour, un livre, qui sera des plus curieux, pour montrer le dommage que la politique a fait aux lettres depuis un demi-siècle. On pourrait en écrire un autre sur le tort que la politique a fait aux sciences, pour montrer combien elle a dévoyé d'intelligences et troublé de carrières par ses prestiges souvent stériles. — Au fond les lois et les institutions sociales n'ont pas beaucoup de leçons à prendre des savants, si l'on réserve certains points qui touchent à l'hygiène et au régime industriel. La science positive n'a rien à démêler avec la conscience ; de toutes les sciences réunies on ne pourrait extraire un seul principe juridique, un seul atome de morale.

Quand on parle des savants appelés à régir le monde au

nom de la sélection, on pense surtout aux représentants
de la physiologie et de la biologie, lesquels auraient pour
mission d'appliquer purement et simplement les lois de
l'histoire naturelle aux rapports et aux phénomènes
sociaux. C'est à ce titre qu'ils devront exercer leur souveraineté. Or, s'il y a une loi évidente qui ressorte de la
biologie, c'est celle-ci, que nous trouvons formulée par
M. Herbert Spencer en deux propositions : la première,
c'est que la qualité d'une société baisse sous le rapport
physique par la conservation artificielle de ses membres
les plus faibles; la seconde, c'est que la qualité d'une
société baisse sous le rapport intellectuel et moral par
la conservation artificielle des individus les moins capables
de prendre soin d'eux-mêmes. On voit d'ici les conséquences
immédiates, la condamnation d'une sotte et active compas-
sion, charité ou philanthropie, qui intervient en faveur
des infirmes et des incapables pour contrarier le travail
salutaire de la nature, ce travail d'élimination par lequel
la société, livrée aux lois naturelles, s'épurerait continuellement d'elle-même; l'interdiction du mariage, ou bien
« à ceux qui se trouvent dans un état marqué d'infériorité
de corps et d'esprit, ou bien à ceux qui ne peuvent épar-
gner une abjecte pauvreté à leurs enfants, car la pauvreté
est non seulement un grand mal en soi, mais elle tend à
s'accroître en entraînant à sa suite l'insouciance dans le
mariage[1]. » Il y a lieu d'aviser, s'écrie M. Spencer reprenant
à son compte cette même idée; si les gens prudents
évitent le mariage, tandis que les insouciants s'y précipitent, d'autre part, si une générosité inconsidérée,
bornée dans ses vues, arrive, en protégeant les incapables
à produire une plus grande somme de misère que l'égoïsme

---

1. Darwin, *la Descendance de l'homme*, traduction française, t. II,
p. 438.

extrême, il reste qu'il faut à tout prix et le plus promptement possible modifier les arrangemens sociaux de manière qu'au rebours de ce qu'ils font aujourd'hui, ils favorisent à l'avenir la survivance et la multiplication des individus les mieux doués et s'opposent à la multiplication et même à la conservation des autres. — Ce sont là quelques-unes des applications qu'on peut faire de la biologie au gouvernement des sociétés humaines; elles sont graves, elles pourraient devenir redoutables.

Tout cela est très logique; ce sera la matière des prochains décrets que rendra la science dès qu'elle sera devenue la maîtresse de la vie humaine. En même temps que s'établira sur des bases nouvelles une oligarchie très autoritaire, se fondera sous sa direction l'ère de l'humanité renouvelée par ces lois, héritière d'une vigueur, d'une santé, d'aptitudes toujours croissantes, transmissibles avec le sang, destinée à représenter dans tout leur éclat les deux principes sociologiques de l'avenir, la sélection et l'hérédité, qui, bien administrées, procureront à nos descendants une prospérité sans limite. — Mais voici qu'à la loi du progrès par l'hérédité s'oppose une loi toute contraire, celle du déclin amené par la même cause. Sur ce point, comme sur tant d'autres, se produit une de ces apparentes antinomies qui sont le désespoir de la raison. Je crains que les espérances de M. Spencer ne soient trouvées vaines et qu'il ait eu tort de voir dans le progrès une nécessité de nature « comme le développement d'un embryon ou l'éclosion d'une fleur »; je crains que la conquête du *mieux* sur la terre, sans parler du bien absolu qui est une chimère, ne redevienne ce qu'elle était avant les beaux rêves du darwinisme, une œuvre difficile et lente, précaire et disputée, sujette à de terribles retours, incomplète et partielle, condamnée à ne se réaliser jamais dans tous les éléments qui la composent, reculant sur un point tandis qu'elle s'avance sur d'autres ; œuvre imparfaite toujours, c'est-à-dire humaine. L'ouverture du paradis terrestre est provisoirement ajournée.

Examinons cette loi de la décadence, voyons dans quelles circonstances elle produit son effet, qui est non seulement de suspendre le progrès, mais de le faire rétrograder. La nature organique nous en fournit de nombreux exemples. C'est même pour cela que plusieurs savants, plus ou moins disciples de Darwin, préfèrent le mot *transformisme* à celui d'*évolution*. Dans un récent écrit, M. de Candolle nous en donne la raison. « Ce mot est préférable, dit-il, parce que les changements successifs de formes ne sont pas toujours dans le sens d'une simplification. Ainsi les parasites (animaux ou végétaux) sont des états simplifiés de certaines organisations ; de même, les animaux qui vivent dans les cavernes et les plantes aquatiques. On ne sait pas toujours, dans ces structures, ce qui est un non-développement ou un retour vers un état plus simple après plusieurs générations compliquées, mais on peut constater ou présumer dans certains cas ce qu'il en est[1]. » M. Rey Lankaster a publié dans le même sens, en 1880, un petit volume intitulé : *Dégénérescence (Degeneration, a chapter in Darwinism)*. Les causes d'une dégénérescence se retrouvent aussi bien dans l'organisme social. Malgré son optimisme et sa foi dans le développement intellectuel, toujours croissant, de l'humanité, M. Galton exprime la crainte que l'amélioration des facultés dans les races de haute culture ne marche pas assez vite pour les besoins croissants d'une civilisation qui grandit énormément. « Notre race est surchargée ; elle semble courir le risque de dégénérer, à la suite d'exigences qui dépassent ses moyens. Quand la lutte pour l'existence n'est pas trop

---

1. *Darwin considéré au point de vue des causes de son succès*, 1882.

grande pour la force d'une race, elle est saine et conservatrice; autrement elle est mortelle[1]. »

On cite un exemple frappant à l'appui de cette opinion : la division du travail augmente toujours avec la civilisation ; mais il n'est guère douteux qu'en même temps qu'elle simplifie l'œuvre, elle diminue les efforts de l'esprit, chaque individu n'ayant à penser qu'à une chose, ce qui deviendrait à la longue un obstacle au développement intellectuel dans les populations très civilisées. Tout n'est donc pas profit et gain dans le progrès apparent, ni en industrie, ni ailleurs. Et, dans quelques pages excellentes, que je me plais à résumer, M. de Candolle signalait dès 1873 les causes nombreuses qui amènent pour le genre humain ou pour les nations une sélection dans le mauvais sens ou un arrêt de sélection. « L'histoire, dit-il, est d'accord avec la théorie pour montrer à quel degré le progrès intellectuel et moral de l'humanité est irrégulier et douteux ; il y a à cela bien des causes. Des populations d'élite ont disparu entièrement ; des invasions de barbares continuent toujours, sous la forme des émigrations en masse de prolétaires chinois, irlandais et autres dans les pays civilisés d'aujourd'hui. C'est d'ailleurs un fait reconnu que ce sont les familles les moins intelligentes et les moins prévoyantes qui ont le plus d'enfants, et, dès lors, il est à craindre que le progrès de l'intelligence ne subisse des moments d'arrêt. — La marche des faits naturels n'est pas nécessairement conforme à l'idée que nous nous faisons de ce qui est bon ou mauvais. La théorie de M. Darwin sur l'adaptation des êtres organisés au milieu et aux circonstances ne s'accomplit pas toujours dans le sens du perfectionnement de l'organisme physiologique ou social tel que nous l'entendons. Le monde est peuplé aujourd'hui

---

1. *Hereditary Genius*, p. 345.

d'une infinité d'espèces végétales et animales peu développées. Ces êtres inférieurs sont tout aussi bien adaptés aux circonstances actuelles, puisqu'ils existent, que d'autres que nous appelons supérieurs. De même pour les races et les familles humaines : les plus grossières sont quelquefois mieux que les autres adaptées aux conditions de la vie. Ainsi les nègres résistent parfaitement aux climats équatoriaux, et, dans nos pays civilisés, certaines populations de prolétaires s'accommodent pour vivre de conditions misérables que d'autres ne pourraient pas supporter. Si donc il arrive à se produire dans l'avenir des hommes plus intelligents et plus clairvoyants qu'aujourd'hui, il y en aura aussi, et beaucoup, de moins intelligents et moins prévoyants, à côté d'eux ou ailleurs, qui convoiteront leurs biens et se moqueront de leurs droits. L'optimisme est très agréable, puisqu'il séduit les plus positifs, mais il n'est pas conforme aux faits du passé ni aux faits probables pour l'avenir. La sélection et l'hérédité ne peuvent influer dans le sens du progrès, si l'on s'en rapporte aux conditions connues et vraisemblables, que d'une manière douteuse, temporaire et extrêmement lente[1]. » Ce serait donc une illusion de reconstruire sur la base des idées modernes la théorie du perfectionnement indéfini de certains philosophes français du siècle dernier, à la façon de Condorcet.

Voilà, certes, des faits qui contrarient sinon le texte même de Darwin, du moins les idées que sa doctrine a fait naître dans les esprits, les espérances qu'elle a suscitées, et particulièrement le dogme du progrès total et nécessaire, cher à M. Spencer. A la suite des théories transformistes et de l'étonnante fortune qu'elles ont faite, il

---

1. A. de Candolle, *Histoire des sciences et des savants depuis deux siècles.* — *La Sélection dans l'espèce humaine*, p. 422-426.

s'était créé dans les esprits une sorte d'habitude de considérer la sélection comme un moyen infaillible de réaliser le progrès, que l'hérédité se chargeait de fixer, de conserver et de transmettre. Quoi de plus naturel à concevoir ? La nature elle-même nous enseignait le perfectionnement des espèces par la sélection. Si l'homme se substitue à la nature, s'il arrive à diriger, avec toutes les lumières de l'expérience et de la raison, cet instrument déjà si puissant, quels résultats ne doit-il pas obtenir ! Et la faculté de transmission venant s'y joindre, voilà l'idée du perfectionnement indéfini qui recommence dans l'imagination de l'homme, mais cette fois sur des bases scientifiques, et avec ces deux pouvoirs merveilleusement adaptés à la réalisation de cette grande espérance : la sélection qui acquiert toujours et l'hérédité qui conserve.

Mais aussitôt M. de Candolle se met en travers de ce mouvement des esprits avec de sérieuses objections, prouvant que, s'il y a progrès, ce progrès est bien lent, bien incertain. Et voici quelque chose de plus. Le docteur Jacoby arrive avec un formidable dossier pour nous démontrer que la conséquence finale de toute sélection, ce n'est pas comme on l'avait cru, le perfectionnement de l'espèce ; c'est la dégénérescence[1]. Ce qui nous paraissait l'instrument le plus actif du progrès devient un agent de décadence infaillible. Nous sommes loin de compte. Et voilà l'idée du progrès rejetée au péril des vents et des flots, dans l'océan des contradictions.

C'est un terrible homme que le docteur Jacoby. Quel massacre d'illusions et de vanités dans ce livre ! C'est le nécrologe de la gloire humaine. Quelles conclusions désespérantes pour tous ceux qui tiennent à la grandeur de

---

1. *Études sur la sélection dans ses rapports avec l'hérédité chez l'homme*, 1881.

l'esprit humain, aux manifestations éclatantes du génie, aux illustrations du patriotisme, de la science et de l'art ! Tous les grands hommes sont des éléments funestes; ils détruisent d'avance leur race par la consommation qu'ils font de la réserve de force nerveuse qui devrait suffire à plusieurs générations. Leur génie, qui n'est qu'un prodigieux égoïsme, dévore la substance de leur postérité; ce sont des semeurs de folie ou de mort. Du reste, leur race dure peu; elle est destinée à s'éteindre, à très courte échéance, dans l'aliénation mentale ou la stérilité. Le talent est, presque au même degré, la condamnation d'une famille; il pèse comme un lourd anathème sur une race. L'intelligence même, quand elle est très cultivée, est un signe fatal. La noblesse guerrière de Ninive, le clergé savant de Babylone, nous dit-on, la bourgeoisie intelligente de Thèbes aux cent portes, de Memphis, sont mortes et ont disparu complètement de la face de la terre. Le fellah qui cultive le champ de cotonniers n'est pas le descendant dégénéré de quelque gouverneur de Rome, de quelque pontife du lumineux Râ, c'est l'arrière-neveu de quelque batelier du Nil; et quand la civilisation, dans sa marche de l'est vers l'ouest, aura fait le tour du globe, elle trouvera sur les bords de la Seine, errant dans les ruines de la grande cité, des descendants, non de nobles du faubourg Saint-Germain, non de savants du Collège de France, non de riches banquiers, de bourgeois lettrés, pas même d'ouvriers parisiens, si ingénieux et si intelligents, mais peut-être de charbonniers auvergnats, de gargotiers de banlieue. « Le grand Patrocle n'est plus et le méprisable Thersite vit encore ! » — On se prend à rêver quand on lit des prédictions comme celle-ci: « En cherchant à nous élever au-dessus du niveau commun, nous condamnons par là même à mort notre race, et nous échangeons la vraie immortalité, l'immortalité physiologique, contre l'immortalité de convention qu'on appelle la célébrité; nous payons de la vie des générations futures et de notre propre existence dans l'infini des siècles quelques lignes dans les dictionnaires biographiques. Ce ne sont pas les descendants des puissants, des riches, des savants, des énergiques, des intelligents qui constitueront l'humanité future, ce sera la postérité des paysans travailleurs, des bourgeois nécessiteux, des humbles et des petits; *l'avenir est aux médiocrités*[1]. » Singulière manière de concevoir cette société de l'avenir, triomphante par l'élimination progressive du talent et du génie !

L'auteur étudie particulièrement deux formes de la sélection, celle qui s'opère par le pouvoir et celle qui se fait par le talent, la souveraineté et l'aristocratie, en donnant à ce dernier terme le sens le plus étendu, aristocratie intellectuelle, industrielle, commerciale et nobiliaire. — Et d'abord la souveraineté, qui est évidemment un type de sélection, puisque le pouvoir représente à l'origine une supériorité de caractère ou d'intelligence, se combinant avec l'hérédité par suite de la position exclusive et anormale qu'elle crée à ses représentants et qui restreint singulièrement le choix des unions possibles. L'auteur prend comme sujet de son expérimentation la famille d'Auguste, et, rassemblant avec une érudition facile, mais d'une critique peu sévère, les témoignages des annalistes, des moralistes, des poètes, il soumet chacun des membres de cette famille à un examen médical dont le résultat est désastreux. Quelle conclusion que celle qui embrasse l'histoire physiologique de cette dynastie depuis Octave jusqu'à Néron ! Voici une famille où se rencontrent tous les dons de la nature, beauté, intelligence hors ligne, talents militaires, éloquence, goût de l'esprit et de l'art,

---

[1]. *Préface*, p. xii.

éducation incomparable, avec cela une situation privilégiée au-dessus de l'humanité. Et dès la quatrième génération, cette famille n'est plus représentée que par un histrion monstrueux et grotesque, souillé de tous les vices et de tous les crimes. Et, pour en arriver là, que de honte de tout genre, que de maladies et de forfaits partagés entre les divers membres de cette famille : l'imbécillité, l'épilepsie, toutes les formes de la névropathie, le fratricide, les débauches infâmes, les morts prématurées, la stérilité dans certaines branches, le germe des maladies nerveuses dans les autres ! Tibère, le plus intelligent de tous, avant d'accepter le pouvoir que lui offrait le sénat, s'était écrié un jour que ses amis ignoraient *quanta bellua esset imperium !* Cette bête féroce, l'*imperium*, il en devinait la puissance funeste ; la famille d'Auguste est demeurée dans l'histoire la preuve effroyable de cette force de destruction.

Cette même thèse avait été déjà soutenue avant M. Jacoby, par M. Wiedemeister dans une étude analogue sur *la Folie des Césars*. — M. Jacoby poursuit son analyse, mais plus brièvement et superficiellement, sur les principales dynasties de l'Europe occidentale du quatorzième au dix-huitième siècle, et il arrive à des conclusions analogues, mais qui, sur plus d'un point, semblent forcées. — L'aristocratie, fondée sur le talent en quelque genre que ce soit, est soumise à la même loi de déclin rapide et fatal. « Toutes les classes privilégiées, toutes les familles qui se trouvent dans des positions exclusivement élevées partagent le sort des familles régnantes, quoiqu'à un degré moindre, et qui est toujours en rapport direct avec la grandeur de leurs privilèges et la hauteur de leur situation sociale. » Le fait principal sur lequel cette thèse s'appuie, c'est que les aristocraties semblent frappées de stérilité croissante, que ces populations privilégiées diminuent très rapidement, et qu'elles ne se maintiennent qu'en se recrutant d'éléments nouveaux, sous peine de périr, comme elles périrent en France et dans tous les pays démocratiques où le recrutement ne se fait plus. A Rome, dès la fin de la royauté, il restait si peu de familles nobles des premiers temps que Brutus dut instituer une nouvelle noblesse *minorum gentium*. En Grèce, l'extinction graduelle des Spartiates, qui étaient la noblesse du pays ; dans l'Europe moderne, la disparition si rapide de l'aristocratie anglaise, sont des faits connus. Certains titres nobiliaires de la Grande-Bretagne ont été portés successivement par six, sept, huit familles, quelquefois plus. Le *peerage* actuel n'est généralement pas de date ancienne ; les deux tiers des lords (deux cent soixante-douze sur trois cent quatre-vingt-quatorze) datent de 1760. Les mêmes observations ont été faites pour l'aristocratie vénitienne et pour la noblesse française. La conclusion est identique pour tous ces cas : la dégénérescence et la stérilité, qui n'en est qu'une des manifestations, l'extinction des familles privilégiées, ne sont, à ce que prétend l'auteur, que le résultat direct de leur position exclusive, en vertu de laquelle ces familles s'unissent entre elles et, sans faire précisément des mariages consanguins, choisissent les conjoints toujours dans le même milieu social, élevés identiquement, ayant subi les mêmes influences, vivant de la même vie et s'épuisant ainsi réciproquement par une sélection continuée.

Des phénomènes non moins significatifs s'accomplissent dans la population des grandes villes, qui représentent une sorte d'aristocratie intellectuelle à l'égard des campagnes par l'attraction qu'elles exercent sur tous les hommes, non seulement de talent, de capacité, mais simplement plus actifs ou plus avisés, qui arrivent de tous les points du pays. C'est donc là une sélection véritable qui s'opère dans la nation, un triage d'intelligence et d'activité, et une sélection qui se complique d'hérédité, puisqu'il est rare que les habitants des villes aillent se marier à la campagne. C'est par là que l'on explique les manifestations les plus nombreuses et les plus aiguës de l'excitation mentale, suicides, crimes, folies, développements multiples de la névropathie, stérilité. On a prouvé par des calculs très exacts que l'extinction des familles est un fait général à Paris. La population de cette capitale serait vite éteinte sans l'immigration venant des provinces. C'est une autre forme tragique de la même loi, la dégénérescence par la sélection. A la suite de toutes ces expérimentations poursuivies à travers l'histoire des races et des peuples et toutes convergentes vers le même résultat, l'auteur conclut par des paroles tristes. Une sorte de pessimisme inspire ses dernières pages. « Toute supériorité se paye : les familles privilégiées, souveraines, aristocratiques, intelligentes, savantes, riches, actives, disparaissent fatalement. La science, l'art, les idées, pour naître et se développer, consomment des générations et des peuples. Les lois de la nature sont immuables et malheur à qui les viole! Chaque privilège que l'homme s'accorde ou qu'il prend par la supériorité de son esprit ou de son mérite est un pas vers la décadence. Toute distinction intellectuelle et sociale amène comme compensation infaillible un retour en arrière. La nature semble avoir tout organisé pour l'égalité. Par le moyen de la mort, elle nivelle tout; en anéantissant tout ce qui s'élève, elle *démocratise l'humanité*[1]. »

Nous ne saurions nous associer à de pareils pronostics, qui n'impliquent rien moins que l'égalité future des hommes dans la barbarie, l'ignorance et la misère. La loi

---

1. Ouvrage cité, p. 606-608.

de l'histoire y donne un absolu démenti. Nous repoussons de toutes nos forces de pareils enseignements, qui ne s'attachent qu'à certains faits spéciaux, négligeant tous les autres faits qui les restreignent ou les nient, s'appliquant à en donner une interprétation systématique que l'on porte à la dernière outrance, créant des illusions de statistique et de logique mêlées dont l'esprit devient facilement dupe. Pour ne prendre que quelques exemples et sans entrer dans la discussion d'une thèse si étendue, assurément il résulte une impression sinistre et fortement motivée du tableau de la décadence des Césars, que l'on nous présente avec tous les traits les plus violents qu'on a pu extraire des historiens, des pamphlétaires et des satiriques romains. Mais qu'on veuille bien y réfléchir : est-ce la sélection qui est vraiment coupable ici ? Est-ce elle qui a si vite détruit cette dynastie, fatalement et sans autre cause que l'accumulation de tous les biens de la naissance, de l'intelligence et de la fortune sur quelques têtes privilégiées ? Assurément non, c'est une cause morale qui a le plus puissamment agi dans cette œuvre de décadence ; une cause que l'on aperçoit très distinctement dans les analyses de M. Jacoby, mais qui méritait d'être mise en première ligne au-dessus de toutes les fatalités physiologiques : — c'est l'exercice d'une volonté sans contrôle et sans frein, que rien ne limitait, qui ne reconnaissait aucune loi qu'elle-même, qui épuisait sa toute-puissance dans des rêves et dans des fantaisies pour lesquelles l'impossible n'existait pas, pour lesquelles le monstrueux était une tentation de plus. La plus infaillible, la plus certaine et la pire des dégradations, c'est celle d'une volonté qui ne sent de limites ni autour d'elle ni au-dessus d'elle. Ce fut là l'inévitable corruption des Césars, comme plus tard ce fut celle de Louis XV, mettant à profit pour son épouvantable égoïsme la monarchie absolue de Louis XIV, et devenant ainsi le plus lamentable exemple de ce que peut faire dans une âme originellement noble l'influence dissolvante du pouvoir. Car si Louis XVI en a été la victime tragique, Louis XV en a été la victime morale. — Partout, dans cette histoire et dans bien d'autres que l'on pourrait citer de décadences royales, c'est à l'âme qu'il faut regarder d'abord et à sa corruption secrète par l'abus de la puissance; c'est elle qui est la vraie cause de tous les autres malheurs, de toutes les autres formes de la dégénérescence. L'hérédité en transmet l'influence fatale, quand cette influence est devenue une sorte de délire chronique; mais je ne vois pas très clairement ce que la sélection vient faire là. En tout cas, il est assez étrange que, si la sélection est coupable, ses effets s'arrêtent là où le pouvoir monarchique est limité, dès qu'il reconnaît des bornes dans des lois, dans des parlements, dans des institutions nettement définies, dans l'opinion du pays; ce qui prouve bien que la vraie raison des troubles pathologiques d'un souverain, c'est sa souveraineté même, quand elle est sans frein. La vraie maladie des Césars, celle de Napoléon dans les dernières années de son règne, c'est l'hallucination de la toute-puissance, c'est le vertige de l'impossible.

Et de même, n'y aurait-il pas bien des observations à présenter, à propos des faits qui établissent le rapide déclin des aristocraties, et des commentaires que ces faits ont suggérés? Est-ce vraiment la sélection qui cause tous ces désastres, qui amène l'extinction graduelle des classes privilégiées et les condamne à périr là où manque la ressource de l'anoblissement des roturiers? Bien d'autres causes, plus actives et plus directes, contribuent à la production de ce fait très complexe et d'une observation très délicate. M. A. de Candolle présente à ce sujet une réflexion bien simple sur l'extinction inévitable de tous les noms de familles, roturiers aussi bien que nobles. Évidemment, dit-il, tous les noms doivent s'éteindre, et d'autant plus vite qu'ils sont portés par moins d'individus du sexe masculin, car les familles sont désignées par les mâles, et de temps en temps un père ne laisse pas d'enfants ou ne laisse que des filles. Supposez une population qui resterait la même dans sa totalité de siècle en siècle, et qui ne changerait pas même par le fait d'émigrations ou d'immigrations, il arriverait forcément chez elle que le nombre des familles désignées par des noms ou par des titres héréditaires dans les mâles diminuerait graduellement. Un mathématicien pourrait calculer comment la réduction des noms ou titres aurait lieu, d'après la probabilité des naissances toutes féminines, ou toutes masculines, ou mélangées, et la probabilité d'absence de naissances dans un couple quelconque[1]. Et maintenant, que dans une chambre des pairs, comme en Angleterre, où chacun arrive seul de son nom, ou dans les portions privilégiées d'une nation, comme la noblesse, l'extinction du nom de famille soit plus rapide que partout ailleurs, cela est tout naturel, mais je ne vois là qu'un phénomène économique très simple, non un effet tragique de la sélection. Beaucoup d'autres raisons de ce genre pourraient être alléguées pour expliquer ce fait tout autrement que ne le fait le docteur Jacoby sous l'empire d'une idée unique.

De même, quand on vient nous dire que non seulement les aristocraties sont condamnées à une disparition rapide, mais que dans le temps très court qui leur reste à vivre, elles sont vouées à une sorte de décadence intel-

---

[1]. *Histoire des sciences et des savants*, etc., *la Sélection dans l'espèce humaine*, p. 389 et suiv.

lectuelle et morale, et qu'après avoir donné à un pays la fleur brillante des plus belles vertus militaires et les fruits substantiels des plus grandes capacités politiques, elles descendent, par une sorte d'épuisement fatal, à un rôle inutile et de pur apparat, je reconnais là une fatalité. Mais d'où vient-elle ? Est-ce une conséquence de ce patrimoine intellectuel et moral accumulé dans une race et qui l'épuise ? Ne serait-ce pas plutôt l'effet des conditions de la société nouvelle où ces aptitudes ne trouvent pas leur usage ni ces dons leur emploi ? Pense-t-on que les démocraties soient très encourageantes et très hospitalières pour les races nobles qui ont joué un si grand rôle autrefois dans l'histoire de la nation? Est-ce s'aventurer trop que de dire que cela même qui les rendait jadis si chères et si précieuses à d'autres régimes les rend suspectes aux régimes nouveaux, et qu'il n'est pas de cause plus dissolvante pour des mérites héréditaires que d'être rejetés par une sorte de défiance ou de jalousie sociale, d'être paralysés par les circonstances et de se sentir inutiles? — Il se passe quelque chose de semblable qui mérite d'être signalé pour l'aristocratie du talent. On s'étonne que la famille d'un grand poète ou d'un grand savant descende rapidement du sommet où l'a élevée un effort superbe et solitaire du talent ou du génie. On veut expliquer cela par une dépense excessive de la substance nerveuse qu'un seul a consommée pour lui et qui amène une irrémédiable décadence dans sa race. Ce sont là des raisons bien hypothétiques, bien vagues, et qui ne doivent pas se substituer aux causes directement observables et manifestes. D'abord, c'est un fait, et nous en avons démontré l'exactitude, que ni le talent ni le génie ne sont héréditaires. Et puis, quand un niveau élevé a été atteint dans une famille par suite de quelque accident heureux, il faut pour le maintenir presque autant d'énergie morale qu'il en a fallu pour y atteindre. Mais qui peut répondre que cette énergie se perpétue longtemps au même degré, et que les grands efforts durent au delà d'une génération ou de deux? La volonté ne serait pas ce qu'elle est, si elle était toujours égale à elle-même, toujours tendue dans un effort égal, toujours également heureuse avec les hommes ou avec les choses. Il est de son essence même d'avoir des caprices, des défaillances, des retours en arrière. Elle est une faculté humaine, souple, diverse, inégale parce qu'elle est humaine, et c'est toujours là qu'il en faut venir pour expliquer la plupart des décadences, comme c'est là aussi qu'il faut en venir pour expliquer les grandeurs momentanées ou les relèvements admirables du pauvre être, tour à tour si infime et si grand, qui est l'homme.

Nous n'acceptons aucune de ces deux thèses contraires issues de l'école nouvelle : l'une qui établit le progrès nécessaire, l'autre qui proclame la décadence fatale par la sélection et l'hérédité. Il nous suffit de les placer en face l'une de l'autre pour montrer combien il y a de fantaisie et d'arbitraire dans ces ambitieuses synthèses, dans cet ensemble de conclusions prématurées qu'on veut tirer de faits très curieux, mais encore imparfaitement étudiés et incomplètement connus. Le trait commun à ces théories, c'est qu'elles se donnent un tort égal en négligeant les causes morales, hors desquelles tout reste obscur, énigmatique dans les lois du progrès ou de la décadence, et qui seules en contiennent la raison suffisante, sans exclure pourtant les autres causes, qui sont la matière physiologique ou historique imposée à la liberté.

## III

Je voudrais resserrer les conclusions de cette longue étude, les ramasser sous les yeux du lecteur en quelques propositions très simples et très nettes :

Dans l'ordre psychologique, l'hérédité est une influence, elle n'est pas une fatalité. Elle pénètre jusqu'au centre de notre vie intérieure par les instincts, les habitudes de race, les impulsions et entrainements physiologiques ; mais, sauf les cas morbides, elle ne domine pas la personne morale au point de la déposséder d'elle-même et de créer l'irresponsabilité.

Bien qu'elle ne soit qu'une influence, ou mieux qu'un ensemble d'influences, l'hérédité doit être surveillée avec grand soin, combattue et réprimée là où cela est possible pour qu'elle ne pèse pas d'un poids trop lourd sur la vie de nos successeurs. Elle crée entre les générations une loi de solidarité qui double nos devoirs envers nous-mêmes de devoirs envers nos descendants. Nous sommes responsables dans une certaine mesure envers eux. Un homme peut compromettre la santé morale de ses fils ou de ses petits-fils de bien des manières, non seulement par une folie véritable et involontaire qui a bien des chances de se transmettre, mais par quelque germe de maladie mentale qu'il aurait pu efficacement combattre ; par des mariages effectués contre les lois d'une saine physiologie ; par des habitudes d'intempérance qui sont des causes de perturbations profondes et comme une dépravation anticipée pour l'enfant conçu dans de telles conditions ; soit même par des excès de travail ayant amené la fatigue du cerveau : enfin par la culture trop complaisante de sentiments singuliers, par une exaltation ou une mélancolie habituelle, où l'on se complait à jouer, comme Hamlet, avec la folie[1]. Il y a de quoi trembler en pensant à ces formes diverses de responsabilité qui nous incombent dans l'histoire future d'une race. Un vice, un penchant contracté, peuvent avoir un retentissement considérable dans un avenir qui nous échappe. Et, de même, l'habitude du bien, le goût des sentiments nobles et délicats, une culture élevée de l'esprit et assidue de la volonté, peuvent modifier la nature d'une manière heureuse, même le tempérament, lequel est transmissible. Il y a donc un élément de transmission du mal qui dépend de nous, une sorte de péché originel, physiologique ou instinctif, que nous pouvons transmettre diminué ou affaibli. Ancêtres qui resteront inconnus à leurs descendants et qui, à leur tour, ne les connaîtront pas, les hommes de chaque génération n'en sont pas moins tenus à leur égard par des devoirs de justice et de charité. Il faut absolument que cet ordre de considérations entre dans notre éducation morale. On a eu raison de dire que parmi les influences diverses qui mènent l'homme, une des plus puissantes est celle des morts. Un long passé pèse sur nous. Il dépend de nous que le présent que nous faisons pèse d'un poids moins lourd sur nos descendants, ou que, du moins nous leurs fassions la tâche moins difficile qu'elle ne nous a été faite à nous-mêmes en améliorant, autant que cela est possible, toute chose autour de nous et la nature morale en nous.

Sans rien nier de ces influences, nous les avons regardées en face, mesurées du regard, et après avoir marqué leur place dans la vie, nous avons essayé de les limiter. Nous avons montré qu'il y a en chaque être vivant un élé-

---

1. *Psychologie morbide dans ses rapports avec la philosophie de l'histoire*, par le docteur Moreau (de Tours), p. 116 et seq.

ment d'individualité qui échappe à la loi d'hérédité, et qui chez l'homme s'élève jusqu'à la personnalité. La création de l'homme libre est le but de la vie. L'homme est donc autre chose qu'un produit fragile de l'entre-croisement des forces cosmiques. Il est un être distinct de tout autre être et capable de développement indéfini par la conscience et la liberté. En dépit de toutes les fatalités que nous subissons du dehors ou que nous portons au dedans de nous, l'école biologique n'a jamais pu réussir que par des artifices de logique et d'analyse à se débarrasser de ce pouvoir personnel. Cet élément, irréductible à tout autre, se manifeste dans chaque acte libre, qui est une protestation contre la loi d'hérédité, qui la suspend ou la supprime dans les circonstances vraiment morales de la vie, qui commence de nouvelles séries de phénomènes non prévus, qui crée enfin la responsabilité, en rejetant les excuses trop faciles d'un fatalisme paresseux. — Il se manifeste dans l'éducation, celle que l'on se donne à soi-même et aussi celle que l'on reçoit des autres, et qui est un double acte de volonté, l'action d'une volonté étrangère sur la nôtre. — Il se montre dans la formation du caractère, qui est en partie l'œuvre de l'homme, l'expression de sa vie morale, l'histoire vivante de ses luttes et de ses épreuves. — Il a sa part dans l'institution des classes privilégiées, dans la sélection de courage ou de mérite qui les fonde, et aussi dans le déclin qui les entraîne à leur ruine et où il est rare qu'il n'y ait pas quelques fautes graves et quelques défaillances à noter dans ceux qui les composent. — Enfin, la manifestation la plus irrécusable et la plus éclatante de cet élément de la personnalité humaine, sa révélation sociale, c'est l'histoire même du progrès. L'hérédité toute seule n'explique que la transmission d'un état acquis ; le phénomène collectif le plus considérable dont elle puisse rendre compte, c'est la civilisation, c'est-à-dire, comme on l'a très bien définie, le bilan d'une société à un moment donné, ce qu'elle a de solide, de fixe, d'emmagasiné en fait d'idées, de sentiments, d'institutions, son capital industriel, scientifique et moral. L'hérédité est une puissance de stabilité et de conservation, non d'acquisition ; elle est l'instrument par excellence de la civilisation, elle n'est pas la faculté du progrès. Ce qui explique le progrès, au contraire, c'est-à-dire l'acquisition d'un état nouveau, d'une forme nouvelle de l'art, de l'industrie, de la science, c'est l'effort de chacun et de tous déterminant une marche en avant, un mouvement, c'est une grande initiative qui a réussi. Les civilisations qui n'avancent plus sont des civilisations saturées à l'excès d'hérédité, de tradition et de routine. Dès que l'effort s'arrête, la mobilité et la vie cessent, la stagnation commence, la décadence est proche. Le rôle des deux principes est par là nettement marqué. Dans l'ordre intellectuel et social, l'hérédité conserve, c'est la liberté qui crée ; dans la lutte pour la vie, l'avenir est aux individus et aux peuples qui savent combiner ces deux forces et les associer dans une action durable, la faculté d'initiative et le respect du passé.

# LA PEUR

Étude psycho-physiologique, par A. Mosso, professeur à l'Université de Turin, traduit de l'italien par Félix Hément.

I

Nous avions jusqu'ici une littérature de la peur. Je place sous ce nom soit les fictions de tout genre, les contes, les poésies remplies d'épouvante, disposées de manière à suggérer cette sensation, à la communiquer à l'imagination et aux nerfs du lecteur, soit des analyses psychologiques, dramatiques par la fidélité de la peinture tracée, émouvantes comme l'est inévitablement toute émotion bien décrite. Parmi ces analyses qui visent à être exactes, nous aurions tout particulièrement à signaler celle que nous a laissée Töppfer et qui contient, avec son éclosion fortuite, sa croissance et son explosion définitive, tout le drame de la peur, d'une vérité saisissante, où chacun de nous peut reconnaître au passage quelques traits de son histoire intime, quelques souvenirs de son enfance inquiète, et même de sa vie présente, ébranlée ou surprise par un hasard terrifiant. Quant aux œuvres littéraires qui n'ont pas seulement pour objet de retracer la sensation de la peur, mais de la faire naître artificiellement dans l'esprit du lecteur, nous aurions de nombreux exemples à en donner depuis la fin du dix-huitième siècle jusqu'à nos jours, spécialement parmi les écrivains et les poètes allemands, qui se sont plu à développer ce qu'ils appellent si bien « le côté nocturne de la nature ». Mais, pour ne pas nous arrêter à un trop long préambule, nous signalerons seulement, parmi les auteurs qui se sont ingéniés plus ou moins heureusement à produire un pareil résultat, les noms d'Anne Radcliffe, d'Hoffmann et, plus près de nous, d'Edgard Poë. Ce sont là vraiment les dramaturges de la peur. Il y a une différence à marquer. Chez les romanciers de l'école d'Anne Radcliffe, ce n'est guère qu'un jeu d'imagination plus ou moins prolongé à travers des circonstances horribles, ingénieusement amassées; c'est l'exploitation savante d'apparitions fantastiques, de spectres, de souterrains, de logis hantés; puis, vers la fin, tout s'explique plus ou moins bien par des causes naturelles. Le bon sens reprend ses droits; l'émotion s'évanouit dans une virtuosité d'invention bizarre, qui n'était toute que de surface. C'est le genre des *Mystères d'Udolphe*, devenu bien vite ridicule parce qu'il manque de sincérité : une pareille littérature n'agit plus que sur les femmes de chambre sentimentales et les concierges mélancoliques. Tout autre est l'effet produit par les *Contes fantastiques* d'Hoffmann ou les *Nouvelles* d'Edgard Poë. Il règne là une terreur vraie, ressentie au même degré par le narrateur et le lecteur. La plupart de ces récits, composés dans une demi-ivresse, à moitié rêvés par des cerveaux malades, attirent par une sorte de fascination les imaginations excitables et leur donnent une véritable volupté, celle de la peur sans péril, où les nerfs sont ébranlés, secoués comme ils le sont à la scène devant un drame où l'on souffre et l'on pleure, tout en sachant bien que l'on n'est pas en jeu soi-même et pour son propre compte. Edgard Poë a poussé l'illusion si loin qu'il a mérité d'être loué par le savant le plus compétent dans cet ordre de phénomènes : « Ce poëte malheureux, qui vécut dans les hallucinations maladives et mourut à trente-sept ans, dans un hôpital, victime de l'alcoolisme, dans les spasmes et les convulsions du *delirium tremens*, peut être regardé comme un des observateurs des effets de la peur. Nul ne l'a plus minutieusement décrite, nul n'a su mieux analyser et faire sentir avec plus de déchirement les émotions qui stupéfient, les palpitations qui brisent le cœur, qui ébranlent l'âme, l'oppression qui suffoque dans l'agonie [1]. »

C'est là ce que nous avons appelé la littérature de la peur. Mais nous n'avions pas jusqu'à ces dernières années la science positive de la peur ; nous l'avons aujourd'hui, en partie du moins ; nous en avons les principaux éléments et les documents les plus curieux ; l'esquisse physiologique en est tracée dans ses grands traits. En cet ordre d'idées, comme en tant d'autres, M. Darwin peut être tenu pour l'initiateur. Dans l'ouvrage sur l'*Expression des émotions chez l'homme et les animaux*, le chapitre douzième est consacré à décrire les diverses manifestations de la peur dans les gradations qu'elle suit depuis la simple attention et le tressaillement de la surprise jusqu'à la terreur extrême et l'horreur. M. Mosso, professeur à l'université de Turin, vient de publier sur le même sujet une étude psycho-physiologique, qui aspire à être complète et qui a saisi au même degré l'attention des savants et des lettrés. Nous comptons nous occuper tout spécialement de ce livre, lui empruntant les résultats positifs qu'il nous apporte, et signalant à l'occasion les lacunes qu'il offre dans la description ou l'explication des phénomènes. Enfin, presque en même temps que paraissait la traduc-

---

1. *La Peur*, par Mosso, traduction française, p. 156.

tion française de cette étude, la *Revue des Deux Mondes* publiait un article étendu, riche et varié en informations, de M. Charles Richet[1], qui, bien que se rencontrant avec le professeur italien sur le même terrain, se place à un point de vue un peu différent, celui de la psychologie comparée et des relations de l'homme avec l'animal. Avec ces trois études, qui se complètent l'une l'autre, le domaine scientifique est suffisamment établi, déterminé. Jusque-là nous n'avions que des traits détachés, des symptômes saisis au passage soit par Lavater et son principal commentateur Moreau, soit par sir C. Bell, dans son *Anatomie de l'expression* (troisième édition, 1844), soit par Duchesne, dans un livre vraiment précurseur, le *Mécanisme de la physionomie*, ou par Mantegazza, dans la *Physionomie et l'expression des sentiments*, par Herbert Spencer, enfin, dans la seconde édition de ses *Principes de psychologie*, dans un chapitre intitulé le *Langage des émotions*, ajouté dans cette édition, et qui a précédé de quelques mois la publication du livre de Darwin. M. Mosso n'a rien ignoré ni négligé de ces documents. Nous lui savons surtout un gré infini d'avoir rappelé à plusieurs reprises le beau traité des *Passions de l'âme* et rendu à son auteur ce grand témoignage : « C'est à Descartes qu'on doit le premier livre vraiment important sur la physiologie des passions. Ce rénovateur de la science embrassait avec la puissance prodigieuse de son génie toutes les branches du savoir, et fut mathématicien, physicien, physiologiste. Personne avant lui n'a eu une idée aussi simple du mécanisme avec lequel peuvent être produits les mouvements involontaires qui accompagnent les émotions[2]. » A chaque occasion M. Mosso s'en réfère à

---

1. *Revue des Deux Mondes*, 1ᵉʳ juillet 1886.
2. *Traduction française*, p. 5.

cette grande autorité. Par exemple, quand il s'agit d'expliquer le tremblement, comme symptôme de la peur, on nous montre que l'explication de Descartes est encore la vraie, pourvu qu'on y change quelques expressions vieillies qui n'appartiennent plus à la langue de la science contemporaine. Et quand l'auteur s'occupe de faire de l'hygiène préventive, de diriger l'éducation de l'enfant et de le prémunir contre cette passion avilissante, c'est encore à Descartes qu'il emprunte ses nobles conseils, son fier et substantiel langage. Ce témoignage accordé au *Traité de l'Homme* et au *Traité des Passions* par le représentant le plus moderne de la physiologie, après deux siècles et demi d'expériences continues et de fécondes découvertes, nous avons le droit de l'inscrire avec orgueil en tête de cette étude, à l'honneur de celui qui l'a mérité et de celui qui l'a rendu.

## II

Il serait curieux de recueillir chez les écrivains célèbres, surtout chez les poètes, les traits remarquables par lesquels la peur se caractérise, et de les mettre en regard des observations de la physiologie contemporaine. Charles Darwin ne manque jamais aux occasions de ces rapprochements. C'est lui, par exemple, qui extrait du livre de Job cette description saisissante de la frayeur : « Dans les pensées issues des visions de la nuit, lorsqu'un sommeil profond est tombé sur les hommes, la peur vint sur moi, et un tremblement qui faisait claquer tous mes os. Alors un esprit passa devant ma face; le poil de ma chair se hérissa. Je m'arrêtai, mais je ne pus distinguer sa forme : une image était devant mes yeux, et au milieu du silence j'entendis une voix me disant : « L'homme mortel sera-t-il plus juste que Dieu ?[1] » — C'est Darwin encore qui emprunte à Virgile ces traits caractéristiques :

> Obstupui, steteruntque comæ, et vox faucibus hæsit,

ou bien

> Huc illuc volvens oculos, totumque pererrat
> Luminibus tacitis.

qui peignent si bien les divers symptômes ou de la fureur ou de la frayeur, le tremblement qui s'empare de tous les muscles du corps, la sécheresse de la bouche, l'altération de la voix, qui devient rauque ou indistincte, ou disparaît complètement, la constriction douloureuse de la gorge, les yeux fixés sur l'objet qui provoque l'émotion, ou roulant incessamment d'un côté à l'autre. » — Shakespeare apparaît presque à chaque page soit pour retracer d'un mot l'expression universellement reconnue de la surprise ou de l'étonnement, comme quand il dit dans le *Roi Jean* : « J'aperçus un forgeron debout, la bouche grande ouverte, avalant avec avidité les histoires d'un tailleur; » ou quand il parle, comme il le fait souvent, des cheveux hérissés sur la tête. Brutus dit à l'ombre de César : « Tu glaces mon sang et fais dresser mes cheveux. » Après le meurtre de Glocester, le cardinal de Beaufort s'écrie : « Peigne donc ses cheveux; vois, vois, ils se dressent sur sa tête. » C'est là un des charmes de la lecture du livre de Darwin, l'érudition littéraire qui y est répandue et qui trouve presque toujours un commentaire poétique prêt à soutenir et à illustrer les observations de la science. Chez M. Mosso il y a beaucoup moins de citations et de fragments de poètes, mais, en revanche, des anecdotes médi-

---

[1]. Job, IV, 15.

cales, des faits familiers, des observations de mœurs piquantes, un ton de bonne humeur qui anime les parties les plus sévères du livre et nous engage à en continuer la lecture jusqu'au bout, malgré les austérités de la science. Pour notre part, une fois que nous avons eu ouvert le livre, nous ne l'avons plus quitté.

Ce n'est pas, à beaucoup près, que le livre soit parfait. Il est plein de digressions, d'épisodes scientifiques qui n'ont pas trait directement au sujet. Le professeur se raconte avec complaisance lui-même, inventant, modifiant des appareils pour observer le travail du cerveau; il analyse longuement certaines de ses expériences, très curieuses à la vérité, surtout si elles n'étaient pas, comme il arrive en mainte occasion, en dehors de la question spéciale qu'il s'est posée; de plus, il n'y a pas beaucoup d'ordre. C'est une causerie plutôt qu'un traité en règle. Il semble que les faits exposés dans trois chapitres, le dixième, le onzième, le douzième, pourraient être autrement répartis, d'une façon plus méthodique (*De quelques phénomènes caractéristiques de la peur; La peur chez les enfants; Les songes; La frayeur et la terreur*). L'organisation de ce petit ouvrage, malgré sa brièveté, laisse donc beaucoup à désirer. En revanche, on sent à chaque page l'accent du vrai savant; il est libre de préjugés; il est physiologiste avant tout, cherchant la vérité pour elle-même, en dehors de toute application utile à une doctrine ou à un parti. C'est par là qu'il nous inspire confiance.

Sur deux points nous marquerons cette indépendance méritoire du vrai savant. D'abord sur la question de l'origine de la conscience. C'est un problème qui, directement ou indirectement, se présente à chaque instant à l'observateur, dans l'ordre de ces phénomènes mixtes où se mêle si intimement ce qu'on appelait autrefois le physique et le moral de l'homme. L'auteur se tient dans une réserve parfaite, que du côté de la métaphysique on serait tenté de trouver excessive, mais qui est dans la vraie mesure, si on la considère du côté de la science positive. « Souvent, dit-il, en observant le cerveau de mes malades, en réfléchissant à sa structure et à ses fonctions, en voyant le mouvement du sang qui l'arrose, j'ai songé à pénétrer dans la vie intime de ses cellules et à suivre les mouvements qui en agitent les ramifications dans le labyrinthe des centres nerveux. J'ai supposé connues les lois des changements matériels, l'ordre, l'harmonie, l'enchaînement les plus parfaits; mais si loin que j'approfondisse le travail de l'esprit et que je laisse le champ libre à l'imagination, je n'ai jamais rien vu, pas même une lueur qui me donne l'espoir de remonter à l'origine de la pensée.... J'ai trouvé, à l'aide de mes recherches, le mécanisme par lequel la nature pourvoit à une circulation plus rapide du sang, lorsque le cerveau entre en action; j'ai admiré le premier quelques-uns des phénomènes par lesquels se révèle l'activité matérielle de cet organe; mais, même en analysant les fonctions du cerveau à l'aide des expériences les plus précises, lorsqu'il palpitait sous mes yeux, pendant le travail fiévreux de la conception ou pendant le sommeil, malgré tout, l'essence des phénomènes psychiques reste encore pour moi un mystère... Nous croyons que les facultés de l'âme sont le résultat d'une série ininterrompue de causes naturelles, d'actions physiques et chimiques qui, des phénomènes réflexes les plus simples, conduisent graduellement à l'instinct, à la raison, au sentiment, à la volonté; mais on n'a encore fait aucune découverte qui puisse laisser supposer ou tout au moins présumer la nature de la conscience.... La voie par laquelle les faits psychiques rentrent dans la transformation de la force n'est pas encore connue....Depuis Lucrèce il ne s'est pas fait un pas en avant dans la connaissance de l'essence de la pensée. Au fond la plupart des matérialistes détruisent un dogme pour en édifier un autre[1]. »

Le second point sur lequel l'auteur manifeste son indépendance, c'est la sélection, considérée comme cause universelle. Il loue Darwin comme un grand et profond interprète de la nature ; il incline même en général du côté de sa doctrine, mais il se maintient libre quand les faits résistent à l'explication proposée ou ne s'y prêtent que si on les force ou tout au moins si on les persuade doucement de se laisser faire. Naturellement Darwin est entraîné, dans certains cas, à pousser trop loin l'explication qu'il tire de cette loi. M. Mosso ne craint pas de résister alors et de se réserver. Cela défait la symétrie du système, mais cela constate et garantit la liberté, la probité du savant. Nous citerons quelques exemples de ces réserves que marque l'auteur, pour n'avoir pas à y revenir plus tard. Voici, par exemple, une singulière antinomie. Darwin a voulu montrer que les phénomènes de la peur sont un ensemble de mouvements à l'origine volontaires, puis associés par l'habitude, quelquefois même transformés en actions réflexes, qui se sont appropriés aux conditions de l'existence de l'animal et qui deviennent la protection et la garantie de sa vie physique ; d'où il faudrait conclure, selon la méthode darwinienne, que ce sont les espèces ou les individus les plus peureux, qui, étant le mieux protégés par la peur, ont le plus facilement survécu dans la lutte pour l'existence. Est-ce vrai ? Le contraire est vrai aussi. Il arrive que ce ne sont pas les plus peureux, parmi les animaux, qui conservent le plus sûrement la vie ; **ce sont souvent les plus braves** qui triomphent dans la lutte et qui perpétuent leur courage dans leurs descendants. Ce qui résulte le plus clairement

---

1. *La Peur*, traduction française, p. 59-62.

des observations de M. Mosso, c'est que les phénomènes de la peur sont l'exagération maladive de faits physiologiques. Il y a de ces faits, tels que le tremblement, qui sont en contradiction manifeste avec la loi de la sélection. Ce tremblement musculaire, qui est commun à l'homme et à un grand nombre d'animaux, Darwin lui-même reconnaît qu'il n'est d'aucune utilité, souvent même qu'il est très nuisible[1]; à coup sûr, dit-il, ce n'est pas volontairement qu'il a dû se produire d'abord sous l'empire d'une émotion quelconque, pour s'y associer ensuite par l'influence de l'habitude. Darwin a recours ici à l'un de ces principes supplémentaires qui expliquent ce que la sélection ne peut pas expliquer, à savoir que certains actes que nous reconnaissons comme expressifs de certains états d'esprit résultent directement de la constitution du système nerveux; cela est très simple, en vérité, mais cela est en désaccord manifeste avec la loi générale.

Citerai-je d'autres exemples? Quand il s'agit d'expliquer quelques phénomènes caractéristiques de la peur, comme la *chair de poule*, le hérissement des poils, Darwin pense « que les animaux hérissent leurs appendices cutanés pour apparaître plus gros et plus terribles à leurs ennemis ou à leurs rivaux ». M. Mosso ne peut pas admettre que les muscles lisses aient été ainsi primitivement sous la dépendance de la volonté. Il établit une loi plus vraisemblable, à savoir que toutes les fois que les vaisseaux sanguins sont contractés (et ils le sont dans la peur), il se produit une contraction du muscle peaussier et les poils se hérissent. Ne serait-ce pas pour cette raison que les oiseaux, les chevaux, les chiens, les chats, se hérissent les plumes ou les poils lorsqu'ils ont froid[2]?

---

1. *Expression des émotions*, Traduction française, p. 71.
2. *La Peur*, traduction française, p. 141.

— Un trait encore, parmi plusieurs autres, pour montrer combien la loi de la sélection est insuffisante à expliquer les signes les plus expressifs de la peur : par exemple, l'état de l'homme qui est incapable de se mouvoir, de parler, de penser, quand il est sous le coup d'une trop grande frayeur. Beaucoup d'animaux sont dans le même cas. Darwin s'imagine expliquer ce fait extraordinaire en disant que lorsqu'un animal est effrayé, il s'arrête un instant pour recueillir ses sens et reconnaître l'urgence du péril, afin de décider s'il doit s'échapper ou se défendre. Singulière explication que celle d'une ruse volontaire ! Il y a en effet des insectes qui font les morts quand on les prend, quand on les pique avec une épingle, quand on les expose au-dessus d'une flamme. Il serait incompréhensible qu'ils se laissassent brûler vifs avant de cesser cette ruse meurtrière pour eux-mêmes. La cause de leur immobilité n'est donc pas là ; elle est dans ce que le naturaliste allemand Preyer appelle la *cataplexie*, la perte du sentiment [1], effet et signe d'une frayeur extrême. La loi de Darwin subit ainsi à chaque instant, dans les détails de la physiologie, de graves restrictions, quand ce ne sont pas de flagrants démentis. Il est vrai que pour la corriger et la rendre plus vraisemblable, Darwin, dans l'*Expression des émotions*, son ouvrage le plus vulnérable à ce point de vue, y ajoute deux lois, l'une contraire, la loi d'antithèse, l'autre très différente, la loi de l'excitation spontanée du système nerveux en dehors de toute utilité ; ces deux lois lui permettent de se mouvoir à l'aise, même dans la contradiction.

M. Mosso fait remarquer que si l'interprétation que

---

1. *Mémoire* de Preyer sur la *Cataplexie* (de πλήσσειν, frapper, blesser, étonner). — Voir Mosso, traduction française, p. 153.

donne Spencer dans son fameux chapitre sur le *Langage des émotions*, et que Darwin développe dans son livre, était vraie, on en tirerait nécessairement cette conséquence que les animaux, sous l'action de la concurrence vitale, auraient dû se défaire peu à peu, dans la longue suite des générations, de ce qui pourrait leur être préjudiciable ou funeste. Mais cette loi ne se vérifie pas, au contraire. Plus le danger est sérieux, comme il arrive dans les fortes émotions, plus les phénomènes nuisibles se multiplient et s'aggravent, jusqu'à ce qu'ils finissent par prévaloir. Dans l'ordre physique, le tremblement et la cataplexie mettent l'animal hors d'état de fuir et de se défendre. Dans l'ordre intellectuel, nous avons pu nous convaincre que les situations les plus graves troublent notre jugement et nous empêchent d'ordinaire d'y voir clair. Et voici la conclusion très grave qui sera celle de tout l'ouvrage sur ce point de doctrine : « En présence de ces faits, nous devons admettre que les phénomènes de la peur ne peuvent s'expliquer (on pourrait ajouter *pour la plupart*) par la doctrine de la sélection. A leur plus haut degré d'intensité, ce sont des phénomènes maladifs qui prouvent une imperfection de l'organisme[1]. »

### III

Résumons quelques-uns des faits les plus significatifs signalés par M. Mosso ; ramassons-les sous le regard du lecteur, comme le fait l'auteur lui-même, sans esprit de système, sans parti pris, évitant le péril d'un résumé trop spécial, trop technique, nous attachant surtout, dans ce savant exposé, à ce qui nous sera nécessaire pour la

---

1. Mosso, traduction française, p, 123.

seconde partie de cette étude, la partie psychologique. Nous tâcherons plus tard d'en tracer l'esquisse, telle qu'elle se dessinait dans notre pensée, à mesure que nous lisions ce livre avec un intérêt vif qui ne nous ôtait pas cependant le sentiment des lacunes et des insuffisances.

Voici quelques lois finement observées : une douleur ou une peur quelconque, qui nous surprennent vivement, produisent un trouble profond dans notre organisme, tandis que si elles se produisent d'une manière lente et continue, les effets en seront bien moins graves. Au début d'une sensation, la réaction est toujours plus vive. Ce fait est vrai de tous les phénomènes du système nerveux. Même de petites émotions, quand elles sont subites, produisent dans l'organisme des troubles profonds, tandis qu'au contraire des événements graves, quand nous y sommes préparés, ont des effets proportionnellement bien moindres.

Parmi nos mouvements, le nombre de ceux qui sont automatiques est plus grand qu'on ne pense. Pline, parlant de la peur qui nous fait fermer les yeux lorsqu'on fait un geste de menace, raconte que, sur vingt gladiateurs, on en trouvait à peine deux qui ne baissaient pas les paupières quand on les menaçait à l'improviste. Il est surprenant qu'une cause si faible produise des mouvements si vifs que nous sommes impuissants à maîtriser. Même si un carreau de vitre est interposé entre nous et la main qui nous menace, malgré la raison et la volonté, la plupart des personnes ne peuvent s'empêcher de fermer les yeux. On dirait qu'il y a en nous deux natures : une animale, non raisonnable, qui commande ; l'autre, humaine et intelligente, qui succombe. Tout ce qu'il y a de plus caractéristique dans les phénomènes de la peur, les palpitations, l'oppression, la pâleur, le cri, la fuite, le tremblement, sont des mouvements réflexes. Le nombre de ces mouvements irrésistibles augmente à mesure que la physiologie fait des progrès [1].

Rien de plus curieux que les effets de la peur sur la circulation du sang dans le cerveau. Grâce à des blessures à la tête, exceptionnellement propices à l'observation, comme celle du nommé Bertino, qui avait au beau milieu du front une ouverture faite exprès pour que l'on puisse regarder à l'intérieur du crâne, grâce aussi à d'ingénieux appareils qui enregistraient d'eux-mêmes les effets des émotions diverses d'après les mouvements du sang dans les vaisseaux cérébraux, notre auteur a découvert que, sous l'émotion de la peur, le pouls cérébral devenait six ou sept fois plus fort qu'auparavant, le cerveau se gonflait et palpitait avec une telle violence que les dessins graphiques présentaient une lecture surprenante. Encore ne s'agissait-il là que de peurs artificielles ou très légères, des admonestations ou des reproches faits au patient dans l'intention de l'expérience [2].

La pâleur, effet caractéristique de la peur, résulte de la contraction des vaisseaux ; la vie est d'autant plus active, la circulation du sang étant plus rapide. Il se passe alors dans notre appareil circulatoire ce que nous voyons dans le cours d'un fleuve où le courant devient plus rapide sur les points où le lit est plus resserré. Quand nous sommes menacés du péril et que l'organisme doit rassembler ses forces, cette contraction des vaisseaux sanguins se produit automatiquement et cette contraction rend plus actif le mouvement du sang vers les centres nerveux. Une certaine quantité de sang fuit des mains et des pieds à la plus légère émotion. Le proverbe *main froide, cœur chaud*, est l'expression populaire de ce fait.

---

1. Mosso, traduction française, p. 31-34.
2. Mosso, traduction française, p. 56.

Une personne de ses amis racontait à M. Mosso que dans un accès de peur elle avait vu se dégager de son doigt une bague qu'auparavant elle n'aurait pu enlever sans un grand effort [1].

Rien de plus connu, dans de pareilles circonstances, que la précipitation des battements du cœur. Même quand une personne est endormie, son pouls devient subitement plus fréquent, sans qu'elle s'éveille, et cela au moindre bruit, au plus léger frôlement. Pour en donner la raison, M. Mosso a recours à une explication qui ressemble singulièrement à celle que pourrait donner le finaliste le plus déterminé. Ce changement est indispensable, nous dit-on, pour activer la circulation et tirer le plus grand profit de la force de l'organisme en le préparant à la résistance. Notre machine est ainsi faite qu'elle se modifie automatiquement, selon le besoin, sans que notre volonté ait à intervenir. Les battements du cœur sont ici l'exagération d'un fait que nous voyons se produire toutes les fois que l'organisme doit acquérir une plus grande énergie et renforcer la circulation vers les centres Il ne travaille pas pour lui, mais pour le cerveau et pour les muscles qui sont les organes de la lutte, de l'attaque, de la défense et de la fuite. La fréquence plus ou moins grande du pouls pendant les émotions dépend de l'excitabilité plus ou moins grande des centres nerveux. Les femmes et les enfants, qui sont de leur nature plus sensibles, sont aussi les individus qui éprouvent des palpitations plus vives. La faiblesse rend les battements de cœur plus fréquents, c'est-à-dire que le cœur réagit alors contre des excitants auxquels le cœur d'un homme froid et maître de lui reste insensible. Encore ces hommes froids, sceptiques, égoïstes, deviennent eux-mêmes sen-

---

1. Mosso, traduction française, p. 75.

sibles et laissent voir l'état de leur âme comme des enfants lorsqu'ils sont affaiblis par la maladie[1].

L'appareil respiratoire s'ébranle de lui-même et pour les mêmes causes. On avait cru, jusque dans ces derniers temps, que c'était le cerveau qui, dans les émotions, agissait sur les organes de la respiration pour en modérer ou en précipiter les mouvements ; or, d'après des expériences nouvelles, particulièrement celles de Christiani, même chez l'animal privé de cerveau, une lumière vive qui blesse la vue ou des bruits de nature à effrayer un animal peuvent déterminer des inspirations profondes et fréquentes et une respiration haletante plus forte que dans les conditions normales ; ce qui prouve que, dans les phénomènes psychiques, indépendamment de l'action du cerveau, le rythme de la respiration se modifie pour tout changement survenu autour de nous, pour toute excitation périphérique des organes des sens. Ainsi s'expliquent la respiration précipitée et les palpitations que nous ne pouvons maîtriser et qui se produisent quand nous sommes surpris par le battement d'une porte ou un coup de tonnerre ou par mille bruits qui nous saisissent à l'improviste. Et même après que nous avons reconnu la futilité de la cause qui a produit notre émotion, nous avons de la peine à nous calmer.

Une expérience sinistre, la seule qu'on puisse faire en ce genre sur l'homme, permet de voir les rouages du mécanisme respiratoire fonctionnant isolément. La tête des décapités accomplit parfois encore des mouvements inspirateurs. Les médecins qui assistent les condamnés au dernier supplice ont raconté l'effet produit par cette tête humaine agonisante, roulant sur le sol, se recouvrant immédiatement d'une pâleur cadavérique, et sur la face

---

1. Mosso, traduction française, p. 84-85.

de laquelle apparaissent, pendant plusieurs secondes, des mouvements désordonnés, avec l'épouvante dans les yeux. Même alors, la bouche s'ouvre encore haletante par intervalles. Les inspirations, qui s'accomplissaient d'abord en dilatant les narines et en ouvrant largement la bouche, deviennent rapidement moins visibles et moins fréquentes jusqu'à ce qu'elles cessent complètement. La vie partielle, qui avait subsisté un instant, disparaît. Sans pousser aussi loin l'expérience, on peut dire que les modifications de la respiration peuvent constituer un instrument de mesure très précis pour la sensibilité et les émotions. Une grande frayeur peut arrêter net le mécanisme au milieu d'une profonde inspiration, et cela est nuisible. C'est surtout chez les enfants que ces désordres sont le plus visibles et peuvent être le plus funestes : à la suite d'une émotion violente, c'est un cri aigu, des pleurs bruyants ; d'autres fois une suspension complète de la respiration, des arrêts spasmodiques, des syncopes, l'asphyxie même. Ainsi il arrive que ces phénomènes de la peur qui, dans une certaine mesure, peuvent avoir quelque utilité, deviennent fatals dès qu'ils dépassent une certaine mesure. L'utilité est vague, le péril est certain. L'utilité, la raison plausible de ces modifications de l'appareil respiratoire, c'est que les inspirations profondes qui se produisent dans la peur servent à rendre plus artériel et plus vital le sang qui passe par les poumons. L'organisme se met ainsi en défense. Mais le point juste où l'utilité peut exister est vite dépassé. Notre machine est si fragile qu'il y a plus de chance pour qu'une impression violente la dérange. Si une légère poussée peut activer notre marche, une poussée trop forte peut nous jeter par terre. Et, sur ce point encore on peut dire que la peur doit être considérée comme une maladie.

Y a-t-il une explication à cet autre phénomène très

significatif de la peur, le tremblement ? Nous avons déjà eu l'occasion de dire que Darwin n'a pu en rendre compte et qu'il l'a laissé au rang des phénomènes obscurs. Le célèbre naturaliste italien Mantegazza n'a pas voulu en avoir le démenti, et dans son travail sur *La physionomie et l'expression des sentiments*, il écrit : « Darwin avoue qu'il ne voit aucune utilité au tremblement causé par la peur, mais d'après mes études expérimentales sur la douleur, je le trouve utile au plus haut degré, parce qu'il tend à produire de la chaleur en réchauffant le sang, qui, par l'effet de la peur, tendrait à se refroidir. » M. Mosso n'est pas de cet avis. Il y oppose des faits de nature à embarrasser Mantegazza : Dans le cœur de l'été, lorsque la température est à 57 degrés, au plus fort de la chaleur, nous voyons un cheval, un chien ou un homme trembler de peur ; il est permis de croire que ce n'est pas pour se réchauffer, d'autant que le singe, l'éléphant et bien d'autres animaux, qui ont toujours vécu sous l'équateur, tremblent également quand ils sont effrayés, malgré la chaleur des tropiques. De même, dans le fou rire, dans l'ivresse, la joie, la volupté ou la colère, là où il n'y a pas évidemment nécessité de réchauffer le sang, on tremble, la voix s'altère, les jambes flageolent. Et d'ailleurs le tremblement de la peur ne produit que des effets nuisibles, parfois désastreux. Le phoque tremble au point qu'il se laisse atteindre et tuer misérablement. Quelle étrange idée nous aurions d'un animal qui, pour se réchauffer, ne fuit pas devant le péril et tremble jusqu'à ce qu'on le tue, tandis qu'en fuyant il pourrait se réchauffer, beaucoup mieux et surtout se sauver ! Pour échapper à ces contradictions, M. Richet assimile le tremblement à la paralysie. Le défaut d'incitation nerveuse, dit-il, qui amène l'affaiblissement et l'impuissance musculaires se caractérise par le tremblement comme par l'immobilité, de sorte que dire que la peur fait trembler, c'est à peu près comme si l'on disait que la peur paralyse[1]. Il n'y a plus là aucune espèce d'utilité. C'est une explication du même genre qu'avait proposée notre auteur : l'excitation excessive des centres nerveux, l'affaiblissement, la fatigue, troublent l'harmonie dans l'ensemble des mouvements nécessaires à la contraction musculaire. Dans la colère, la peur et tous les troubles de l'âme, quand la passion nous emporte, des ondes nerveuses courent et s'entre-croisent dans toutes les parties du système nerveux, déterminant une vive agitation musculaire. Ces oscillations continuelles et variables donnent naissance au tremblement, que la volonté est impuissante à maîtriser[2]. — Cela est très possible, très vraisemblable même. Mais voici une singulière hypothèse accolée sans nécessité à cette explication : « L'attitude qui consiste à se mettre à genoux comme signe d'adoration ou d'amour de ceux qui implorent le pardon ou la pitié ne serait-elle pas due à ce fait physiologique que les émotions font tomber par terre[3]. » — Nous avons rapproché ces diverses opinions émises à propos d'un seul phénomène par des physiologistes très distingués, pour montrer à quel point la science qui s'appelle positive est peu positive encore, même dans cet ordre de phénomènes élémentaires, et quelle place elle laisse aux imaginations qui cherchent la raison d'un fait.

La partie maîtresse du livre est celle où l'auteur étudie les *expressions de la face*. Il y a là une variété piquante d'aperçus, où se mêlent à la fois une psychologie très fine et une physiologie très déliée. Si vous abordez un ami, si vous lui dites ces simples mots: « Je dois te faire part

---

1. *Revue des Deux Mondes*, 1ᵉʳ juillet 1886, p. 104.
2. Mosso, traduction française, p. 99-105.
3. Mosso, traduction française, p. 107.

d'une mauvaise nouvelle », vous verrez immédiatement se produire un changement dans son visage, son regard, ses gestes. A peine pouvons-nous analyser les modifications imperceptibles qui s'opèrent ; mais nous notons tout de suite le mouvement des yeux, la dilatation de la pupille, la coloration des joues, le plissement des lèvres, la dilatation des narines, la difficulté de respirer, l'attitude de la tête. Que de choses dans l'espace si raccourci d'une figure humaine !

Voici une belle page où l'esthéticien de la nature et l'anatomiste se fondent harmonieusement : « L'air du visage est insaisissable, ses beautés sont couvertes d'un voile si délicat et si léger qu'on n'y saurait toucher sans le déchirer et sans en détruire le charme. Aussi j'hésite à porter le bistouri sur la tête d'un cadavre pour en détacher la peau et en disséquer les chairs. Quand les muscles de la face sont détachés du crâne, il ne me reste dans les mains qu'un masque semblable à un entonnoir de chair. La face humaine à l'envers est affreuse à voir ; on n'y reconnaît plus rien ; on ne se fait pas à l'idée que cet entrecroisement de fibres, cet entrelacement de muscles représente la partie la plus belle et la plus expressive du corps humain, que ce soit là ce visage si varié dans ses jeux de physionomie et dans ses expressions, si digne dans ses manifestations de bienveillance et de douceur. Quelle désillusion profonde et quel triste spectacle que de voir en plein jour la charpente et les rayons éteints d'un feu d'artifice, ou, après le spectacle, les souillures et les loques de la décoration d'une féerie ! On ne saurait croire que sur cette chair filandreuse s'est réfléchi notre moi, que sur ce mince feuillet musculaire se trouve imprimée en quelque sorte l'histoire de la vie, que ses dispositions diverses ont inspiré la sympathie ou l'indifférence ou l'aversion, que sur lui sont écrits les secrets impénétrables qui déterminent entre les hommes des attractions ou des répulsions semblables à celles qui ont lieu entre les atomes [1] », avec cette différence toutefois que ces affinités ont conscience d'elles-mêmes et se traduisent en amours, que ces répugnances se connaissent et se traduisent en haines. Mais comme tout cela est vrai, d'une vérité saisissante ! C'est bien l'envers de ce décor si mobile et si varié de la figure humaine, c'est bien là

Du spectacle d'hier l'affiche déchirée !

Tâchons au moins d'interpréter le spectacle d'après les affiches du jour, celles qui ne sont pas encore déchirées et qui ne le seront que demain. Spencer étudiant cette question dans ses *Principes de psychologie*, a pour la première fois émis cette idée qu'une des raisons pour lesquelles les muscles de la face se meuvent très facilement, c'est leur petitesse. « Supposons, dit-il, qu'une onde faible d'excitation nerveuse se propage uniformément dans le système nerveux, la part de cette onde qui se déchargera sur les muscles signalera davantage son effet là où la somme d'inertie à vaincre sera le moins considérable... Or, comme les muscles de la face sont relativement petits et sont fixés à des parties plus faciles à mouvoir, il s'ensuit que c'est sur la face que doit se manifester la plus grande somme de sentiments. » Cette loi n'est pas suffisante. M. Mosso nous fait remarquer que nous avons des muscles extrêmement petits et déliés dans l'oreille et ailleurs et qui pourtant ne prennent aucune part à l'expression, quoique la résistance à vaincre soit très faible. Il faut accorder une grande part à l'usage fréquent de certains muscles et à la différence d'excitabilité de leurs nerfs. Les muscles les plus sensibles à l'excitation des centres nerveux sont

---

1. Mosso. traduction française, p. 114.

ceux que nous mettons le plus souvent en mouvement, par exemple dans les fonctions de la digestion, de la respiration, de la parole et dans l'usage des organes des sens. La partie mécanique des expressions est donc, au fond, plus simple qu'on ne le croirait. Lorsque les centres nerveux sont mis en éveil par un travail psychique, le courant se diffuse immédiatement par les voies de moindre résistance et d'un plus fréquent usage. Plus l'excitabilité est vive, plus est facile, gracieux, expressif et charmant le pli de la lèvre qui produit le sourire. Au contraire, il y a des explosions plus fortes dans les cas où la résistance est plus grande. Les paysans et les personnes peu sensibles ne sourient pas ; chez elles, l'excitation croît jusqu'à ce qu'elle éclate en un rire bruyant [1].

Une attention particulière est donnée, dans les expressions de la face, aux mouvements de l'iris, qui d'ailleurs avaient été déjà, il y a onze ans, le sujet d'un savant mémoire lu par l'auteur devant l'Académie de médecine de Turin. Le point de vue qui domine dans ce chapitre est que nombre de rouages indispensables dans notre machine agissent non seulement automatiquement, sans aucune intervention de la volonté et de la science, mais souvent même sans avoir besoin du cerveau et de la moelle. Il leur suffit des petits mouvements réflexes des cellules nerveuses, qui se trouvent dans les organes sous la forme de ganglions microscopiques. L'iris, par exemple, est comme un rideau circulaire qui se ferme lorsque la lumière est vive et s'ouvre dans l'obscurité, réglant ainsi automatiquement la quantité de lumière nécessaire à l'œil pour voir sans être blessé. Mais cet admirable fonctionnement de l'œil cesse sous le coup d'une vive émotion et spécialement de la peur. Alors les vaisseaux se contrac-

---

[1] Mosso, traduction française, p. 119.

tent, la pupille se dilate, les images sont moins nettes.
On ne peut plus lire une lettre à la distance ordinaire,
quand on a peur du contenu; on est obligé de la rapprocher sensiblement. Pour expliquer ces phénomènes, l'auteur fait intervenir autant que possible l'étude des fonctions mêmes de l'organisme et spécialement la loi
d'hiérarchie qui règle les parties de notre machine. Il
fait remarquer que toutes les fonctions de cette machine
ne sont pas également importantes; d'autres le sont
davantage, et, par exemple, on observera, dans l'économie de la vie, la prépondérance des vaisseaux sanguins.
C'est par là que peut s'expliquer le fait de la contraction
des vaisseaux de l'iris pendant les émotions. La pupille
se dilate à certains moments jusqu'au maximum, et le
fond de l'œil devient anémique, bien que cette contraction des vaisseaux de la rétine soit nuisible à la vision
distincte. Souvent on dit, quand on raconte une peur que
l'on a eue : « Je n'y voyais plus [1]. »

M. Mosso attache la plus grande importance à l'œil
dans les expressions de la face; c'est une observation qui
est à la portée de tout le monde ; mais mieux que les
autres il en cherche et en trouve les raisons. L'œil et la
langue sont les deux organes le plus richement doués
pour la complexité des muscles, pour l'abondance et la
variété des nerfs. Cela explique, dit-il, pourquoi tous deux
ont leur langage et pourquoi nous pouvons suivre toutes
les manifestations de l'âme dans l'infinie variété de leurs
mouvements. L'homme a donné aux sons de la langue la
valeur de la parole, et de même il a fait des mouvements
de ses yeux le langage destiné à exprimer ses sentiments ;
même chez les aveugles-nés, l'expression du regard persiste ; les mouvements seuls donnent à ces yeux sans

---

[1]. Mosso, traduction française, p. 124 et suiv.

vision une expression de joie, une bonté qui inspire de la confiance et de l'intérêt. Au contraire, un œil de verre, si bien fait soit-il, s'il reste immobile, donne au visage l'expression de l'épouvante. Entre la plus grande dilatation de la pupille, caractéristique de la peur, et la plus grande contraction, caractéristique du sommeil, il y a toute une série de mouvements par lesquels les passions se révèlent. On peut lire dans ces légères différences tous les états de l'âme. Quand le bord de l'iris s'amincit et que la pupille apparaît plus grande et plus noire, c'est le signe d'une émotion profonde que nous chercherions en vain à dissimuler, « car la pupille, comme disent les poètes, est l'ouverture par laquelle le regard plonge au fond du cœur [1]. »

Je ne m'arrêterais pas volontiers dans ce travail si intéressant qui recueille et classe les éléments les plus significatifs de ce qu'on pourrait appeler la pathologie de la peur. Je dois me borner cependant et je ne ferai qu'indiquer brièvement certains faits caractéristiques qui n'ont pas trouvé place dans les chapitres précédents et que l'auteur a réunis dans un chapitre à part. La transpiration n'est pas toujours un phénomène connexe de l'élévation de la température dans l'organisme et de la rougeur de la peau ; il est des cas exceptionnels où l'on sue, tandis qu'on est pâle et tremblant. Il y a des sueurs froides très distinctes des sueurs chaudes. C'est à l'activité nerveuse que notre auteur attribue la production de la sueur caractéristique dans l'attention, la douleur, les attaques d'épilepsie, le tétanos, très différente de celle qui se produit quand c'est le sang qui baigne plus abondamment les glandes sudoripares et en active le fonctionnement [2]. D'autres phénomènes trouvent ici leur expli-

---

1. Mosso, traduction française, p. 126-132.
2. Mosso, traduction française, p. 136.

cation naturelle, comme certains désordres bizarres, ridicules même, caractéristiques de toute espèce d'émotion forte et surtout d'appréhension. On attribuait autrefois les accidents de ce genre à une paralysie du sphincter; une observation plus exacte les attribue maintenant à une correspondance observée entre de fortes contractions de la vessie et certains phénomènes psychiques. Tout ce qui fait contracter les vaisseaux sanguins produit le même effet sur les muscles de cet organe; c'est une loi qui peut nous paraître singulière, par suite de fausses impressions et d'associations d'idées sans raison. Nous ne dirons pas avec Spinoza : « Rien n'est vil dans la maison de Jupiter » ; mais nous dirons : rien n'est sans intérêt pour l'observateur sérieux.

On peut mourir de peur, voilà l'axiome qui termine la partie physiologique du livre. D'abord la paralysie est un des effets les plus terribles de cette maladie, qui est à la fois une maladie de l'organisme et une infirmité de l'âme. L'histoire des batailles, des massacres, des paniques, des assassinats, nous donne la preuve, multipliée à l'infini, que la terreur détruit chez les victimes l'instinct de fuir ou de se défendre. C'est comme une rupture qui se fait dans certaines circonstances (la peur ou le sommeil) entre les centres de la volonté et les muscles. Quand les chevaux voient un tigre, ils tremblent et sont incapables de fuir. Ainsi pour l'homme. Ce phénomène peut être poussé jusqu'à la mort ; Bichat paraît bien avoir raison quand il dit que c'est par la paralysie du cœur qu'on meurt à la suite des grandes émotions. « La force du système circulatoire, dit-il, s'exalte au point que, subitement épuisée, nous ne pouvons plus le rétablir, et la mort s'ensuit. » C'est ce qui fait que les vieillards succombent plus facilement aux fortes émotions, fait qui semble en contradiction avec leur sensibilité émoussée, mais qui s'explique par la faiblesse de leur système nerveux. A propos de ce genre de syncopes, Launder Brunton, professeur à l'hôpital de Saint-Barthélemy, à Londres, raconte qu'un surveillant étant devenu odieux aux jeunes gens d'un collège, la chambrée décida qu'on le punirait en lui causant une grosse frayeur. Les étudiants disposèrent une bûche et une hache dans une chambre obscure. On prit le patient, on l'amena devant un semblant de tribunal. Il voulait rire ; on l'assura que ce n'était pas une plaisanterie et qu'il l'allait bien voir. On lui banda les yeux, on lui plia de force les genoux, on le mit la tête sur le billot, et pendant que l'un des étudiants brandissait la hache, un autre lui laissait tomber sur le col une serviette mouillée. Il tomba ; quand on enleva le bandeau, on s'aperçut qu'il était mort. La frayeur avait fait le même effet que la hache.

Nous en avons dit assez pour faire apprécier l'intérêt de cette étude, bien qu'elle ne soit guère que physiologique en apparence, et la liberté parfaite de l'esprit de l'auteur, qui est un vrai savant, et qui, à ce titre, n'est inféodé à aucune école. Il rencontre, comme nous l'avons vu, à chaque instant les traces de Darwin. mais il ne s'y fixe pas, déclarant même que, dans la plupart des cas, au lieu d'être l'ouvrière de la sélection, la peur a des résultats nuisibles et funestes, et qu'elle peut être regardée comme une imperfection de l'organisme, comme une maladie, s'éloignant ainsi des explications trop systématiques de Darwin comme des conclusions récemment développées par M. Richet, qui tend à considérer presque exclusivement les mouvements de la peur comme des réflexes protecteurs de la vie physique. Entre ces deux théories, M. Mosso poursuit la sienne, qui s'efforce avant tout de chercher les explications dans les fonctions de l'organisme étudiées sans parti pris, non pas en dehors

de toute finalité, car il y en a et il en reconnaît une dan
l'admirable mécanisme qu'il a mieux que personne observé,
mais en dehors d'une utilité particulière, uniquement
appropriée aux nécessités de vie de chaque animal. Son
étude est plus large et son regard plus compréhensif. A
chaque pas qu'il fait, il touche aux limites qui confinent
à la psychologie et à la morale ; il indique même cette
partie aussi intéressante que l'autre ; il en trace quelques
traits dans un dernier chapitre consacré à la transmission
héréditaire et à l'éducation. Mais nous avons pensé qu'il
y avait lieu de faire une étude plus approfondie de cette
question qui intéresse de si près la vie morale et la
science de l'éducation, un travail qui consisterait à classer
dans l'ordre le plus naturel les causes de la peur. On nous
a donné les symptômes physiologiques ; on en a tracé la
pathologie exacte; nous regrettons que, malgré le titre
de l'ouvrage, qui est mixte, on n'ait pas accordé le même
développement à la partie morale ou psychologique du
sujet. Sans prétendre à combler cette grave lacune, nous
pouvons au moins esquisser le programme que l'auteur
aurait dû suivre, à notre gré, pour satisfaire les légitimes curiosités qu'il excite et auxquelles il se dérobe
par une sorte de scrupule exagéré de savant, comme si
la science de l'homme, même positive, pouvait se passer
de la psychologie.

## IV

Quelles sont les causes d'ordres divers qui se révèlent
avec le plus de netteté sous cette surface agitée et con-
vulsive des mouvements de l'organisme par lesquels se
traduit la sensation de la peur?

Je rangerais dans une première catégorie toutes les

espèces de frayeurs impulsives, non raisonnées, inconscientes même, qui nous sont communes avec les animaux et qui tiennent à des impressions en quelque sorte innées, à des prédispositions du système nerveux, à des influences d'hérédité ou de tempérament.

Nous voyons chez les animaux des exemples bien singuliers de ces sortes de terreur, pour ainsi dire héréditaire. Darwin nous parle d'un jeune chien qui hurlait quand on lui montrait le lambeau desséché d'une peau de loup; et pourtant ce jeune animal n'avait jamais vu de loup. Les oiseaux, familiers d'abord dans les îles non habitées, deviennent très craintifs dès la seconde génération, après que l'homme est entré dans leur pacifique domaine et l'a troublé. Ils transmettent cette sensation sous forme d'instinct aux nouvelles générations; l'habitude de la peur s'établit chez eux par une sorte de contagion irrésistible. M. Richet assure même que la peur chez l'animal se gradue suivant le péril et se conforme aux moyens d'attaque de ses ennemis; il va jusqu'à prétendre que le gibier se rend compte expérimentalement de la portée des armes modernes; les vieux chasseurs, paraît-il, se souviennent du temps où les armes ayant une portée moindre, les perdreaux étaient moins farouches, tandis que maintenant, sauf le cas de surprise, ils se lèvent à des distances plus grandes qu'autrefois, à trente ou quarante mètres du chasseur, ce qui est à peu près la portée du fusil de chasse d'aujourd'hui. Nous laissons au savant naturaliste la responsabilité de ce fait curieux de stratégie comparée qui établit de nouveaux rapports entre le chasseur et le gibier.

Chez l'homme aussi, les prédispositions à la peur se transmettent : c'est ou bien une sorte d'instinct ou bien des séries d'actes réflexes, ou des leçons de choses, des leçons expérimentales qui s'inscrivent sur l'appareil enregistreur du système nerveux et qui se perpétuent dans certaines familles. Mais c'est seulement d'après les résultats qu'on peut établir cette sorte d'hérédité mystérieuse. M. Mosso remarque qu'il est impossible de saisir l'instant précis où la force occulte, qui renferme en puissance toute une existence, passe dans les éléments matériels qui constituent le germe. Il y a une période assez longue pendant laquelle tous les caractères et toutes les propriétés spéciales des divers tissus sont à l'état latent dans une parcelle de *protoplasma*. Le microscope ne révèle pas de différences entre les cellules des tissus primitifs. C'est cependant de cet amas indistinct de cellules que se formera un être qui représentera en petit toute l'histoire du genre humain, depuis nos aïeux inconnus qui périrent nus dans les forêts, en luttant contre les animaux féroces, jusqu'à notre père et à notre mère qui nous ont transmis leurs vertus, leur tendresse, leur courage ou leurs inquiétudes maladives. Il est très difficile, dans les cas ordinaires, de suivre ces influences à travers la confusion des familles qui se mêlent et se croisent, dans des milieux perpétuellement traversés par des actions et des réactions contraires. C'est dans les petits villages que l'on peut le mieux observer les manières d'être de toute une série de générations et qu'on entend des phrases significatives comme celles-ci : « Son père était déjà comme cela. Le grand-père même était un vaurien. La bienfaisance est héréditaire dans cette maison. » Ou bien encore : « Tous ces gens-ci, de père en fils sont courageux ; tous ces autres sont des poltrons. » Ici les observations sont faites de plus près et plus facilement suivies dans un milieu moins troublé que celui des villes.

Aux influences de l'hérédité viennent se joindre celles du tempérament qui agissent d'une manière très sensible sur les dispositions au courage ou à la peur. Il y a là un coefficient dont il serait puéril de nier ou de diminuer la valeur. La succession des causes et des effets forme un cercle vicieux dont il est difficile à l'homme de sortir et contre lequel se brise souvent l'effort de sa volonté. « La faiblesse engendre la peur, qui, à son tour, engendre la faiblesse. C'est là un cercle fatal dans les fonctions de l'organisme[1]. » Voici une autre expression de la même loi : « L'excitabilité du système nerveux prédispose l'individu à la peur, qui réagit à son tour sur l'excitabilité et l'augmente indéfiniment. » Ces deux lois sont vraies ; elles expliquent beaucoup de phénomènes qui passent d'ordinaire inaperçus. Presque personne n'est entièrement à l'abri de ces causes obscures qui produisent des effets si singuliers. Que de fois, à certaines heures, en certains lieux, sans aucune raison apparente, nous sommes assaillis par de vagues terreurs, par des épouvantes sans cause, comme si nous sentions passer près de nous un péril inconnu, que nous ne pourrions d'ailleurs définir par aucune forme ou par aucun nom précis ! C'est à cet ordre de phénomènes que se rapportent ces accès de sensibilité étrange, qui se déclarent souvent chez les femmes, ces envies de pleurer sans motif, qui se trahissent chez quelques enfants nerveux. Tout cela émerge d'un fonds obscur qui est en chacun de nous, non pas seulement des perceptions infiniment petites dont parle Leibniz et dont nous ressentons les effets sans en pouvoir saisir nettement les causes, mais aussi d'impressions maladives, déposées au plus profond de notre tissu nerveux par l'hérédité, ou encore des dispositions particulières d'un tempérament inquiet, soit parce qu'il se sent faible contre le péril général de la vie, soit parce qu'il est surexcité par quelque disposition physique, telle

---

1. Mosso, traduction française, p. 175.

que l'anémie qui le livre à la folie des nerfs, conséquence infaillible de la rareté ou de la pauvreté du sang. *Sanguis nervorum temperator*, n'est-ce pas la grande règle de l'hygiène et la condition requise de la santé physique et morale en même temps? Dans de telles circonstances organiques, on conçoit que l'homme devienne la proie assurée d'appréhensions indéfinissables. Un incident le met en émoi; un rien s'exagère pour lui et se dilate; toutes les proportions des choses changent à ses yeux. La secousse vient du fond de l'organisme; mais l'imagination s'en empare, l'amplifie, augmente, exalte cette terreur, d'abord presque physique; c'est une maladie, c'est du moins une infirmité, passagère chez quelques-uns, durable et permanente chez d'autres.

Il conviendrait de marquer ici la place de l'imagination dans les phénomènes de la peur. Elle joue son rôle même chez l'animal. On sait, au moins dans les espèces supérieures, combien l'animal est soumis à l'empire des images qui traversent son cerveau; le cheval nerveux s'effare et s'ébroue devant l'ombre d'un péril qui n'existe pas en réalité. Le chien rêve, il aboie pendant son sommeil, il geint ou s'irrite devant des obstacles imaginaires; il a ses visions intérieures qui l'agitent ou le terrifient. Mais l'imagination de l'animal est bien limitée au prix de celle de l'homme. La force et l'étendue de l'intelligence augmentent dans de notables proportions la vivacité de représentation de l'événement redouté, et, avec cette vivacité d'images, la capacité de la peur. Le vertige rentre dans cet ordre de phénomènes. Il procède évidemment d'une réaction de l'imagination sur les centres nerveux; il est déterminé par la vue d'une grande profondeur qui vous fascine et vous attire. M. Richet a étudié avec soin l'origine et le développement de cette peur, spéciale à l'homme. Qu'un individu, non habitué à de pareilles excursions, essaye de traverser un échafaudage, à quarante ou cinquante mètres au-dessus du sol, sur une planche étroite, oscillante, sans qu'il y ait de garde-fou pour s'y appuyer, et il aura presque certainement le vertige : les yeux se troublent, les jambes fléchissent; une sueur froide couvre le corps, une angoisse vous retient attaché; tout effort de volonté devient impossible, il n'y a pas moyen d'avancer. La preuve que c'est là une peur tout imaginaire, c'est qu'il faut bien peu de chose pour la faire disparaître : une petite balustrade en ficelle suffira. On n'aura même pas besoin de la tenir; c'est un soutien psychique, ce n'est pas un soutien matériel[1]. Une anomalie jusqu'ici inexplicable, c'est que dans les ascensions aérostatiques, on ne ressent aucun vertige. C'est du moins ce qu'assure M. G. Tissandier, l'hôte familier des ballons. Du reste, on peut s'habituer à ce genre de peur nerveuse et la dominer. Les couvreurs montent sans émotion sur les toits, les pompiers parcourent, au sommet des édifices, des chemins impossibles; les guides des Alpes ou des Pyrénées, même les simples montagnards, sont devenus les maîtres de leur imagination et de leurs nerfs. L'*horreur de l'abîme* est vaincue par l'habitude et l'on arrive assez vite à l'indifférence en face de ces mêmes périls, qui, dans leur nouveauté, causaient un trouble extrême.

Dans ce domaine si étendu et si variable de l'imagination commence à se dessiner la ligne de partage entre les manifestations purement animales et les manifestations humaines de la peur. Combien en effet est rétrécie et limitée l'imagination où n'entre pas l'idée de la mort! Or, on ne peut raisonnablement prétendre que l'animal puisse s'élever à cette idée. La peur de la mort est

---

1. Richet, *Revue des Deux-Mondes*, 1ᵉʳ juillet 1880, p. 107.

avec une sorte de perplexité. — Quoi que nous fassions, il faut mourir et nous en avons horreur; la mort nous menace à chaque instant. Quelle peinture de la brièveté et de la fragilité de cette vie, toujours en péril et en proie! « Je ne vois que des infinités de toutes parts qui m'enferment comme un atome et comme une ombre qui ne dure qu'un instant sans retour. Tout ce que je connais est que je dois bientôt mourir ; mais ce que j'ignore le plus est cette mort même que je ne saurais éviter. » Voilà qui est tout à fait le propre de l'homme : c'est le spectre qui plane sur toute existence ayant conscience d'elle-même. Aussi, pour échapper à cette terreur obsédante, l'homme a-t-il inventé le divertissement; « n'ayant pas pu guérir la mort, il s'est avisé pour se rendre heureux de ne point y penser. » L'horreur est telle chez lui pour cette idée qu'il ne peut la regarder en face : « La mort est plus aisée à supporter sans y penser, que la pensée de la mort sans péril. » L'imagination, terrifiée par cette sorte de vision, s'agite ou s'abat. M. Richet remarque très justement que souvent l'absence d'imagination est une cause de bravoure et qu'une imagination trop vive peut donner les apparences du sentiment contraire. Le calme de quelques individus devant certains périls peut tenir à une grossièreté de nature, à un système nerveux moins excitable, à un mécanisme moins délicat, ou bien encore à une sorte d'inertie d'esprit dans la représentation mentale des événements possibles. Il ne faut pas confondre, dans l'estimation des courages, celui qui résulte d'un effort de discipline morale et d'une conquête sur l'instinct et celui qui n'est que l'expression élémentaire d'une infériorité physique ou intellectuelle. Le courage qui mérite ce nom est le courage intelligent, la maîtrise de soi-même; c'est le seul qui compte dans la vie et qui ait un prix réel.

On a dit que l'attente de la peur, c'est déjà la peur même. Les forces de l'esprit dirigées sur le péril prochain et convergentes sur ce point unique en multiplient les aspects, les formes changeantes, les atteintes inévitables, les conséquences sinistres. L'attention joue, dans ces phénomènes de la peur, le rôle d'une lentille appliquée à un objet infiniment petit, qui grossit démesurément sous ce regard artificiel. Observez-vous dans vos souvenirs ou dans les détails de votre vie présente. Si vous laissez votre imagination s'exciter sur les dangers imaginaires ou dans l'obscurité, ou dans la solitude, ou dans des contrées désertes que vous traversez pour la première fois, vous vous sentirez envahi par une terreur vague d'abord, presque inconsciente, sans forme, qui grandit peu à peu, se développe et finit par devenir aussi pressante que la réalité même. Mais si quelque incident surgit tout à coup, un souci vif, une émotion réelle, une inquiétude pour la santé d'un ami ou d'un parent, toute cette fantasmagorie d'images disparaît; un enfant traversera, sans même y penser, ce coin de bois désert pour aller chercher du secours ou un médecin; la peur de l'obscurité ou de la solitude s'est tout d'un coup évanouie; on ne comprend plus comment il a été possible de s'en émouvoir; l'imagination, tournée ailleurs, a tout changé sur la scène du monde environnant et sur la scène intérieure de l'esprit.

C'est la vivacité des représentations mentales qui crée d'avance, chez le malade, l'effroi des opérations qu'il doit subir. Et cela est loin d'être indifférent; les chirurgiens savent combien le succès dépend de l'apaisement ou de l'excitation de l'imagination. Lorsqu'il arrivait à Porta, célèbre chirurgien de l'université de Pavie, de voir un malade succomber pendant qu'il pratiquait une opération, il jetait dédaigneusement les instruments par terre et criait au cadavre en manière de reproche : « Le lâche, il meurt de peur! » C'est en effet la peur qui amène de pareils résultats. Des malades de ce genre sont d'avance dans de très mauvaises conditions pour supporter la crise prévue : au mal réel dont ils souffrent, ils ajoutent le mal de la peur; ils sont à moitié morts d'effroi avant que le fer ne les touche. Ils peuvent mourir tout à fait au milieu de l'opération, à la suite d'une violente secousse du système nerveux, par une cause morale aussi bien que par l'action traumatique. En pareil cas, la moelle allongée fonctionne déjà si faiblement que la simple chloroformisation suffit pour arrêter la respiration et le cœur.

Quelque chose de semblable se passe dans les exécutions. Il y a longtemps que Sénèque l'a dit : *Maxima pars supplicii, tempus antecedens;* la plus cruelle partie du supplice, c'est le temps qui le précède. Depuis l'heure où le supplice est certain, inévitable, bien qu'ajourné, on peut dire que la victime ne vit plus que d'une vie misérable, hallucinée par les images terrifiantes de l'appareil fatal, de la douleur suprême, de la foule meurtrièrement cruelle et dont les yeux sont avides de sang, de l'inconnu enfin qui suivra le dernier coup. Relisez le *Dernier jour d'un condamné*, où le poète, le visionnaire plutôt de l'échafaud, retrace en traits atrocement pathétiques, avec une vérité effrayante, les oscillations fiévreuses de cette conscience qui se révolte, se débat ou s'abîme d'avance sous le couteau. La pitié des hommes a voulu adoucir l'attente du dernier supplice, empêcher que cette attente, en durant, ne devienne un autre supplice, pire encore, parce qu'il est plus long et qu'il coïncide avec la conscience. Le moment suprême reste un secret pour le condamné; avec le secret, l'incertitude de l'événement subsiste. Il y a la ressource du recours en cassation, et quand celui-ci est épuisé, du recours en grâce. Ce n'est qu'après que ces moyens dilatoires ont été successivement rejetés que les derniers voiles tombent et que le condamné se trouve en face de l'échafaud. Mais à ce moment-là il reste bien peu de temps avant l'expiation. Encore arrive-t-il souvent que la victime s'anéantit dans un état de prostration nerveuse, dans une sorte de torpeur comateuse; les aides du bourreau ne jettent plus qu'un homme à moitié mort, un cadavre vivant sur la planche, d'où la tête va tomber; cette tête respire encore, mais, depuis quelques instants, elle a cessé de penser.

L'histoire des duels est féconde en observations de ce genre. Quelque discrédit que le duel ait subi de notre temps par suite de l'exagération qu'on en fait et aussi en raison d'un certain art d'escrime superficielle que presque tout le monde a facilement acquis, cependant il subsiste une part d'inconnu sur le résultat final. L'*alea* d'un coup, maladroitement meurtrier ou à l'épée ou au pistolet, peut déconcerter les prévisions indulgentes des témoins. D'ailleurs, à côté du grand nombre de duels, qui ne sont souvent que les expédients d'un honneur plus ou moins équivoque, le moyen de liquider à peu de frais une mauvaise affaire, une question mal engagée, ou bien encore une exhibition de noms propres devant la galerie, une façon d'occuper de soi les badauds et de se faire, en certaines occasions, une réclame par le nom ou la situation de l'adversaire provoqué, en dehors de ces duels de parade ou de profit, il y en a, de temps à autre, de très sérieux, et par conséquent de très dangereux. Cela suffit, avec la chance persistante d'un mauvais coup, pour que le duel soit une affaire grave et que la veillée des armes amène avec elle bien des préoccupations et, chez les plus braves, une sourde appréhension. Dans quelques imaginations facilement excitables, cet état moral devient maladif : la fièvre s'en mêle, les nerfs se détraquent. Brierre de Boismont nous en donne un singulier exemple dans l'histoire très authentique de ce jeune homme, brave en d'autres circonstances de sa vie, qui, provoqué en duel, se tua pendant la nuit, quelques heures avant d'aller sur le terrain. Tout est étrange et dramatique ici ; rien n'est inexplicable pourtant. On peut reconstruire aisément l'état psychologique qui se termine, en ce cas, au suicide : c'est la force de l'imagination qui agit sur ce malheureux jeune homme pendant son insomnie et pousse au noir toutes les images et toutes les idées ; c'est la vision obsédante d'une solution fatale : ajoutez-y la crainte de ne pas faire bonne figure sur le terrain, l'horreur de quelque effet ridicule, de quelque manœuvre involontaire, de quelque incorrection dans l'attitude. La seule pensée de ne pas être maître de soi, de ne pas se dominer jusqu'au bout, une agitation de sentiments contradictoires, enfin et surtout, au milieu de cette fièvre, l'impossibilité de l'attente, cela suffit pour jeter un homme hors de lui. Une solution immédiate se présente, il s'y précipite ; se défiant de lui pour le lendemain, sûr de lui pour le moment, il a hâte d'en donner d'avance la preuve, et quelle preuve ! Un pistolet est à sa portée, il le saisit, il se tue ; il affronte la mort plutôt que l'idée d'un péril incertain. Tout cela est absurde, mais raisonné. La peur prend parfois dans l'esprit la forme d'une dialectique étonnante ; sans aucun raisonnement visible, elle produit à l'improviste des effets qui sont tout le contraire de la lâcheté. Tous les officiers qui ont fait la guerre attestent que, dans les rencontres avec l'ennemi, il y a des moments extraordinaires où de jeunes troupes, inexpérimentées et très émues au feu, puisent tout d'un coup dans leur émotion même une sorte de témérité folle qui les précipite sur l'ennemi. C'est ce qu'un général fort spirituel appelait un jour « la panique en avant »; il paraît que cette panique-là n'est pas moins redoutable à l'ennemi que la *furia francese*, et se confond souvent avec elle, dans ses effets, sinon dans ses causes.

## V

A mesure que l'intelligence croît, de nouvelles manifestations de la peur apparaissent. Le domaine intellectuel se mesure par l'étendue des acquisitions nouvelles de l'homme; il se mesure aussi, il faut bien le reconnaître par le nombre de ses défaillances. Rien de plus naturel : plus on sent en soi de facultés, plus se multiplient nos relations avec le monde extérieur et avec nos semblables, et plus aussi, dans la même proportion se développent l'attente de périls possibles, la conscience et la prévision des raisons de craindre. Par exemple, il existe pour l'homme civilisé toute sorte de considérations qui n'ont aucune valeur pour le sauvage, les lois, les bienséances, les préjugés même de la vie sociale, les conventions si utiles à observer qui constituent le savoir-vivre, la bonne éducation, tous ces égards réciproques qui rendent la vie possible dans un certain milieu et la protègent contre la brutalité primitive où elle confine sans cesse, où elle retomberait bien vite, si elle s'abandonnait. De plus, à mesure que l'homme civilisé s'élève par son intelligence et sa moralité, en même temps se fait sentir plus clairement et plus profondément en lui l'empire de l'opinion, c'est-à-dire l'utilité et l'agrément de l'estime et de la sympathie des autres, l'impossibilité de s'en passer, la nécessité d'en augmenter sans cesse le précieux trésor, la crainte de le voir décroître autour de soi. Ce sont là, assurément, avec le sentiment de la dignité personnelle, les raisons de vivre sans lesquelles la vie est un supplice et dont rien ne dispense. Je distingue l'estime et la sympathie d'autrui du sentiment de la dignité personnelle. La dignité est ou devrait en être toujours le principe et la mesure; l'opinion sociale ne devrait être que l'expression et le reflet de ce principe. Il arrive malheureusement que le principe et la conséquence extérieure ne coïncident pas toujours. Malentendus ou divergences très regrettables, dont nous n'avons pas à poursuivre en ce moment l'analyse. Qu'il nous suffise de constater ce fait, que l'homme moderne et surtout celui qui par son intelligence s'élève aux premiers rangs dans la société civilisée sont astreints à beaucoup d'obligations spéciales dont la moindre n'est pas d'obtenir la considération, de l'accroître, s'il est possible, et surtout d'éviter de la compromettre.

De là une catégorie toute spéciale aussi de périls, et des formes correspondantes de la peur. Il y a toute sorte de manières de déchoir dans l'opinion ou l'estime des autres; elles donnent naissance à des phénomènes très différents en apparence, mais reliés, au fond, par une cause unique, appliquée dans des circonstances variées à l'infini. C'est la vaste catégorie de ce que l'on pourrait appeler, en ne tenant compte que de leur origine, les peurs intellectuelles et morales, bien qu'elles aient des effets physiques très déterminés. A-t-on réfléchi, par exemple, sur les raisons secrètes de la timidité, qui est une sorte de peur très désagréable toujours et parfois très douloureuse? Sans doute il faut y faire la part de l'inexpérience, de la surprise que l'on ressent devant un monde nouveau ou dans des circonstances critiques d'où dépend l'avenir, et aussi d'un trouble nerveux, très vif chez certaines personnes, qui produit je ne sais quel vertige intérieur où chaque chose perd sa vraie forme et sa proportion. Mais bien souvent et si nous nous en tenons aux causes morales, n'est-il pas vrai qu'il entre aussi, pour une grande part, dans la timidité un certain manque naturel, la crainte de ne pas produire assez d'effet, le désir vague d'en produire plus qu'on ne se sent capable de le faire, une certaine tricherie de la vanité ou de l'amour-propre avec soi-même ou avec les autres? Combien de personnes, timides à l'excès, qui ne le seraient pas, si elles se contentaient d'être simplement ce qu'elles sont, si elles ne visaient pas à paraître plus, ou mieux ou autrement! De là tant de gaucheries, de maladresses, de contraintes secrètes pour forcer ou fixer l'attention des autres, pour enlever un suffrage qui ne vient pas de soi-même, justifiant ainsi la fameuse sentence : « L'esprit qu'on veut avoir gâte celui qu'on a. »

Une peur spéciale, bien connue à la Sorbonne et ailleurs, est celle des examens. C'est encore là une sorte de timidité mais avec des traits particuliers, qui font d'elle une sorte d'infirmité, digne de pitié, quand elle est sincère, et sans l'ombre de ridicule. C'est la maladie propre des jeunes gens qui se préparent soit à terminer leur vie de collège par la grâce du fameux baccalauréat, soit à entrer par la voie du concours dans des écoles ou des carrières spéciales. Le candidat jeune et facile aux émotions se trouve là en présence d'épreuves dont le résultat prend à ses yeux une importance extraordinaire, soit qu'il redoute en l'exagérant la déconsidération qui serait la conséquence d'un refus, devant ses maîtres ou ses amis, soit le mécontentement de sa famille, soit même en certain cas, l'irréparable catastrophe d'un échec, s'il est au bout de ses ressources ou au terme de l'âge fixé pour le concours. Bien entendu, je ne parle pas ici de ces timidités artificielles et feintes, qui ne sont que l'excuse préparée de l'ignorance ou de la sottise, au service de jeunes gens très avisés, singulièrement dégourdis, et qu'indiquait suffisamment un examinateur en répondant aux recommandations trop pressantes d'un père de famille. — « Oui, monsieur, c'est convenu, votre fils est timide. En quoi l'est-il? En latin ou en grec? — Mais, en dehors de ces petits artifices, il y a là, pour d'autres jeunes gens tout à fait dignes d'intérêt, une crise morale dont il faut tenir compte. Que de fois, dans ma longue carrière, il m'est arrivé de rencontrer de ces candidats bien doués, qui avaient donné la preuve ailleurs d'un vrai mérite et même de ce qui s'appelle le talent à cet âge, de les voir paralysés par l'angoisse spéciale de l'examen, diminués, atrophiés dans leurs facultés, balbutiant devant les questions les plus simples, perdant la tête comme un nageur aux abois à qui il faut tendre la main. Eux aussi ressentaient à leur manière et dans un cas spécial *l'horreur de l'abîme;* il fallait les protéger contre eux-mêmes et les sauver malgré eux.

Nous pouvons rapprocher de cette espèce de frayeur celles du chanteur ou du comédien devant le public, qui est leur juge aussi. Là également on a affaire à ce que j'appelle l'imagination d'amour-propre qui grandit hors de toute proportion les difficultés, désespère tout d'un coup du succès au moment de l'épreuve et paralyse les moyens de diction ou de chant. Un artiste distingué, M. Faure, dans son traité récent sur la *Voix* et le *Chant*, étudie ces effets bizarres dans la classe des artistes qu'il connaît le mieux : « Chez les uns, ces effets se traduisent par un manque de sûreté dans l'intonation, par une tendance sensible à chanter trop haut. Chez les autres, la respiration devient plus courte. Il y a tremblement des jambes et surtout des mains, contraction du larynx qui amène la strangulation et dont l'enrouement est la conséquence inévitable. Souvent aussi, il y a occlusion instantanée du larynx ; le son s'arrête brusquement au milieu d'un mot ; c'est ce qu'on appelle en terme de coulisses « la goutte de salive ». —

L'expérience personnelle de M. Faure lui suggère deux remèdes, d'abord la pratique du public et autant que possible d'un public varié. Il faut que le chanteur, soumis à cette infirmité, recherche toutes les occasions de se faire entendre, et devant des publics différents. On peut être acclimaté à Bordeaux et retomber sous l'impression de la peur à Paris. Le second remède consiste à connaître parfaitement son métier, à être sûr de soi avant d'aborder la scène, à se mettre d'abord en pleine possession de la partie mécanique de l'instrument vocal, afin d'être à même, en cas de péril, de chanter avec ses procédés, de se garantir contre l'échec par la sûreté de sa méthode, ce qui rassure l'artiste et lui permet d'attendre que le trouble intérieur se dissipe. Tous ces excellents conseils ne suffisent pas toujours à exorciser le démon de la peur; parfois il devient le maître, le tyran du logis, et la vie de l'artiste est empoisonnée : « Tant que la peur n'influe pas d'une manière trop sensible sur la voix du chanteur, le mal n'est pas grand; mais si elle se prolonge et devient un obstacle insurmontable au développement de ses facultés, le mieux est de renoncer à une carrière qui, dans des conditions aussi défavorables, ne peut être qu'une source de déceptions et de chagrins ».

J'ai connu des interprètes du grand art, grands artistes eux-mêmes sur un instrument que leur *maestria* transformait, auquel ils donnaient une voix, une âme; je les ai vus à certains jours, eux, les favoris de l'admiration publique, mais nerveux à l'excès, je les ai vus pris d'une sorte de vertige subit, s'arrêter brusquement ou sauter par-dessus un obstacle imaginaire qu'ils s'étaient désigné à eux-mêmes comme infranchissable, bien qu'ils l'eussent franchi mille fois, dans leurs beaux jours, avec une facilité et un brio sans égal. Mais ce jour-là, au moment de s'abandonner à leur art, de se livrer à leur inspiration familière, une pensée clandestine s'était glissée comme un nuage sur la clarté de cette inspiration. Ils s'étaient dit : « C'est là que ma mémoire trébuchera, au passage que je possède le mieux; » et ils s'étaient tenu parole, malgré eux, à leur grand désespoir. Ils avaient eu peur d'avoir peur. L'effet est infaillible. La peur a une logique désespérante; elle répond implacablement à qui l'appelle, et c'est l'invoquer que d'y penser.

M. Sarcey qui a fait sur lui-même, comme conférencier, des observations, retrace en une peinture très personnelle et vivante ce genre de torture. Le morceau mérite d'être cité pour son exactitude pittoresque : «J'ai mis quinze ans, nous dit-il, avant de parvenir à dompter un mouvement incoercible du genou, qui tremblait sous moi, avant que j'entrasse en scène pour une conférence, et qui persistait souvent plus de dix minutes après qu'elle était commencée. Au moment de prendre la parole, la bouche se desséchait instantanément; impossible de trouver une goutte de salive, et il me semblait que je n'arriverais jamais à soulever ma langue qui pesait d'un poids énorme dans ma bouche aride. Il fallait bien parler néanmoins, et par un phénomène que je ne comprenais point j'entendais ma voix monter dans la tête, devenir flûtée et grêle, comme si c'était la voix d'un autre qui passât par ma gorge. Elle m'étonnait et me désespérait tout ensemble. Je parlais comme dans un rêve ou comme s'il y eût eu dans mon gosier une mécanique indépendante de ma volonté. C'était une horrible torture, dont je tâchais de dérober le secret sous un visage souriant. Mais mon œil vague et ma figure pâle révélaient la souffrance intérieure. Ah! il y avait là un quart d'heure effroyablement cruel! Peu à peu j'oubliais le public et me remettais; mais que de fois ne m'est-il pas arrivé de sentir que *ça n'allait pas*, d'être de plus en plus déconcerté par cette peur, qui, ne s'abattant point, ne faisait que croître, et de battre en retraite devant le public, après quelques phrases éperdues[1]. » Qui de nous, gens du métier n'a passé par là? Qui de nous ne se reconnaîtra, à quelques traits au moins, dans cette histoire?

J'en connais plus d'un parmi ceux que leur devoir ou leur carrière appelle à parler en public, qui devraient y être depuis longtemps habitués ou par l'éducation personnelle qu'ils se sont donnée à eux-mêmes ou par la bienveillance accoutumée de leur public, et qui n'ont jamais pu dominer complètement cette sensation, user la peur du début. Ils sont toujours émus à l'idée de paraître, avec leur pensée sans voile, devant un auditoire composé ou d'indifférents difficiles à intéresser, ou d'adversaires malaisés à convaincre, ou d'amis trop chaleureux dont on aura de la peine à justifier la sympathie préventive. Toutes ces craintes diverses aboutissent à une sorte de timidité chronique qui a sa grâce dans la jeunesse, mais qui n'est plus de mise à une certaine époque de la vie et qu'il faut absolument dissimuler, si l'on ne réussit pas à la vaincre. Pour cela, selon le précepte excellent de M. Faure, valable aussi pour les professeurs ou les orateurs il faut, avant tout, se rendre maître de la partie purement mécanique de son métier, s'assurer de la liberté de sa parole, pour les cas où certaines circonstances viendraient à dominer les résolutions les plus viriles, à troubler l'exercice normal de sa pensée. Mais cela n'est pas aisé. On est ici entre deux périls : ou bien, comme font d'habitude les débutants, on confie à sa mémoire le texte même de la leçon ou du discours à prononcer. Mais on court l'effroyable risque d'avoir une défaillance de mémoire et tout est alors à la débandade, tout est perdu; la

---

1. *La France*, 19 juin 1886.

faculté d'improviser ne peut intervenir tout d'un coup, pour réparer les troubles de la mémoire et le désastre est sans remède. Ou bien, sur une matière sérieusement étudiée (c'est toujours là le point essentiel) on se livre à une improvisation sincère; mais il faut pour y réussir une collaboration active de toutes les facultés de l'esprit, un grand effort intérieur pour concentrer les idées, pour les attirer successivement, les produire au dehors dans leur ordre et chacune dans sa mesure. On est à la merci d'un événement extérieur, d'une interruption qui vous jette hors de votre programme, ou même d'un trouble de sang, d'un excès de fatigue, d'un de ces éblouissements que connaissent tous ceux qui ont parlé en public, et alors il faut une grande habitude pour rappeler en place les idées errantes, les ramasser de nouveau sous l'œil de l'esprit, rétablir l'ordre de son discours, l'achever enfin tel qu'on l'avait d'abord conçu. Voilà quelques-uns des périls les plus ordinaires que court l'orateur; ajoutez-y la difficulté épineuse de certaines questions, la crainte très légitime qu'on a de ne pas trouver la forme adéquate à sa pensée, de rester au-dessous de soi-même, au-dessous de l'attente des autres, de sortir de ce grand effort, amoindri, diminué; sans parler même des épisodes qui peuvent se produire, la violence des contradictions, les tempêtes de toute nature que l'on peut soulever sans y penser.

On comprend pourquoi il existe une peur spéciale, la peur oratoire. Les maîtres de la parole (M. Berryer m'en faisait un jour l'aveu) connaissent bien cette sensation, et n'arrivent jamais à s'en débarrasser complètement. Les rhéteurs seuls s'en affranchissent très vite par la légèreté spécifique de leurs conventions et la banale facilité de la parole qui porte sans peine le poids de leurs idées vides. On comprend aussi, par les mêmes raisons, que plusieurs de ceux qui n'ont pas, dans la première témérité de la jeunesse, affronté le risque de la parole publique, n'osent plus le faire plus tard, ou que d'autres qui l'ont affronté, l'ont trouvé si redoutable qu'après l'avoir vu de près, ils n'osent plus s'y exposer de nouveau. Il y a, dans l'histoire parlementaire de l'Angleterre un bien singulier exemple de la peur oratoire, c'est le *Single-speech Hamilton*, membre de la Chambre des communes de 1754 à 1796. A vingt-sept ans, cet Hamilton, à l'*unique discours*, étonna le parlement, les ministres et l'Angleterre par l'éloquence qu'il déploya un soir dans la discussion de l'Adresse. Horace Walpole, qui n'avait pas l'admiration facile, écrivait à un ami, après la séance : « Ce fut le tour d'un jeune M. Hamilton qui parlait pour la première fois, et qui, du premier coup, fut la perfection même ». Qu'arriva-t-il? Le jeune orateur eut peur de son succès même, tout le reste de sa vie, et ne recommença pas. Mais toujours membre de la Chambre des communes, toujours et sous tous les régimes, chancelier de l'échiquier d'Irlande (un poste lucratif, enlevé par son premier discours), il passa une longue vie parlementaire à écouter, à regarder autour de lui, à noter les coups : c'est de là qu'est sorti le livre étrange, recueil satirique d'observations piquantes, plaisantes, très fines et très aiguisées, qui fut son ouvrage unique, comme son premier discours avait été le dernier, cette *Logique parlementaire*, que M. Joseph Reinach vient de traduire, une logique toute spéciale à l'usage des jeunes gens qui, plus orgueilleux, peut-être plus modestes que l'auteur, veulent se faire une carrière à la tribune et la poursuivre jusqu'au bout.

## VI

Nous avons essayé d'indiquer les causes d'ordres divers d'où résulte la sensation de la peur, causes instinctives, intellectuelles et morales. Peut-on les ramener à quelques types définis et les expliquer par des raisons d'une certaine généralité? La tentative ne me semble pas impossible; elle se compléterait naturellement par l'indication des remèdes qui peuvent être le plus utilement pratiqués. Les causes du mal, une fois connues, révèlent d'une manière assez sûre les moyens de le guérir.

Le principe auquel se ramènent les différentes formes de la peur, et qui les contient toutes en germe, est l'instinct de la conservation, et d'abord l'instinct de la vie physique, qui trouve son expression très naturelle, réaliste même, dans le vers de La Fontaine :

Mieux vaut goujat debout qu'empereur enterré.

Ou encore dans ceux-ci :

Mécénas fut un galant homme :
Il a dit quelque part : « Qu'on me rende impotent,
Cul de jatte, goutteux, manchot, pourvu qu'en somme
Je vive, c'est assez; je suis plus que content ».

Je soupçonne Mécène de s'être un peu moqué de son public quand il a dit cela. Mais tel est bien en effet, l'amour de la vie sous sa forme la plus naïve; c'est la peur de mourir. Sosie dans *Amphitryon* exprime avec la même naïveté la peur de souffrir. Et pourquoi sa poltronnerie est-elle si comique? C'est qu'elle s'étale en face du public qui a l'habitude de cacher de tels sentiments, sinon de les vaincre, et qui rit de bon cœur de voir ses propres défaillances montrées à nu dans un autre. Aussi comme éclate la joie de ces *belles âmes*, quand Sosie reproche à Mercure de profiter de ce qu'il est poltron !

> Tu triomphes de l'avantage
> Que te donne sur moi mon manque de courage ;
> Et ce n'est pas en user bien.
> C'est pure fanfaronnerie
> De vouloir profiter de la poltronnerie
> De ceux qu'attaque notre bras.
> Battre un homme à coup sûr n'est pas d'une belle âme
> Et le cœur est digne de blâme
> Contre les gens qui n'en ont pas.

Au plus bas degré, la peur est donc tout simplement la réaction vive de l'instinct de la vie physique. Au plus haut degré, dans l'homme, c'est la crainte de souffrir quelque atteinte dans l'opinion des autres. Il s'agit encore de la conservation de l'être, mais de l'être social, qui tend à se maintenir dans son intégrité contre une foule de périls que l'amour-propre exagère, que l'imagination amplifie et dont le contre-coup est un trouble plus ou moins profond dans tout l'organisme.

La cause de la peur est donc toujours le sentiment instinctif ou raisonné de la conservation. Les circonstances qui la suscitent semblent être, en premier lieu, la surprise : dans l'ordre physique, par exemple, la forme extraordinaire d'un animal, d'un cataclysme, la nouveauté et l'imprévu d'un accident ; dans l'ordre moral, l'énormité d'un effort insolite exigé de nous, la défiance accablante de soi devant quelque obstacle inattendu, réel ou imaginaire, la crainte suscitée tout d'un coup, d'une défaillance ou d'une humiliation devant le public. En second lieu, l'indétermination du péril est une circonstance aggravante de la peur. Cherchez au fond de toutes les émotions profondes de ce genre, vous verrez quelle part il faut faire à cet élément, vous trouverez quelque chose de vague, d'infini, d'obscur qui égare notre imagination, se joue d'elle en mille façons, la trompe sur les vraies proportions des choses.

Le remède à la peur est par cela même indiqué. Un danger s'offre à nous, inévitable, prochain. Pour ne pas vous laisser déconcerter par lui, examinez-le sous toutes ses faces; tâchez de préciser les causes de votre effroi, de vous en rendre compte. En un clin d'œil, cette opération peut se faire; l'esprit est rapide, quand il le faut. Essayez de réduire le péril à sa dernière expression; pesez-le comme dans une balance. Sa principale force contre nous est la part d'inconnu qu'il contient et qui affole l'imagination. Tant que cet inconnu subsiste, il ôte à l'homme le pouvoir de raisonner avec l'obstacle et de mesurer ses forces : nous ne pouvons combattre à coup sûr que quand nous savons au juste ce que nous devons combattre. Préciser l'indéterminé, c'est la meilleure hygiène pour l'homme comme pour l'enfant. Pour l'enfant, quand il est nerveux, assailli de puériles terreurs, l'infaillible moyen est de l'habituer à braver le péril en le lui faisant mesurer de près, en lui faisant comprendre les chances qu'il a, même si le péril est réel, d'y échapper par une résolution calme, en obtenant de lui la domination sur son imagination et ses nerfs, le sang-froid et la possession de soi-même. Pour l'homme fait, en présence de graves périls qui l'assiègent, la tactique est la même; un péril mesuré est à moitié vaincu.

Mais le remède par excellence est dans l'éducation morale, plus forte et plus sûre que toutes les précautions et que tous les expédients intellectuels. Cette éducation transforme l'homme naturel et crée un homme nouveau par le sentiment de la dignité. Le signe du règne humain est, en effet, de passer de l'état de nature, où s'arrête l'animal et que ne franchit guère l'humanité élémentaire, à l'état de dignité raisonnable. Sans doute il y a aussi un courage physique, auquel participent les plus fiers des animaux et les plus simples des hommes, qui consiste « dans une sorte d'ivresse de se battre, cette ivresse non raisonnée qui vient du sang vigoureux », et qui éclate par mille traits dans les batailles. Mais c'est ici du courage moral que je veux parler, de celui qui ne se manifeste pas seulement dans l'entraînement de la lutte, mais dans la vie de chaque jour. On peut noter deux degrés dans cette éducation morale de l'homme. Partons de cet état élémentaire où c'est l'instinct de la conservation physique qui domine, l'amour de la vie, l'horreur de la mort, la crainte de la douleur, la crainte du danger, la peur enfin, sous toutes ses formes. Une première modification se produit. L'amour-propre, le respect humain, l'intérêt bien entendu transforment cet état primitif; la réflexion vient, qui tend à dissimuler ces naïves terreurs : l'homme comprend vite que c'est se livrer soi-même aux entreprises des autres que d'avouer sa lâcheté. Mais voici que peu à peu se révèle une modification plus haute, par le sentiment du respect de soi-même, qui, dès qu'il est entré dans la conscience humaine, développe des passions antagonistes en face de l'instinct de la conservation, suscite une force morale capable, en certains cas, de risquer la vie et même de la sacrifier. C'est l'apparition du vrai courage, qui inspire l'horreur du mensonge et de la ruse, l'horreur de tout ce qui est vil, bas ou artificieux, du laid sous toutes ses formes. Tout cela s'exprime d'un mot, l'honneur, le vrai gardien de notre dignité, l'honneur que célébrait en termes magnifiques autant que justes notre poète philosophe, Alfred de Vigny, quand il disait : « C'est le respect de soi-même et de la beauté de sa vie porté jusqu'à la plus pure élévation et jusqu'à la passion la plus ardente. L'honneur, c'est la pudeur virile. » Voilà l'antidote souverain des passions avilissantes. Faites entrer profondément cet antidote dans l'âme de l'enfant, vous en aurez banni non pas assurément les tentations et les surprises de la peur, mais du moins l'empire tyrannique qu'elle pourrait prendre sur lui et les défaillances irrémédiables dont elle serait la cause. Vous aurez créé un homme, sûr de lui dans les grandes circonstances de la vie; vous l'aurez affranchi d'avance des sensations puériles et serviles; vous aurez sauvé sa liberté.

# LA RESPONSABILITÉ DANS LE RÊVE

Études familières de psychologie et de morale,
par Francisque Bouillier.

Ce sont, en effet, des études familières, comme l'auteur les appelle, agréable distraction d'un esprit philosophique qui veut se rendre compte à lui-même de quelques phénomènes singuliers de la vie morale, ou examiner d'un peu près certains lieux communs circulant dans le monde. On peut dire que le savant auteur de l'*Histoire de la philosophie cartésienne* et des livres très appréciés sur *la Morale et le Progrès*, sur *le Principe vital et l'Ame pensante*, sur *le Plaisir et la Douleur*, sur *la Vraie Conscience*, a voulu donner congé pour quelques temps à ses profondes recherches, qui sont l'habitude de sa pensée et le vrai titre de sa réputation, pour se divertir un instant et divertir les honnêtes gens dans des conversations sans apprêt, mais non sans intérêt et sans sérieux profit.

Il appréhende « que des censeurs sévères n'y reprennent une certaine légèreté dans le fond et dans la forme ». Il n'y a vraiment pas lieu de craindre quelque censure de ce genre. Il faudrait être un triple pédant pour ne pas se plaire en cet aimable entretien et ne pas remercier celui qui vient vous l'offrir avec tant de bonne grâce. D'ailleurs, malgré l'apparence, l'auteur se maintient plus près de la philosophie et même des problèmes métaphysiques qu'il n'en a l'air. N'est-il pas intéressant d'étudier avec lui l'influence qu'exercent sur la sympathie la distance du temps ou l'éloignement du lieu, et cette étude ne se prête-t-elle pas à de délicates et fines observations? N'est-ce pas aussi un curieux sujet de conversation que cet échange perpétuel de réflexions banales et saugrenues entre les survivants, à l'occasion de la mort des autres, celle de nos proches, de nos connaissances et même des étrangers ou des indifférents, et, ici encore, n'y a-t-il pas lieu de rechercher la loi par laquelle s'expliquent ces propos bizarres, toujours les mêmes, ces observations monotones, ces sentiments dont quelques-uns semblent contradictoires et que l'on peut pourtant ramener à une source unique? L'auteur l'a essayé. A une époque comme la nôtre, où un pessimisme, souvent affecté, se plaît à exagérer les maux de la vie, n'est-il pas piquant de montrer les compensations qui aident à rendre ces maux supportables non pas à la façon systématique d'un Antoine de la Salle ou d'un Azaïs, mais à la manière d'un homme sensé, qui a horreur de l'exagération et du système, et qui essaye d'interpréter comme il faut la double leçon de la nature et de l'expérience? Au milieu des défaillances et des corruptions de la langue, n'est-ce pas un exercice de dialectique ingénieuse de montrer comment on abuse du mot *le temps*, à combien de sens divers, quelques-uns ridicules, on l'applique, quels torts imaginaires on impute à une réalité illusoire? Enfin n'y a-t-il pas le germe d'un chapitre important de morale dans cette question traitée par l'auteur avec plus de développement qu'elle ne l'avait été avant lui, à savoir quelle est la part de responsabilité que nous pouvons avoir dans nos rêves? Je prends ces sujets sans tenir compte de l'ordre que l'auteur leur assigne dans son livre. En effet, aucun ordre ne s'impose dans cette succession de petits problèmes; pas un seul ne dépend des autres, et ce serait faire, œuvre factice que d'imposer une sorte d'unité à un écrivain qui n'en réclame pas le bénéfice. Mais sur chacun de ces sujets on nous donne à réfléchir; on nous fournit des idées, on en suggère d'autres; on éveille notre esprit par ce qu'on dit et même par ce qu'on ne dit pas. Et, pour la plupart de ces problèmes, ils ne sont médiocres qu'en apparence : ils vont plus loin qu'il ne semble; ils éveillent, par association, beaucoup d'autres problèmes auxquels on ne songeait pas; ils viennent se rattacher à des lois inaperçues, et l'on s'étonne, pour quelques-uns, des conséquences qui en découlent, sans qu'on ait pu le prévoir. Telle est la fécondité des questions de ce genre : elles sont modestes en apparence, et de courte portée; agitez-les, et, par des contre-coups que vous n'imaginiez pas, vous verrez qu'elles remuent l'esprit ou l'âme dans ses profondeurs. Nous prendrons deux exemples dans le livre de M. Bouillier pour caractériser ce genre de questions et la manière ingénieusement familière dont l'auteur les traite.

Un des chapitres les plus spirituels du livre est celui où l'auteur analyse les sentiments des vivants à l'égard des morts. Cela commence comme une comédie, triste comédie sans doute; mais ne peut-il y avoir de la comédie partout, même dans la mort ou à côté de la mort, comme Regnard en a mis dans son *Légataire universel?* D'ailleurs la comédie tourne vite à la leçon morale. — Un homme meurt : à cela rien d'étonnant, puisque chacun doit mourir à son jour. Écartons ici le point de vue métaphysique ou religieux; mettons à part, comme l'a fait l'auteur, « ces grandes affections et ces grandes douleurs qui ne laissent guère place à des retours égoïstes sur nous-mêmes. Ne considérons ici la mort qu'à un point de vue inférieur, profane et en quelque sorte mondain. » Donc un tel est mort : ce n'était pour nous qu'une connaissance, même un indifférent. Supposons cela pour laisser plus de liberté au jeu de notre égoïsme, tout d'abord surpris par cette nouvelle. Qu'arrive-t-il? Au premier moment, c'est une sorte de stupeur. On s'étonne, on se récrie : quoi, il est mort! mais je l'avais vu il y a un mois, il y a une semaine, il y a trois jours peut-être! J'ai même causé avec lui; il m'a dit telle ou telle chose, il m'a fait part de ses projets pour l'hiver prochain, il était tranquille, il était gai... c'est à ne pas croire. Bossuet n'a pas dédaigné de décrire ce premier moment : « On n'entend dans toutes les funérailles que des paroles d'étonnement de ce que ce mortel est mort. Chacun rappelle en son souvenir depuis quel temps il lui a parlé, de quoi le défunt l'a entretenu; et tout à coup il est mort! » — Au second moment, quelque chose d'étrange se passe presque invariablement. On se sent de mauvaise humeur contre le défunt; on le querelle presque de s'être laissé mourir; on récrimine. Quel précédent fâcheux! « Pourquoi nous avoir ainsi contraints à craindre pour nous-mêmes et avoir troublé la sécurité où nous nous endormions? » Et l'on interroge curieusement toutes les circonstances qui l'ont amené à commettre cette faute capitale de se laisser mourir. Que d'imprudences accumulées! que de manquements aux règles de l'hygiène! que de révoltes contre les ordonnances des médecins! Quel âge avait-il? A défaut de l'âge, on invoque, pour se rassurer, la constitution du mort, son tempérament, sa santé, son régime; on rappelle des événements semblables arrivés dans sa famille, de pareils accidents auxquels ont succombé son père ou son grand-père. C'est toute une minutieuse enquête; on pourrait en deviner d'avance les péripéties; on en sait d'avance la conclusion : c'est que le mort a eu tort de ne pas vivre davantage; il l'aurait pu. On n'a pas de peine à nous faire démêler les causes de cette ridicule irritation : « Nous lui en voulons d'avoir remis brutalement sous nos yeux un exemple de plus de notre propre fragilité, et d'avoir, par sa destinée, éclairé la nôtre d'une importune et sinistre lueur. Notre mauvaise humeur s'élève même parfois jusqu'à une indignation qui a quelque chose de comique, et dont la naïveté n'est pas moins grande que la stupeur du premier moment. Il y va de notre repos, de notre sécurité ; il faut à tout prix bien établir qu'il n'est mort que par des causes particulières qui ne sauraient nous atteindre et dont nous saurons bien nous garder. On se flatte bien de ne jamais se mettre dans un cas pareil, et de n'avoir pas, au moins de longtemps, à craindre un même sort. »

Ce retour égoïste ne dure pas sous cette forme querelleuse, presque féroce. Il prend bientôt une autre forme, celle de la pitié, de l'attendrissement. Mais ne nous y trompons pas. Dans ce troisième état subsiste le même sentiment personnel ; si l'on cherche bien, on y trouvera encore la crainte que nous avons nous-mêmes de mourir. « Comment ne pas plaindre ceux qui sont privés de ce bien que nous estimons le plus grand de tous ? En outre, cette pitié s'accompagne et s'accroît d'une foule de circonstances accessoires et d'images lugubres, dont les morts ne sauraient en rien être affectés, bien que notre imagination s'en attriste et s'en épouvante pour eux. » C'est la froide pierre, c'est la terre humide qui les recouvrent, c'est tout un cortège d'illusions funèbres qui animent et entretiennent notre sympathie pour les morts. « Nous les plaignons, dit Saint-Évremond, de toutes ces circonstances qui, à parler de bon sens, ne regardent que ceux qui restent. » C'est qu'en réalité, c'est à lui-même que l'homme pense en s'entretenant de ces circonstances qui ne peuvent plus affecter celui qui n'est plus. C'est sur lui-même qu'il s'attendrit, qu'il s'apitoie ; il se voit en imagination dans cette tombe, et sa vie, saisie par ces visions horribles, frémit tout entière.

Tel est ce chapitre, qui commence comme une comédie et qui finit d'une façon bien sombre ; c'est une curieuse étude de psychologie funèbre. Nous omettons une foule de traits justes et fins, comme ceux par lesquels l'auteur peint nos sentiments à l'égard de la mort volontaire, et montre qu'en dépit de la religion, de la morale et des lois, nous ressentons à l'égard de ceux qui meurent de leur propre main une admiration plus ou moins cachée, où se trahit encore ce même amour passionné de la vie, cette terreur instinctive de la perdre, que le moraliste poursuit sous toutes ses formes et reconnaît à travers tous ses déguisements.

Une des questions traitées dans ce livre avec prédilection est celle qui concerne le sommeil et les songes. Il semble qu'il n'y ait guère à innover dans une pareille étude, si souvent explorée depuis Aristote jusqu'à Maine de Biran et Jouffroy, et tout particulièrement, dans ces dernières années, par notre savant confrère M. Alfred Maury, qui a résumé dans un livre définitif des études commencées dès 1848, puis par M. Albert Lemoine, un pénétrant psychologue, enfin par des savants anglais, tels que M. James Sully et M. Maudsley. M. Bouillier s'est assigné une tâche originale en se restreignant à un problème unique, que n'avaient pas sans doute ignoré ses prédécesseurs (MM. Maury et Albert Lemoine, par exemple), mais qu'aucun d'eux n'avait traité avec autant de soin. Toutes les observations que nous présente M. Bouillier convergent vers ce point unique : Le rêveur est-il responsable de ce qu'il rêve, et, s'il l'est, dans quelle mesure peut-il l'être ? Laissons l'auteur poser le problème tel qu'il l'a conçu et dans les limites qu'il s'est assignées : « N'y a t-il pas comme une sorte de prolongement de la vie morale dans le sommeil ? Toute responsabilité disparaît-elle sitôt que le sommeil a succédé à la veille et que nos paupières sont fermées? Nul rêve, quel qu'il soit, en aucun cas, en aucune circonstance, ne peut-il être imputé à faute ou à péché à celui qui dort? Le vol, l'assassinat, la cruauté, l'impureté, le viol, l'inceste, sont-ils toujours dans nos songes des choses absolument indifférentes au point de vue moral? » M. Bouillier a raison de dire que la question peut paraître subtile, mais qu'elle n'est cependant ni vaine ni insignifiante[1].

Comment l'auteur répond-il à la question qu'il s'est posée? Si, pour notre compte, nous n'arrivons pas à des conclusions tout à fait identiques, nous devons montrer par quelle voie il est arrivé aux siennes; et d'ailleurs, si nous différons avec lui sur quelques points, ce n'est pas sans rendre justice à ce sens de l'observation appliquée aux détails les plus subtils de la vie intérieure, à cette faculté d'analyse qui semble se plaire au milieu de ces phénomènes où la conscience ne jette plus que de vagues et intermittentes clartés. Pour arriver à établir la responsabilité qui, selon lui, subsiste dans le rêve, l'auteur s'attache à mettre en lumière les rapports qui existent entre le rêve et la veille, et à montrer que, l'un de ces états n'étant guère qu'une sorte de prolongement de l'autre, il est tout naturel de penser que la vie morale peut se continuer, elle aussi, comme la vie intellectuelle, dans des conditions nouvelles, sans doute, mais sans interruption soudaine, sans brusque déchirement, sans éclipse totale au moment où le sommeil ferme nos yeux. J'ai essayé de résumer cette démonstration dans ce qu'elle a d'essentiel, en me tenant aussi près que possible du texte même de l'auteur[2].

1. Pages 1-71.
2. Page 2.

Le rêve, dit-on, nous trompe par la bizarre fécondité de ses combinaisons ; il nous persuade qu'il y a quelque originalité dans ses fictions, quand au fond il ne compose ses productions incertaines et flottantes que de pièces et de morceaux empruntés soit à des réminiscences de l'état de veille, soit à des sensations actuelles qui traversent notre sommeil. On peut distinguer deux éléments dans le rêve qui semble le plus poétique ou le plus monstrueux, le plus étrange ou le plus compliqué : d'abord ce que nous percevons et ressentons pendant le sommeil lui-même, puis ce que nous avons fait, pensé ou senti pendant notre vie antérieure. Tout n'est donc pas rêve dans le rêve.

L'exercice de la perception extérieure continue ; il est rare que le rapport soit interrompu entre le dormeur et le monde du dehors : cela n'arrive que dans les cas extrêmes, dans certains sommeils qui ressemblent à des extases ou à des évanouissements. D'ordinaire, des sensations plus ou moins altérées, mais correspondant à des objets réels, viennent donner la première impulsion à la série de nos songes ou en modifier la trame : ou bien ce sont des impressions venues des objets environnants, plus ou moins défigurées et dilatées par l'imagination, comme il arrive pour le dormeur qui a une boule d'eau chaude aux pieds et qui rêve qu'il marche sur les cendres brûlantes du Vésuve, et pour tel autre qui, souffrant d'un mal de tête, se croit scalpé par des sauvages, la tête sous la hache du bourreau, etc., etc. ; — ou bien ce sont des impressions venues du dedans, c'est-à-dire des divers états du corps, de nos organes, de leurs fonctions, de ce sens vital si heureusement étudié de nos jours et perpétuellement en exercice, jamais plus que pendant le sommeil, quand un malaise quelconque, telle ou telle pose fatigante ou prolongée, une digestion laborieuse, un poids sur l'estomac, une lésion organique, même inaperçue jusque-là, une prédisposition à telle ou telle maladie, amènent des rêves pénibles, des cauchemars. Quels que soient les grossissements et les exagérations de ces phénomènes, ils n'en ont pas moins une cause réelle et, pour origine, un besoin, une impression ou une série d'impressions qui se dénaturent dans le drame fantastique dont ils sont l'occasion, mais qui prouvent bien que le rêve participe d'une certaine vie subsistante de relations avec le dehors, et aussi de l'état du corps pendant le sommeil.

A plus forte raison peut-on dire qu'il participe de l'état habituel de l'esprit. En lui se reflètent nos affections bonnes ou mauvaises, notre état accoutumé de conscience, avec plus de netteté même que pendant la veille, où souvent nous essayons de les dissimuler aux autres et surtout à nous-mêmes, si bien que Montaigne a pu dire : « Les songes sont loyaux interprètes de nos inclinations »; et Fontenelle : « Les songes marquent l'inclination dominante ». Les caractères et les passions de la veille s'y peignent comme dans un miroir qui ne ment pas : le joueur, l'avare, le débauché, le gourmand, encore l'homme froid ou passionné, franc ou dissimulé, honnête ou pervers. On dirait que nous n'avons plus honte de nos vices ou de nos travers en cet état, et que nous abdiquons, avec cette honte, la mauvaise foi envers nous-mêmes, si fréquente dans la veille.

Telle est la base de la démonstration proposée par l'auteur. Le rêve est l'image de la vie morale. S'il emprunte tous ses éléments à la veille, s'il en tient sa physionomie générale, s'il n'est au fond que ce que la veille le fait, il doit aussi en être l'image au point de vue de la moralité. Les rêves de l'homme de bien et du méchant doivent être essentiellement différents, et l'auteur va jusqu'à dire : « Dis-moi ce que tu rêves, je te dirai ce que tu es ».

L'honnête homme ne rêve pas qu'il vole ou assassine. Voilà donc un premier élément de responsabilité morale, à savoir la représentation exacte de l'état habituel de la vie dans le rêve. En voici un second : c'est cette part de volonté qui survit et qui engage jusqu'à un certain point notre responsabilité dans le sommeil. Ce qui prouve qu'il y a une part subsistante de libre activité, même alors, en nous, ce sont les doutes qui restent dans notre esprit sur la réalité de ce que nous rêvons, les sourdes protestations que nous élevons contre l'étrangeté de tel ou tel songe, les efforts que nous faisons pour nous expliquer nos rêves, pour les retenir ou les repousser, enfin le pouvoir que nous gardons de mettre des bornes à notre crédulité. Tout ce travail intellectuel qui continue prouve que beaucoup de nos facultés prolongent leur activité dans le sommeil. Il subsiste même, dans cet état, selon M. Bouillier, quelque chose qu'il lui importe davantage de mettre en lumière pour le but qu'il se propose, le jugement moral avec les sentiments qui l'accompagnent. « Notre âme, dit Montaigne, autorise les actions de nos songes de pareilles approbations qu'elle fait celles du jour. » D'accord avec Montaigne, M. Bouillier soutient que ce que nous approuvons et condamnons le jour, soit en nous-mêmes, soit dans les autres, nous l'approuvons ou condamnons également dans le rêve ; il s'avance jusqu'à prétendre que c'est peut-être au regard de nos notions morales qu'il y a le moins d'altérations dans le passage de la veille au sommeil. De ces diverses considérations résulte un chapitre de psychologie morale dont le titre et le sujet sont des plus piquants (*Examen de conscience nocturne*), dans lequel l'auteur développe à sa manière une idée ingénieuse d'Addison sur l'utilité de considérer nos rêves, le matin, en nous éveillant. Ce *noctuaire*, selon l'expression du *Spectateur*, de tout ce que nous avons rêvé viendrait compléter ou éclairer d'une nouvelle lumière l'examen du soir sur ce que nous avons fait pendant la journée. Plus d'un endroit faible, plus ou moins voilé et dissimulé, à cause des réserves de la prudence, des égards, des détours qu'imposent d'ordinaire la veille et le monde, y paraîtrait en effet plus en lumière, non sans quelque profit pour la connaissance plus complète et le meilleur gouvernement de nous-mêmes.

On aurait donc tort de regarder les rêves comme absolument indifférents au point de vue moral. Ils entraînent une sorte de responsabilité, réelle au regard du rêveur lui-même, si elle est faible au regard des autres. Pour la médecine de l'âme comme pour celle du corps, ils contiennent plus d'un indice que ne doit pas négliger quiconque tient à s'étudier. L'homme endormi sert à mieux connaître l'homme éveillé. Les âmes vertueuses, les âmes saintes, ont d'ailleurs, nous dit-on, reconnu cette responsabilité intime. Écoutons saint Augustin, dans ses *Confessions*, implorant la miséricorde de Dieu pour les visions impures qui ont troublé son sommeil, s'en affligeant du fond de son cœur; et, bien qu'il s'en excuse en quelque façon, s'écriant : *Quod tamen in nobis quoquo modo factum esse doleamus.* La douleur de saint Augustin n'est-elle pas l'apologie de la thèse soutenue par M. Bouillier ? Et, à cette distance des siècles, n'est-il pas curieux d'avoir à relever, sur une question pareille, l'accord, apparent au moins, entre le Père de l'Église du cinquième siècle et un philosophe français du dix-neuvième ?

Cette thèse est conduite avec tant d'art, elle est présentée avec tant d'atténuations et de ménagements, qu'elle enveloppe d'esprit avant qu'il se soit mis en garde. A la réflexion on se ressaisit soi-même, et l'on recherche, à travers ces propositions habilement graduées, quelle est celle où s'est fait le passage d'une opinion incontestable et juste à une opinion moins plausible et même paradoxale. Je crois bien saisir ce passage périlleux dans les emplois successifs du mot *responsabilité*, appliqué indifféremment, par M. Bouillier, aux deux parties très distinctes de sa thèse, à ces deux propositions : l'une par laquelle il affirme que le rêve est l'image de la vie antérieure de chacun de nous, la représentation de notre vie morale habituelle ; l'autre par laquelle il soutient qu'une part d'activité libre subsiste dans le rêve, qu'il en reste assez pour y créer la responsabilité. — Ces deux assertions sont absolument différentes entre elles. Pour mon compte, j'admettrais l'une, avec certaines restrictions cependant ; sur l'autre, je me rendrais moins facilement : j'inclinerais même à la rejeter, comme introduisant une pure hypothèse dans l'observation des faits, et une hypothèse de nature à compromettre la vraie liberté, là où elle existe, en la mettant où vraisemblablement elle n'existe pas.

Oui, certes, il y a une certaine responsabilité dans le rêve, mais une responsabilité antérieure, non actuelle. Je veux dire qu'il se produit, dans la disposition générale de nos songes, une sorte de courant, qui se forme de l'ensemble de nos inclinations acceptées, de nos habitudes contractées ; il y a comme une vitesse acquise qui résulte des impulsions de notre existence passée, et qui tend à prédominer, au moins dans l'ensemble, à travers les combinaisons de notre imagination nocturne. En ce sens, il est vrai de dire que le rêve est l'enfant de la veille, et qu'il nous est imputable dans une certaine mesure. Il est clair que, le plus souvent, les choses se passent ainsi, et que la teneur accoutumée de notre vie imprime sa physionomie générale à nos songes. L'habitude ramène à elle et façonne la matière dispersée et flottante de nos impressions. Et dès lors la nature de notre responsabilité est nettement déterminée : elle n'est pas dans l'acte nocturne, quel qu'il soit ; elle est dans l'origine de l'acte, qui date du temps où nous étions libres, c'est-à-dire où nous avons contracté cette habitude qui pèse de tout son poids sur nous. Il ne faut pas déplacer la responsabilité ; elle est tout entière, non dans le présent, c'est-à-dire dans le rêve ; mais dans le passé, c'est-à-dire dans la veille. Il en est de nos actes et de nos sentiments imaginés pendant le sommeil, comme de ceux qui se manifestent dans l'ivresse. Dira-t-on que le crime commis par l'ivrogne lui soit imputable ? Oui, dans certaines limites, en ce sens que c'est déjà un crime que d'avoir contracté l'habitude de la déraison. L'ivrogne est responsable de son habitude, non de l'acte lui-même que cette habitude lui fait commettre. La responsabilité, dans ce cas, est celle des origines.

La même loi s'applique au sommeil. En général, je le crois volontiers, l'habitude morale se peint assez exactement dans l'innocence relative ou les troubles extrêmes du rêve. Cependant, ici encore, il y aurait bien de la place pour les exceptions. Il peut arriver qu'au-dessous de la nature morale que l'honnête homme, par exemple un Socrate ou un saint Augustin, a laborieusement conquise, il existe une autre nature très différente, une nature primitive, si l'on veut, domptée, mais à grand peine, frémissante encore et prête à se réveiller dès que la discipline se relâche, un ensemble d'instincts mauvais tenus en bride dans l'ordinaire de la vie, sous le contrôle de la raison, sous la discipline des mœurs et de l'opinion, et qui, dès que ces obstacles sont affaiblis (ce qui arrive dans le sommeil), s'échappent comme à travers des barrières renversées et prennent alors je ne sais quelle insolente revanche. Il suffit, pour leur donner le champ libre, de quelque disposition particulière du corps ou quelque accident du tempérament. Et n'est-ce pas là le cas de saint Augustin, incomplètement analysé par M. Bouillier, et l'occasion de sa grande douleur? N'est-ce pas l'histoire du saint évêque, mortifié par la pénitence, dompté par l'ascétisme, et par les pieuses pensées, et qui voit tout d'un coup, à sa grande confusion, reparaître l'ancienne nature, dont il se croyait le maître, dans le tumulte et la surprise d'un rêve? En de telles circonstances, pourrait-on dire, comme le fait M. Bouillier d'une manière absolue, que le rêve n'est au fond que ce que la veille le fait être? Il en est, au contraire, bien souvent, le contraste le plus marqué et presque la contradiction. — C'est par la même cause que l'on peut expliquer tant d'oppositions que le rêve nous offre avec la vie réelle. Tel homme timide dans l'habitude de son existence se révèle à lui-même comme un héros pendant le sommeil : les plus grandes prouesses ne lui coûtent rien ; il va au-devant des obstacles, d'un élan que rien n'arrête ; il les brise, si ce sont des faits ; il les dompte, si ce sont des hommes ; il jouit de la plénitude de son activité imaginaire et de son courage rêvé. C'est un tout autre homme que celui de la veille.

Il ne suffit donc pas de dire que le rêve exprime notre vie habituelle ; il exprime aussi bien souvent ce fonds de rêveries à moitié inconscientes, ou de désirs comprimés par la réalité, qui se meuvent obscurément sous la surface de notre existence officielle, classée, définie. C'est parfois comme la compensation fictive d'une destinée médiocre. On se construit, avec la complicité de l'imagination, une carrière d'activité que rien n'entrave, un roman héroïque ou passionné que ni les événements, ni les hommes ne contrarient. Le rêve représente alors au dormeur non pas ce qu'il est ou ce qu'il a été, mais ce qu'il voudrait être, ce qu'il regrette de n'avoir pu être par la faute des circonstances. Et de même, je ne jurerais pas que tel homme, devenu malhonnête moins par nature que par faiblesse, n'ait pas lui aussi, parfois, le rêve d'une vertu retrouvée, qui se relève et se soutient plus facilement pendant le sommeil que dans la veille, quelque chose comme le regret des biens perdus et une vague nostalgie de l'honneur. S'il y a du vrai dans nos observations, on ne peut admettre qu'avec de fortes réserves même la première partie de la thèse de M. Bouillier, que le rêve est le produit exact de la vie réelle ; qu'il porte nécessairement le reflet de notre moralité habituelle, et nous juge rétrospectivement par la nature même des fictions qu'il nous impose et dont l'ouvrière est l'habitude.

Bien des recours seraient ouverts contre de pareilles sentences, bien des réclamations seraient légitimes, et, en revanche, d'étranges réhabilitations deviendraient possibles.

Encore moins accorderai-je à M. Bouillier qu'en dehors de ce premier élément de responsabilité il subsiste dans le rêve une part d'activité raisonnable et libre, suffisante pour qu'il nous soit à juste titre imputable. Que l'on considère les circonstances dans lesquelles s'exercerait cette prétendue liberté dans le sommeil. Il semble bien que les conditions normales de la liberté soient celles-ci : la possession de soi-même, la jouissance d'une intelligence lucide, capable de comparer les motifs d'action entre eux et surtout d'en promouvoir de nouveaux entièrement distincts des idées ou des émotions spontanées présentes à notre conscience ; le contrôle toujours ouvert de la raison sur ces motifs ou ces mobiles ; enfin le pouvoir personnel de l'attention sous une double forme, la concentration de la pensée sur telle idée ou telle émotion, et la faculté d'*inhibition* exercée sur tel groupe de représentations ou d'impulsions qu'on arrête dans leur développement ou qu'on écarte, et qui donne une part d'action considérable à l'agent moral dans cette *lutte pour la vie*, aussi réelle pour les idées et les instincts que pour les espèces vivantes. Ce sont là les rouages, très compliqués et très délicats, qui paraissent nécessaires pour obtenir la réussite d'un acte libre, assez difficile déjà dans la vie ordinaire, menacé de tous les côtés, envahi, diminué ou supprimé par tant d'influences diverses et contraires. Mais combien un acte pareil ne sera-t-il pas plus malaisé dans l'état de sommeil, où ces conditions sont toutes plus ou moins profondément troublées, où l'agent moral ne se possède plus soi-même, où son intelligence ne perçoit plus le sens exact ni la proportion des choses, où tout est livré à une sorte de délire sérieux, où la raison, en proie à ce désordre d'images, n'exerce plus son juste contrôle, où nous sommes dépossédés de ce pouvoir d'*inhibition* ou d'*arrêt*, pouvoir si utile dans la vie ordinaire, qui nous permet de comprimer certaines émotions, et qui, paralysé dans le rêve, livre le passage aux fantaisies les plus désordonnées. Où, prendrons-nous, dans de pareilles circonstances, ce reste d'activité raisonnable, capable de produire un seul fait libre et vraiment imputable? Ces circonstances dominantes, caractéristiques du sommeil, sont l'absence de logique, la suppression momentanée de la raison, la suspension presque totale de l'attention. Que reste-t-il pour la liberté? Eh quoi! cette liberté, qui est le vrai titre de l'homme à être une personne morale, cette liberté, fille de l'intelligence et de la raison, est un bien si fragile dans la vie habituelle, dans l'état de pleine possession de soi-même et de lucidité intellectuelle; elle nous est si disputée par les forces aveugles qui viennent du dehors et de nous-mêmes, du milieu physique et social où nous sommes plongés, et de ce fonds obscur que nous portons en nous-mêmes, où s'entremêlent les mille influences du tempérament et de l'hérédité! Combien plus n'est-elle pas menacée et réduite dans cet état composite où domine en maîtresse l'association des idées, des instincts et des mouvements! C'est la carrière ouverte à ces fatalités du sang, à ces impressions et oppressions du dehors, à tous les éléments de la fantaisie qui nous gouverne alors et ne laisse plus subsister qu'une vaine et flottante image, où notre personnalité se cherche et se perd aussi souvent qu'elle se ressaisit elle-même et qu'elle croit se reconnaitre.

Je ne nie pas pourtant qu'il puisse subsister, à certains moments du rêve, quelque trace de volonté et de raison et qu'il nous arrive positivement de nous croire libres. Mais que sont, au fond, ces éclairs de liberté, et quand se produisent-ils? C'est précisément quand nous ne dormons pas encore tout à fait ou quand nous dormons déjà moins, sur ces frontières indécises de la veille qui va s'obscurcir et du réveil qui point déjà, dans ce léger et court crépuscule de la liberté qui n'a pas encore disparu ou qui va renaître, qui ne s'est pas tout à fait perdue ou qui se retrouve. Ou bien alors nous n'avons pas entièrement abdiqué notre tâche quotidienne et notre fonction d'homme, ou bien nous l'avons reprise en partie, et l'on peut dire que, dès que nous sentons notre liberté, c'est que nous ne dormons, comme on dit, que d'un œil, l'un de nos yeux étant plongé dans le sommeil, l'autre se tournant vers la vie réelle. Dans cet état très passager de demi-retour vers la réalité, il n'est pas étonnant que nous sentions aussi une demi-liberté, qui suffit même pour arrêter les fictions, les empêcher de passer certaines bornes, et si elle est vaincue dans cette lutte, nous imposer un sentiment vague et douloureux de responsabilité. En dehors de ce cas, l'un des plus curieux de ceux qu'on pourrait appeler les phénomènes de *pénombre* de la liberté, il me parait bien qu'il n'y a pas de trace d'activité libre dans le rêve, ce qui ne veut pas dire que l'image plus ou moins confuse ne s'en produise pas, mais ce n'est le plus souvent qu'une image. La liberté étant une réalité de la vie ordinaire, il est tout naturel qu'elle soit représentée, comme les autres éléments réels de cette vie, dans le spectacle nocturne qui se déroule devant nous. Il est même nécessaire que cela soit ainsi, la fantasmagorie du rêve ne créant que des combinaisons d'éléments réels empruntés à la veille. Pourquoi ne pourrait-on pas rêver qu'on est libre, qu'on prend une décision, qu'on porte même un jugement moral sur un acte émané de nous ou des autres, comme on rêve qu'on est ému par une histoire racontée devant nous, par une belle action dont on est témoin, comme on rêve qu'on s'agite vers un but imaginaire ou que l'on se bat dans une mêlée fantastique, ou que l'on joue tel rôle héroïque, aussi fictif que la passion qui nous y pousse? Tout cela, purs débris de la veille, emprunts divers faits à la réalité et transportés dans l'imagination. Le psychologue que nous avons déjà cité, M. Lemoine, admet qu'il peut se produire dans le sommeil comme un écho de la liberté. L'expression est juste et pittoresque, un écho, un son réfléchi, et non pas le son direct de la réalité vivante. Si je ne craignais d'exprimer ma pensée par une antithèse trop forte, qui cependant la traduirait fidèlement, je dirais volontiers que ce qu'on appelle la liberté dans le rêve n'est que le rêve de la liberté.

Sommes-nous aussi loin que nous en avons l'air de la vraie pensée de M. Bouillier, et y a-t-il entre nous une contradiction réelle? En apparence, oui; au fond, je ne le pense pas; car, après avoir fait les plus ingénieux efforts d'induction pour établir la responsabilité morale dans le rêve, l'auteur, comme effrayé des conséquences possibles, s'efforce de les atténuer et de les restreindre. Il s'empresse de déclarer que cette responsabilité, dans tous les cas, est personnelle à celui qui rêve et ne saurait produire aucun effet extérieur, aucune recherche sérieuse contre celui qui a rêvé, soit que son rêve ait été ébruité, soit que, comme il arrive, nous ayons parlé haut en dormant, soit enfin que nous en ayons fait part à quelque confident indiscret. Aussi n'hésite-t-il pas à flétrir l'acte de Denys l'Ancien, faisant mettre à mort un de ses capitaines, Marsyas, coupable d'avoir eu un songe où il assassinait le tyran[1]. Denys était un philosophe trop pénétré de la thèse sur la responsabilité morale dans le rêve; la raison qu'il donnait de sa décision cruelle était toute psychologique : « Si Marsyas n'avait pas pensé à ce crime le jour, il n'y aurait pas pensé la nuit ». Défions-nous des psychologues devenus tyrans. M. Bouillier les condamne comme nous; mais, s'il restait une responsabilité réelle dans le rêve, c'est Denys qui aurait une raison en pensant que l'assassin imaginaire doit devenir un assassin réel et en poussant la thèse jusqu'à sa dernière conséquence. — Qu'est-ce donc qu'une responsabilité tellement atténuée qu'elle est nulle au regard des lois, nulle même au regard de l'opinion? Au regard des lois, cela va sans dire, puisqu'elles n'atteignent que les actions extérieures, mais nulle aussi au regard de l'opinion; M. Bouillier voudrait-il consentir que l'on méprisât un homme, uniquement parce qu'il aurait été capable d'un mauvais rêve? Elle est bien incertaine même au regard du rêveur et de sa propre conscience, car le rêveur peut-il sérieusement, dans ces cas, se flétrir comme un coupable répondant réellement de son acte? Ainsi, à mesure

---

1. Pages 52-54.

que l'on poursuit cette idée de responsabilité, elle ne laisse rien de palpable et de réel dans les mains qui veulent la saisir, et l'on peut dire qu'elle s'évanouit elle-même comme un rêve.

Nous pourrions tirer un autre argument des dernières études faites sur la suggestion, à propos de l'hypnotisme, qui n'est qu'une sorte de sommeil artificiel et provoqué. La suggestion, c'est-à-dire la substitution d'une personnalité à une autre, l'évocation de certaines idées ou de certains mouvements dans un sujet qui les subit, soit sous l'empire de la parole qui les commande, soit sous l'influence de certaines associations qu'on fait naître à volonté dans une intelligence devenue entièrement passive, ce phénomène de dépossession momentanée de la personne commence, en certains cas, dès le sommeil naturel, et montre par des signes manifestes combien la liberté y est étrangère. Mais ce serait sortir des bornes de la psychologie morale où M. Bouillier veut se tenir; notre intention n'est pas d'aborder en passant et à la légère cet ordre de questions très délicates que la science médicale développe devant nos yeux et qui s'étendent chaque jour en se précisant.

Nous en avons dit assez pour montrer ce que nous avions en vue, à savoir que l'auteur est vraiment trop modeste, quand il s'excuse de n'avoir traité que des sujets familiers. Oui, familiers par le ton de conversation spirituelle qu'il garde tout le temps; mais chacune de ces questions a son importance, et quelques-unes même nous ouvrent de vastes horizons, où la plus savante philosophie pourra se mouvoir longtemps encore, sans espérer en atteindre de sitôt le terme.

# DE LA SOLIDARITÉ MORALE

Essai de psychologie appliquée, par Henri Marion.

## I

Dans sa destination primitive, le livre de M. Marion a été une thèse de doctorat présentée à la Faculté des Lettres de Paris. C'est pour nous une occasion et presque un devoir de signaler à nos lecteurs l'importance que ce genre de travail a prise de nos jours, et particulièrement pour ce qui nous regarde, dans la littérature philosophique. Si nous prenons la période des quinze dernières années, que de travaux, tous érudits, inspirés de l'esprit de la vraie critique, quelques-uns hors de pair par l'éclat ou la force du talent, renouvelant par d'heureuses audaces les problèmes et les méthodes, épuisant dans certaines questions les sources de l'histoire! Nos lecteurs nous permettront de placer sous leurs yeux la simple nomenclature de ces ouvrages, très inégaux sans doute par leur mérite et leur portée, mais dont aucun n'est inférieur à ce que l'on doit attendre d'un maître éprouvé.

Pour l'histoire de la philosophie ancienne, je rappellerai les thèses de M. Liard sur *Démocrite*, de M. Dauriac sur *Héraclite*; l'examen des *Théories des philosophes grecs sur l'origine du genre humain* par M. Bouché-Leclercq, le travail si remarquable de M. Fouillée sur l'*Hippias minor*; ceux de M. Huit sur le *Parménide*, de M. Joyau sur le *Protagoras*; les études nombreuses dont le sujet a été pris dans Aristote, par M. Philibert, qui a mis en lumière ses théories sur la *Philosophie zoologique* et sur le *Principe de la vie*; par M. Grattacap et M. Maillet, qui ont analysé, dans le même philosophe, l'un le *Principe et la loi des sensations*, l'autre la *Théorie de la volonté*, par M. Ollé-Laprune, qui, en même temps qu'il produisait en Sorbonne une thèse latine sur *le Fondement de la morale aristotélicienne*, était couronné par l'Institut pour un important mémoire où ce sujet était repris dans de vastes proportions; les investigations de M. Joly sur la *Philosophie des Cyniques*, et de M. Brochard sur la *Logique stoïcienne*, spécialement sur un des points les plus obscurs de cette logique, la théorie de l'acquiescement. M. Gréard clot la série des œuvres sur la philosophie ancienne par un travail définitif sur la *Morale de Plutarque*. Notre récolte de souvenirs sera moins abondante pour ce qui concerne l'histoire de la philosophie au moyen âge et à la Renaissance. Nous ne rencontrons guère ici que les thèses de M. l'abbé Simler sur les *Sommes de théologie*, de M. Luguet sur *Jean de la Rochelle*, de M. Desdouits sur *Nicolas de Cusa*. Mais dès que nous approchons des temps modernes, l'abondance et la variété recommencent. Bacon est étudié par M. Ludovic Carrau pour ses *Essais de morale (sermones fideles)*; Descartes l'est par le même auteur pour sa *Théorie des passions*, par M. Charpentier pour sa *Méthode*, par M. Boutroux pour sa doctrine sur les *Vérités éternelles*; la philosophie anglaise, issue de Bacon, est l'objet des travaux importants de M. Compayré sur *David Hume*, de M. Ribot sur *David Hartley*, de MM. Penjon et Gérard sur *Berkeley*. M. Colsenet discute la *Théorie de l'Essence de l'âme* d'après Spinoza, M. Marion découvre ou restitue dans la vraie mesure de son originalité *François Glisson*. M. Nolen compare successivement *Leibniz* avec *Aristote* et avec *Kant*, et renoue ainsi quelques anneaux disparus dans la chaine des idées ; M. l'abbé Duquesnay s'attache tout spécialement à la *Théorie morale de Kant*, M. Luguet à sa *Théorie de l'Espace*. M. Gérard nous amène jusqu'aux confins de la philosophie contemporaine avec sa belle étude sur *Maine de Biran*.

Voilà, on en conviendra, un riche contingent pour l'histoire de la philosophie. Les contributions de nos jeunes savants ne sont pas moins remarquables ni moins variées pour ce qui concerne la philosophie elle-même, la philosophie dogmatique. Que de problèmes importants, vaillamment abordés, sinon définitivement résolus! Rappelons en psychologie les études de M. Grattacap sur la *Mémoire*, de M. Desdouits sur la *Liberté et les lois de la nature*, de M. H. Joly, sur l'*Instinct* (étude qui fut le point de départ et le début de beaux travaux de psychologie comparée), celle de M. Ribot sur l'*Hérédité*, qui fut quelque chose comme un manifeste contre l'ancienne psychologie française; celle de M. Espinas, une œuvre hardie et fine, sur les *Sociétés animales ;* les travaux de M. l'abbé Duquesnay sur la *Perception externe*, de M. Maillet sur l'*Essence des passions*, de M. Colsenet sur la *Vie inconsciente de l'esprit*. La logique a particulièrement attiré l'attention de M. Lachelier, qui approfondit dans sa thèse latine la *Nature du syllogisme*, de M. Liard, qui trace la ligne de démarcation définitive entre les *définitions géométriques* et les *définitions empiriques*, de M. Brochard, qui cherche à établir par des vues nouvelles le principe de l'*Erreur*. C'est plutôt à la métaphysique que se rapportent les œuvres si hautement appréciées, qui ont manifesté en dehors de leurs enseignements la valeur des maîtres, tels que M. Lachelier, auteur d'une thèse fameuse sur le *Fonde-*

*ment de l'induction*, de M. Fouillée qui a fait un si grand effort pour concilier la *Liberté et le Déterminisme*, de M. Boutroux, qui a soutenu l'opinion hardie *de la Contingence dans les lois de la nature*, enfin l'ouvrage tout récent de M. Ollé-Laprune, qui en déterminant la nature et les conditions de la *Certitude morale*, a mis dans toute sa lumière cette grande et importante vérité, que la philosophie ne se fait pas seulement avec de la logique et de la raison, que la meilleure se fait avec l'âme tout entière.

Tel s'offre à nous, dans sa richesse et sa variété, le bilan des travaux philosophiques qui ont été provoqués, examinés, discutés depuis quinze ans devant la Faculté des Lettres. Elle peut en être légitimement fière et le montrer avec orgueil à ses amis, avec sécurité à ses ennemis, comme le témoignage de l'activité intellectuelle des jeunes philosophes que ni les préoccupations politiques ni les malheurs mêmes de la patrie n'ont arrêtée un seul instant et qui a même semblé recevoir des événements un stimulant nouveau.

Dans cette longue nomenclature dont je ne redoute pas trop l'aridité, parce qu'elle révèle, parmi des œuvres connues et hautement appréciées, des travaux injustement oubliés ou inaperçus, et parce qu'elle tire un intérêt particulier de la multiplicité même des sujets et des noms, on remarquera que par un singulier déplacement des forces, peut-être par suite d'un préjugé qui considère certaines questions comme des questions faciles et qui tourne ailleurs les jeunes ambitions, avides des difficultés entrevues, la science morale proprement dite n'est nulle part représentée. La thèse toute récente de M. Marion vient combler à propos cette regrettable lacune. Elle répond suffisamment, par son rare mérite, au préjugé qui consisterait à écarter les sujets de psychologie morale comme trop simples ou trop aisés. Je n'hésite pas à dire qu'un travail de ce genre exige un ensemble de qualités plus fines et même plus fortes, des facultés plus pénétrantes, que telle autre thèse qui remue l'abime de la métaphysique jusque dans son fond, ou qui poursuit sur les sommets de la science le dernier mot de la philosophie et prétend en quelques pages régler une fois pour toutes le compte du fini et de l'infini. « La pratique nous réclame » dit quelque part M. Marion. Il a raison. De temps en temps il est bon de faire trêve aux disputes de l'école et de se recueillir « dans un acte de bon vouloir intellectuel et de foi rationnelle » pour observer la société, la vie, les nuances variées dont se teint l'immuable devoir à travers les phases changeantes et les relations multiples de la réalité humaine ou sociale.

Quel est le sujet de ce livre? Le titre est-il suffisamment clair, est-il le meilleur que pût choisir un écrivain aussi habile, maître de sa pensée et de sa plume? Donne-t-il bien l'idée de la nature et de l'intérêt de ce travail? Le sujet et le titre du livre, on nous en avertit, sont empruntés à M. Renouvier. M. Marion le reconnaît avec une bonne grâce parfaite. Il cite des pages de ce philosophe soit dans l'*Introduction à la philosophie analytique de l'histoire*[1], soit dans la *Critique philosophique*[2] où il a pris l'idée qui est devenue la base de son travail. Je trouve la même idée exprimée avec la dernière précision dans un passage du *Traité de psychologie rationnelle*[3] qui a sans doute échappé à M. Marion : « Savoir si les antécédents et les circonstances exercent ou non un empire absolu et pour ainsi dire intégral sur l'esprit humain, c'est la question du libre arbitre. Mais leur existence, leur extension, qu'on ne peut presque pas exagérer, leurs vastes ramifications

---

1. *Essais de critique générale*, 4ᵉ essai.
2. 4ᵉ année, nº 27, p. 5 : nº 42, p. 242.
3. *Essais de critique générale*, 2ᵉ essai, 2ᵉ édit., p. 53

ne seront l'objet d'un doute pour quiconque a réfléchi à la solidarité humaine et sociale, aux conditions qui forment un tempérament et un caractère, et à celles qui relient des séries d'actes à un caractère une fois formé. A la partie secrète de ces actions, et dont l'analyse psychologique donne seule une idée suffisante, se joignent d'ailleurs les influences patentes et universellement reconnues de l'éducation, de l'exemple et des institutions sociales. Soit donc qu'il y ait ou qu'il n'y ait pas un libre arbitre au monde, il faut toujours reconnaître un ordre immense de déterminations suggérées, les unes nécessaires, les autres à tout le moins provoquées ; et il faut se rendre compte de ce que les représentants d'un peuple civilisé et instruit peuvent organiser de moyens d'éducation et de gouvernement pour lui, afin de former des caractères et de donner aux actes une direction morale et salutaire. C'est une providence sociale « à établir ». Telle est bien, en effet, la portée de l'ouvrage de M. Marion. C'est précisément cet ordre de questions, toutes fort délicates et compliquées, qui se déploie dans son livre à l'aide d'analyses et d'inductions ou nouvelles ou savamment renouvelées.

L'auteur a-t-il eu raison d'emprunter le mot qui sert de titre à son livre, comme il a eu raison de prendre dans M. Renouvier l'inspiration de son travail ? Les mots ne sont jamais indifférents, mais nulle part moins qu'en philosophie. La justesse des esprits se peint dans l'exactitude et la précision des termes. Je suis de ceux qu'a d'abord inquiétés le titre adopté par l'auteur. Peut-être avais-je tort. En tout cas, M. Marion a très habilement défendu, et dans son livre et dans la soutenance de sa thèse, le droit d'employer cette expression. Elle renferme, dit-il, toutes les conditions déterminantes de la moralité, soit dans l'individu à part, soit dans un groupe social, soit dans l'espèce. L'idée de solidarité étant celle d'une relation constante, d'une mutuelle dépendance entre les parties d'un tout, la solidarité morale est celle de la liberté, liée à des conditions qu'elle s'est créées, en partie dépendante de beaucoup de choses qui ne sont pas elle, mais dépendante aussi d'elle-même, de ses actes, de ses résolutions, de ses antécédents, non pas seulement de ceux qu'elle a reçus d'ailleurs et du dehors, mais de ceux qu'elle a établis. — Le sujet du livre n'est donc pas uniquement la solidarité morale qui relie les générations elles-mêmes, mais la solidarité de soi vis-à-vis soi-même, comme si chacun de nous était un être collectif, comme si chaque existence était une suite d'existences reliées dans une apparente individualité, comme si enfin chacun de nous s'engendrant soi-même à chaque instant de sa vie, à chaque acte accompli, à chaque résolution prise, s'engageait volontairement dans une série de fatalités dont il serait l'auteur, et instituait ainsi une hérédité personnelle, à son profit ou à son détriment, pour son propre avenir.

L'idée ainsi expliquée devient claire. Mais n'est-ce pas, malgré tout, un tort que de mettre un titre aussi elliptique, aussi obscur, à un ouvrage qui est la clarté même? N'insistons pas et entrons dans l'examen du livre. C'est une thèse déterministe en apparence que soutient l'auteur; la solidarité semble bien n'être pas autre chose que le déterminisme, puisqu'elle tend à établir un enchaînement et une série continue, une série dont chaque terme est lié, entre tous les actes dont se compose la vie individuelle. Et cependant, au fond, l'auteur n'est pas déterministe, il ne l'est du moins qu'autant qu'on peut l'être sans engagement et sans parti pris avec un système, il ne l'est qu'autant qu'on peut l'être quand on veut croire, malgré tout, à la liberté. Car il veut y croire, il y croit à la façon de Kant ; il y croit sans être en mesure de la démontrer directement. Le libre arbitre n'est pas démontrable, soit ; mais le fatalisme ne l'est pas non plus. « Or le fatalisme ne pouvant être démontré, il n'y a aucune raison de l'admettre, tandis qu'il y a les fortes raisons d'admettre la liberté, même indémontrée, si seulement elle est possible[1].... L'homme adulte et sain se sent doué d'une spontanéité contenue et clairvoyante, et c'est ce qu'il appelle volonté ; il se croit maître, au moins parfois, de son activité propre, et c'est ce qu'il appelle liberté. Cette croyance, rien ne prouve qu'elle soit illusoire, et la morale exige qu'elle ne le soit pas : il faut donc nous y attacher de toutes nos forces. La dialectique la plus serrée ne nous en ôte pas le droit ; la raison pratique nous en fait un devoir. » Voilà bien l'attitude d'un disciple de Kant : La liberté, étant la condition nécessaire de la moralité, nous *pouvons* et nous *devons* y croire. Le premier devoir est de croire qu'on peut accomplir le devoir ; la première de nos obligations est donc de nous croire libres, et rien ne s'y oppose, les fatalistes étant aussi impuissants que les partisans du libre arbitre à établir leur thèse. La question étant indécise, *il faut* la trancher dans le sens de la moralité.

Mais si c'est un grave préjudice à la moralité de croire qu'on n'est pas libre, ce n'en est pas un moindre de croire qu'on l'est absolument, n'ayant jamais à compter avec rien, capable de n'importe quelle résolution à n'importe quel moment. Les moralistes ont tort d'appeler exclusivement l'attention sur les dangers du fatalisme. On accorde qu'il n'y aurait pas de moralité si notre vouloir n'était jamais libre à aucun degré ; mais, d'autre part (et c'est là le point capital de la thèse) « que deviendrait

---

1. P. 38; 39, etc.

la moralité, si tout le monde se figurait, comme semblent l'enseigner certains philosophes; que la liberté demeure toujours entière, quoi que l'on fasse, ne dépend d'aucune condition, ne peut être entamée ni compromise, survit à toutes les fautes? Quelle surveillance exercerait sur lui-même un homme qui croit, tout de bon, qu'il lui sera toujours possible de rompre tous ses liens par un effort de sa volonté, et de prendre, plus tard, les résolutions qui lui coûtent trop aujourd'hui? Si cette conviction pouvait sérieusement prévaloir, il n'y aurait pas de pire dissolvant moral. Trop douter de la liberté et de l'efficacité de l'effort, nous rend lâches et nous décourage de la lutte; mais trop présumer de nos forces nous rend dupes et détruit en nous la première des vertus, la vigilance. Il faut croire la liberté possible et obligatoire, plutôt que réelle actuellement, susceptible d'accroissements indéfinis, plutôt qu'entière dès maintenant[1]. » Quelques philosophes ont dit que c'est être déjà libre que de croire à sa liberté, et que cet acte de foi nous affranchit des fatalités que nous portons en nous. M. Marion soutient, au contraire, en poussant une opinion juste jusqu'à une apparence paradoxale, que « plus on se croit libre, moins on l'est », et que c'est précisément cette croyance qui, en s'exagérant, nous perd. Une confiance excessive dans notre pouvoir nous asservit en nous jetant sous le joug des influences du dedans ou du dehors aussitôt que nous n'y pensons plus et que nous cessons de les craindre. Voilà sur quelle étroite limite, et pour ainsi dire, sur quelle marge presque idéale se maintient, non sans peine, la liberté, entre la négation et l'excès de croyance. En trop douter, c'est la détruire ; y croire trop, c'est la détruire encore. Elle ne peut exister et vivre que dans

---

1. P. 40.

l'atmosphère d'une foi mêlée de défiance et tempérée par la vigilance la plus austère. On la perd également en y croyant trop ou trop peu.

Peut-être est-ce là que viennent aboutir naturellement, d'un côté comme de l'autre, les controverses des fatalistes et des partisans du libre arbitre. Il semble bien qu'en pressant la question des deux parts on aboutit à l'une ou l'autre de ces deux formules qui ne diffèrent que par une nuance grammaticale et psychologique. On dit, en se servant des mêmes mots, mais en les rangeant dans un ordre différent d'importance et en insistant sur l'une ou l'autre des deux propositions, ou bien : « la liberté existe, mais elle est encadrée » ; ou bien : « la liberté est encadrée, mais elle existe. » Dans un des cas, on insiste sur le fait de la liberté, tout en reconnaissant que cette liberté subit des conditions et rencontre des limites. Dans l'autre cas, on insiste sur ces conditions et ces influences, tout en étant forcé d'admettre que, malgré tout, il y a de la liberté. Les déterministes ont beau énumérer, exagérer même les dépendances, les servitudes qui pèsent sur notre spontanéité; en fin de compte, ils finissent toujours par reconnaître qu'il reste toujours un *nescio quid*, un *caput non mortuum, sed vivum*, quelque chose d'inexplicable, réfractaire à ce genre d'explications, et qui ne peut être que le dernier élément de la personnalité. Et de même les partisans de la liberté ont beau mettre dans toute sa lumière le facteur personnel, il faut bien toujours qu'ils avouent que ce genre de causes, la cause libre, agit sous des conditions et dans des limites déterminées. Au fond, la vraie différence entre le déterminisme raisonnable et la doctrine raisonnable de la liberté, c'est que l'un marque avec plus de soin ces limites, l'autre appuie davantage sur l'énergie intime qui se déploie dans l'intérieur de ces limites et tend toujours à les dépasser.

C'est ce double point de vue qui prévaut tantôt dans une école et tantôt dans une autre, et qui explique, par ces oscillations en sens contraires, la perpétuité des controverses. C'est ainsi que la question du libre arbitre risque de rester éternellement, selon la pente des esprits, la *vexata quæstio* des psychologues et des métaphysiciens, sans qu'il y ait pourtant peut-être un abîme infranchissable entre les deux partis.

On comprend mieux maintenant ce que recherchera l'auteur sous le titre de solidarité morale : c'est, comme il le dit, « la génération des mobiles et leur enchaînement au sein des volontés, que par leurs diverses combinaisons, ils inclinent en différents sens,... ces multiples influences qui retentissant dans l'intention même, et qui s'accumulant, se combinant de mille manières, contribuent à faire les différences et de caractères et de conduite. » Mais aux influences, venues du fond de la personne humaine et de son passé, s'ajoutent les influences venues du milieu dans lequel elle se développe : « L'organisme moral, ou caractère, est, comme l'organisme proprement dit, en commerce incessant avec le monde environnant, en perpétuelle relation d'échanges avec son entourage.... Les hommes sont solidaires entre eux dans chaque génération, et les générations qui se suivent sont solidaires les unes des autres. Et qu'est-ce que l'humanité tout entière, sinon le vaste ensemble des sociétés coexistantes, plus ou moins en rapport entre elles, et la suite indéfinie des générations, héritières les unes des autres? La solidarité est la loi universelle du monde moral. Elle régit l'individu, elle régit les sociétés, elle régit toute l'espèce[1]. »

Ainsi se développe devant nous le plan très vaste de l'ouvrage. Il ne doit contenir rien moins que « l'ensemble

---

1. Pages 45, 46.

des conditions qui concourent, avec ce que nous avons de liberté, à nous faire moralement ce que nous sommes ».
Le seul regret que j'éprouve, c'est que l'auteur déploie son effort presque exclusivement sur ces conditions de la liberté. Il se contente de placer la liberté avec honneur comme dans un sanctuaire inviolable, à l'abri de toute atteinte. J'aurais voulu qu'un esprit aussi juste et pénétrant, avec le même soin qu'il met à déterminer les influences et les mobiles, l'ordre de leur génération et leur enchaînement, s'appliquât à montrer l'action simultanée de l'autre facteur, la liberté, invisible à l'œil du physiologiste et présente partout au regard du psychologue, habile à restreindre ces influences ou même à s'en emparer à son profit,

> S'appuyant sur l'obstacle et s'élançant plus loin.

trompant le calcul des probabilités morales et déconcertant souvent les prévisions les plus assurées, ce qui est le signe de son énergie toujours agissante et de son pouvoir dont les effets, peut-être insaisissables dans leur principe, n'en sont pas moins grands dans la vie et dans l'histoire. Il faut reconnaître d'ailleurs qu'avec un philosophe aussi consciencieux, une critique ne reste jamais sans réponse, et l'on dirait que toutes les objections ont été prévues. A celle que nous annonçons ici, il pourrait opposer une page qui semble y répondre d'avance et dont il ressort que tous ces changements qui s'accomplissent en nous ne sont pas toujours et exclusivement subis par nous, déterminés par des rencontres fortuites ou nécessaires; qu'il faut que nous en ayons, si peu et si rarement que ce soit, l'*initiative*; que cette spontanéité pour ainsi dire créatrice n'est pas seulement *en moi*, que rien n'est plus proprement mien, plus *véritablement moi-même*; qu'un tel pouvoir est réellement le fond dernier, et comme la source vive et vraiment originale de notre personnalité[1]. Mais l'importance de cette concession momentanée à l'expérience non systématique et aux exigences de la moralité s'efface sous l'impression contraire du déterminisme psychologique, qui finit par envahir presque tout, par prévaloir dans l'esprit de l'auteur, au moins en apparence. Peut-être reconnaît-il avec trop de bonne grâce que ce principe d'initiative est hors de nos prises, que l'origine nous en échappe, que nous ne pouvons nous en représenter ni la nature intime, ni les rapports avec le mécanisme physiologique et mental. Il irait volontiers jusqu'à dire que la présence d'un tel pouvoir constitue une sorte d'antinomie insoluble. Et, bien qu'il en admette la réalité, il se complaît évidemment dans la description et l'analyse des circonstances et des influences qui le restreignent à tel point qu'à certains moments elles semblent l'anéantir. Il insiste surtout, peut-être avec quelque exagération, sur ce point que le peu de liberté qui nous est laissé ne sert bien souvent qu'à creuser plus profondément l'abîme de notre esclavage, la liberté devenant l'ouvrière d'une fatalité nouvelle, celle que nous nous créons à nous-mêmes par chaque résolution formée et chaque acte accompli : de sorte que le principe d'initiative, si restreint déjà, semble n'apparaître un instant que pour se détruire de ses propres mains et s'ensevelir sous ses œuvres, seules persistantes et durables, qui impriment une impulsion et une direction presque irrésistibles à la vie entière.

Tout cela est, je le sais, affaire de nuances. Comme nous l'avons déjà dit, il est fort malaisé de surprendre cet esprit si vif, si sagace et toujours en éveil, en flagrant délit d'erreur ou de paradoxe. Même dans les thèses qu'il semble pousser trop loin, il y a encore une grande part

---

[1]. Pages 56, 57.

de vérité, par laquelle elles peuvent se défendre. Prenons par exemple cette proposition qui est une des vues principales du livre. Il y a, d'après l'auteur, une solidarité morale dans une seule et même vie, c'est-à-dire qu'il y a continuité dans notre vie morale, enchaînement des actes entre eux, des intentions entre elles, et de même des intentions et des actes, liés par une sorte de loi de génération, de telle sorte que chaque homme se reproduit plus ou moins semblable à ce qu'il a été. Quoi de plus vrai, si l'on ne perd pas de vue que de même qu'il y a dans notre existence morale de soudaines résolutions, des mouvements spontanés de l'âme, de ces grands coups d'initiative, inexplicables par le mécanisme moral aussi bien que par le mécanisme physiologique, qui rompent brusquement le joug des fatalités de la nature, de même du sein de cette fatalité intérieure dont nous avons été les artisans inconscients, il s'élève de ces inspirations subites, il éclate de ces reprises de la volonté qui se ressaisit, qui redresse le cours de sa vie, qui parfois la rejette violemment hors du lit qu'elle s'était creusé, lui marque un but nouveau, lui imprime une direction imprévue, et manifeste le réveil d'une énergie redevenue tout d'un coup maîtresse d'elle-même, libre en dépit de sa propre abdication?

Sauf cette réserve qu'il faut toujours faire et qui ne se montre pas toujours aussi fortement dans le livre que nous l'aurions voulu, bien qu'elle y apparaisse, comment ne pas souscrire à cette page que nous résumons? Elle contient l'expression d'une expérience consommée de la vie; elle est d'un observateur aussi profond que délicat :
« C'est surtout quand on embrasse dans son ensemble toute la vie morale de l'individu, c'est-à-dire toute la suite de sa conduite et toute la série de ses volitions, qu'apparaît dans sa complication infinie et dans sa force

l'influence mutuelle de chaque volition sur tout le reste de la conduite, de chaque action sur toutes les volitions ultérieures.... Ce que nous semons germe tout seul, et nous récoltons en conséquence.... Si quelque chose dans le vouloir *se crée* (nous ignorons comment), il est certain que *rien ne se perd*. Tout ce qui a été une fois inséré dans le tissu de notre vie morale tend à y persister, à y faire sentir indéfiniment ses effets. On a vu combien ces effets sont multiples, comment ils s'ajoutent les uns aux autres, et que réagir contre eux devient plus difficile à mesure que cela serait plus nécessaire.... Non seulement, en effet, tout acte accompli persiste par ses conséquences, et toute résolution prise laisse des traces; il faut aller plus loin : tout acte accompli tend à engendrer des actes pareils; toute résolution est une semence d'autres résolutions analogues. C'est même trop peu dire. Les lois si complexes de notre nature morale ont de plus puissants effets. Tout ce qui entre dans leur engrenage n'en sort pas seulement entier, ou transformé selon la loi de l'équivalence, mais *amplifié*. En somme, il y a une logique dans les choses. La nature se charge, si nous n'y pourvoyons, à tirer les conséquences des prémisses que nous avons posées. A proprement parler, nous ne posons que les *mineures;* les *majeures* sont les lois mêmes de la nature[1]. »

A ce propos, l'auteur rappelle la belle comparaison de Huxley, qui, selon lui, vaut pour les lois psychologiques aussi bien que pour les lois physiques. Il se joue, dit le célèbre auteur des *Sermons laïques*, depuis des siècles sans nombre, un jeu très compliqué. Nous tous sommes les joueurs contre lesquels la partie est engagée. Nous jouons contre un adversaire qui nous est caché. Nous savons qu'il ne triche pas, il ne fait pas de fautes, il est

---

1. Pages 132, 133, 134 et *passim*.

patient dans ses coups. Mais il ne vous passe pas la moindre faute et n'a nul souci de notre ignorance. Les plus gros enjeux se payent aux bons joueurs avec une sorte de générosité surabondante. Quant à celui qui joue mal, il est fait *mat*, sans hâte comme sans pitié. — La morale de cet apologue se dégage sans peine. La nature elle-même enrichit l'homme qui joue contre elle le vrai jeu de l'homme, et qui tâche de développer de plus en plus sa personnalité. Elle réduit au rang des choses celui qui joue mal, c'est-à-dire qui abaisse sa personnalité par ses fautes et qui, à ce terrible jeu, perd la partie qu'il a risquée. La liberté, son mérite présent, son sort futur, sont, de quelque manière, engagés dans chacune de nos résolutions et dans chacun de nos actes. — On aurait tort de croire que le jeu du moins est libre. Non pas, comme disait Pascal, *cela n'est pas volontaire, vous êtes embarqué*. Il ne sert à rien qu'on se plaigne, ou qu'on demande à se retirer du jeu; cela est impossible. L'alternative est posée, dès la première résolution conçue, dès le premier acte accompli. Tout coup perdu et mal joué se paye inexorablement ; il peut se réparer ; mais il devient de moins en moins réparable à mesure que la partie avance. Dans l'ensemble, il faut qu'on perde ou qu'on gagne. Redoutable alternative, quand c'est la moralité même qui est l'enjeu.

## II

Nous avons marqué, dans les pages précédentes le sujet du livre, et à cette occasion nous en avons déterminé le caractère. En même temps, nous avons fait nos réserves sur le déterminisme de l'auteur, tout en reconnaissant que ce déterminisme est plus apparent que réel. Cette part faite à la critique, nous sommes à l'aise pour faire connaître de plus près l'ouvrage à nos lecteurs et pour y signaler les endroits qui nous ont paru les plus remarquables par la sagacité de l'observation ou la nouveauté des vues. C'est la partie de notre tâche la plus agréable et la plus facile à remplir.

M. Marion étudie d'abord les influences qui constituent ce qu'il appelle la *solidarité individuelle*, celles qui proviennent surtout, dans l'agent moral, de son fonds propre; il les distingue avec soin des influences que l'agent reçoit de la vie collective, et qui constituent ce qu'il nomme la *solidarité sociale*. Il sait d'ailleurs que cette distinction ne peut avoir rien de rigoureux, la vie individuelle n'étant possible, en fait, que dans la société et par elle, et ne pouvant être isolée de son milieu que par un effort d'abstraction. Mais il n'y a pas de science sans analyse, c'est-à-dire sans abstraction, et il faut accorder à l'auteur le droit de distinguer ce que la nature a mêlé et ce que la vie confond sans cesse. De là la division de l'ouvrage. A la solidarité individuelle l'auteur rattache les principaux éléments de notre constitution psychique, ceux que nous avons reçus de la nature ou de l'hérédité, et ceux qui résultent de notre passé moral, des habitudes que nous nous sommes données. A la solidarité sociale se rattachent les actions et les réactions qu'exercent et subissent tour à tour les hommes vivant en société, et par lesquelles leur moralité s'abaisse ou s'élève, tous les phénomènes résultant de la vie collective, soit dans le passé, soit dans le présent : dans le passé, les engagements pris sous les formes les plus variées par les générations antérieures à l'égard des générations futures, comme les institutions, les mœurs, les idées; dans le présent, les faits sociaux de tout genre, qui sont non pas seulement, comme on le croit généralement, la somme des faits individuels, mais bien des faits *sui generis*, manifestation d'une vie nouvelle et d'un être nouveau, d'un organisme qui a sa vie propre, l'organisme social, tout à fait distinct des organismes individuels dont il se compose, se comportant autrement qu'eux, se révélant par des phénomènes qui ont leur physionomie à part, leur marche et leurs lois spéciales.

Nous n'épuiserons pas cette nomenclature de questions qui toutes ont leur intérêt. Il nous suffira d'indiquer, pour quelques-unes, la part de contribution que l'auteur apporte à la science psychologique. — Pour tout ce qui regarde la constitution native et la composition originelle du caractère, l'hérédité morale et l'innéité, l'auteur résume, avec une grande précision, en y ajoutant ses observations personnelles, les travaux récents qui se sont produits dans cet ordre de questions; il étudie avec grand soin tous ces éléments primitifs de notre constitution, qui se trouvent en nous à l'état embryonnaire, dès notre naissance, en des proportions variables d'un individu à l'autre. C'est pour lui l'occasion d'établir les conditions naturelles de l'équilibre des facultés, celles qui, par leur présence ou leur absence, font la raison et la folie, et qui déterminent les innombrables échelons de la santé intellectuelle, les formes diverses de l'imagination, de la mémoire, de l'attention, de la réflexion et du raisonnement, avec leurs degrés et leurs qualités variées à l'infini. Dans cette série de chapitres, l'auteur renouvelle sur certains points, il étend sur d'autres les théories de ses devanciers; mais enfin c'est sur le fonds acquis de la science contemporaine que s'est fait cet intéressant travail.

Je dirai la même chose des chapitres où M. Marion étudie cet élément si considérable dans la formation de la moralité, l'habitude. Il montre par une série d'analyses comment se forment et se développent les habitudes d'action ou habitudes pratiques, les habitudes d'esprit et les associations d'idées, enfin les habitudes de cœur ; quelle est l'importance morale de chacun de ces groupes ; quelle est, par exemple, l'influence sur notre conduite des souvenirs, qui ne sont pas autre chose que des habitudes mentales ; quelles modifications sont apportées à nos premières émotions par le fait de leur reproduction, qui constitue les habitudes du cœur ; comment un penchant toujours contrarié finit par s'atrophier, tandis que, souvent satisfait, il redouble d'exigence et tend à s'accroître indéfiniment ; pourquoi la peine naît aussi bien d'une fonction surmenée que d'une fonction empêchée ; comment tout s'explique, dans cet ordre de phénomènes, par les lois de la sensibilité, qui sont en même temps le besoin de changement et le besoin du mieux ; comment enfin il arrive que la liberté se limite et se restreint elle-même par les habitudes qu'elle s'est faites. Tout cela, est déduit à merveille, amené à la pleine lumière de la conscience. Mais enfin cette partie de l'œuvre est, elle aussi, moins remarquable par la nouveauté des grandes lignes et des aperçus que par la finesse du détail et la précision des analyses.

C'est dans les chapitres II et IV qu'il faut aller chercher les meilleurs exemples de la sagacité inventive de l'auteur là où il analyse le perpétuel changement qu'apporte la vie dans la formation du caractère, dans l'ensemble des éléments innés ou acquis de notre constitution psychique qui font notre personnalité et dont le jeu fera notre moralité. Le chapitre II contient une série de réflexions ingénieuses et profondes sur l'importance de la première éducation, sur les rapports de l'enfant avec les personnes qui l'élèvent, sur l'influence, non physique, mais morale de la nourrice, sur l'action des premiers maîtres, sur tout ce qui compose cette atmosphère ambiante de pensées et de volontés qui enveloppent l'hôte nouveau de la famille et l'imprègnent pour ainsi dire d'une moralité instinctive ou d'une sorte de perversion collective. — Nous donnerions pourtant la préférence, s'il fallait choisir, au chapitre IV, où l'auteur expose, en les distinguant finement, les principales crises morales de la vie individuelle. Il y a là une véritable part d'originalité, en tant qu'elle peut se concilier avec la plus exacte observation, ce qui est rare, difficile, l'observation morale étant de tous les temps et appartenant à tous. Ces grandes crises de la vie individuelle, qui sont les principales occasions pour la liberté d'abdiquer ou de se compromettre, sont l'école, le moment de la puberté, le choix du métier, le mariage. — Cette conception est neuve et mérite d'être mise en lumière. Il y a, nous dit l'auteur, que nous résumons, il y a des phases durant lesquelles le courant principal de notre existence est pour ainsi dire tout déterminé. La liberté alors est comme restreinte aux choses accessoires de la vie; notre ligne générale est tracée; on ne cherche plus, pour un temps, ni à changer de direction, ni à rebrousser chemin; mais de loin en loin des *embranchements* s'offrent à nous. Ce sont des époques de crise qui sont dans la vie ce que sont les points de bifurcation dans un réseau de chemins de fer[1]. C'est alors qu'il faut savoir nettement où l'on veut aller, et du choix que l'on fait alors dépend une grande partie de notre existence morale.

La première crise moralement grave est celle de l'école. Là se présentent à l'enfant les premières circonstances vraiment décisives où il pourra s'éprouver lui-même, intervenir réellement dans la création de sa personnalité,

---

1. P. 159 et sq.

par sa façon de réagir sous la discipline nouvelle à laquelle il est soumis, par la manière instinctive ou réfléchie dont il choisit ses amis et dont il conduit sa jeune vie. Le degré d'attention qu'il applique révèle alors ce qu'il est et en même temps décide ce qu'il sera. Il y a là, durant les années d'études, mille occasions de rénovation morale qui deviennent, selon l'usage qui en est fait par l'enfant, favorables ou funestes, occasions de progrès ou de décadence. — Quand vient la puberté, nouvelle crise et plus grave, la plus grave de la vie entière. Les puissances mentales sont alors, comme les énergies organiques, modifiées en leur équilibre, orientées en vue de nouveaux besoins. Comment ne serait-il pas de grande conséquence pour la moralité que cette crise s'accomplisse bien, quand elle n'est rien moins qu'une rénovation presque subite de l'individu? C'est dans ce temps où toutes nos énergies effectives sont en travail et cherchent leur voie, qu'il est nécessaire ou jamais qu'elles se déploient en bon ordre, dans les voies de la nature et selon la raison. On dit que la puberté est l'âge des sentiments généreux : il serait plus exact de dire simplement que c'est l'âge des sentiments vifs. Ces sentiments sont nobles ou ne le sont pas, selon les cas: ils varient d'un individu à l'autre, en raison du naturel, de l'éducation antérieure et des circonstances. Une transformation intellectuelle se fait en même temps, sous l'action de l'imagination en travail, qui devient une sorte de foyer intérieur. Les perversions irrémédiables du jugement ne sont jamais plus à craindre qu'alors; mais les enthousiasmes de l'esprit pour le vrai et le juste n'ont jamais autant de chances de se produire[1].

Après cette crise, vient le choix d'une carrière. Il est

---

1. Pages 141 146.

incontestable qu'en entrant dans une carrière plutôt que dans une autre on engage sa liberté, on détermine plus qu'on ne le croit peut-être généralement son avenir moral avec son avenir temporel. Tout métier consiste dans un exercice déterminé de l'activité, dans un ensemble d'habitudes. Ce sont des habitudes pratiques, soit, mais elles sont inséparables de certains sentiments correspondants, de certaines manières de juger. Chaque profession a ses exigences, ses usages, ses préjugés, qu'on épouse presque nécessairement, qu'on ne discute bientôt plus, même quand on les a d'abord subis à contre-cœur. Il est donc exact de dire que notre métier nous façonne à mesure que nous l'exerçons. S'il se ressent de nos qualités et de nos défauts, à son tour il nous améliore ou nous gâte. Notre éducation se continue donc jusque dans l'âge mûr, et la profession devient pour chacun de nous un agent permanent d'éducation[1].

Le mariage est une nouvelle occasion d'engager bien ou mal notre avenir. Abstraction faite de son influence particulière, valable selon la valeur de la personne à laquelle il nous lie et du milieu où il nous introduit, le mariage vaut par lui-même. La statistique nous montre qu'il est au plus haut point tutélaire de la moralité comme de la vie elle-même. La raison en est bien simple. La vie domestique régulière est éminemment propre à produire, par l'exercice normal de toutes les facultés, l'équilibre moral. Si quelque chose provoque presque infailliblement l'éclosion des affections généreuses, l'éveil de l'intelligence, l'effort réglé et soutenu de la volonté, le sentiment de la responsabilité, c'est la fonction du père de famille. Et cela est si vrai que ces bons effets moraux deviennent plus sûrs et plus visibles à mesure que la famille se complète.

---

1. Pages 146-149.

Le mariage sans enfants n'a pas, à beaucoup près, les mêmes avantages que la paternité[1].

Tel est l'exact résumé de ce chapitre. Il est neuf par l'idée comme par les détails qui l'expriment. Il en ressort clairement, non seulement que chaque volition, chaque pensée, chaque émotion engage quelque peu l'avenir et manifeste la loi de solidarité qui relie tous les moments et toutes les parties d'une seule vie; mais il en ressort surtout la démonstration de ce fait capital qu'il y a, dans notre existence, certains moments psychologiques d'une importance particulière, dans lesquels il est plus urgent que jamais de prendre en main la direction de sa vie et le gouvernement de son caractère par une action continue et une surveillance plus exacte; car s'il n'est pas modifié en mieux dans ces occasions presque solennelles qui nous sont offertes de nous régénérer, il risque d'être modifié en pis, et, ces occasions une fois passées, il sera de moins en moins modifiable, et de plus en plus, il échappera à notre action[2].

La seconde partie du livre est consacrée à la *solidarité sociale*, nom commun sous lequel se trouvent réunies les influences favorables ou nuisibles à la moralité, provenant des relations des hommes entre eux et de la vie collective. Ici encore nous ferons notre choix, non qu'il y ait rien de médiocre dans cet ouvrage, mais parce qu'il y a du plus ou moins rare, du plus ou moins nouveau, soit en raison de la nature des sujets eux-mêmes, soit en raison des études qu'ils ont déjà provoquées et de l'exploration qu'ils ont subie. Ainsi je reconnaîtrai volontiers tout le mérite du chapitre IV de cette seconde partie, où l'auteur étudie l'action des sociétés organisées, comme la famille, l'État,

---

1. Pages 149, 150.
2. Page 151.

l'Église, les rapports nombreux et délicats qui existent entre le perfectionnement du mécanisme social et la moralité individuelle, les réactions qu'exercent réciproquement le gouvernement et les populations qui l'ont choisi ou subi, le pouvoir et l'opinion, enfin la liaison qui s'établit entre les gouvernements libres ou despotiques et les qualités actives ou passives des citoyens. Mais, dans cette partie du livre, l'auteur est visiblement pressé; il court à la surface des choses; c'est un programme d'idées plutôt qu'une démonstration. A mesure que les sujets prennent un caractère de généralité croissante, j'accentuerai davantage cette observation, qui n'est pas un reproche, mais un regret. La fine précision des détails, l'expérience délicate de la vie, l'ingénieuse nouveauté des aperçus sont mal à l'aise dans ces grandes questions, trop vastes pour n'être pas un peu vagues, comme celles qui sont traitées dans le chapitre v, et dont chacune, pour être épuisée, demanderait un ouvrage spécial : la *solidarité internationale*, comprenant les actions et réactions des peuples entre eux, le problème de la paix perpétuelle, le droit des gens aboutissant, en théorie au moins, à l'adoucissement de la guerre; la *solidarité historique*, celle qui s'établit entre les générations dans le temps, comme entre les peuples dans l'espace; les responsabilités des différents groupes sociaux, les sociétés se liant elles aussi, comme les individus, par chaque acte de leur histoire, et plus même que les individus, engageant leur avenir; enfin l'histoire et le développement des caractères nationaux, de cet âme ou de cet esprit des peuples qui constitue toute une science nouvelle, la *Völkerpsychologie*. — Ici vraiment le livre ne suffit pas à contenir tant de choses; le cadre éclate par la pression des matières amassées. Je crois que l'œuvre n'aurait rien perdu, ni de son unité, ni de son intérêt, en se maintenant dans la sphère déjà bien large de la psychologie individuelle, sans y joindre ces problèmes de la psychologie ethnique ou ethnographique qui nous précipitent vers des horizons nouveaux et illimités. Et déjà par quelque endroit nous touchons à cette psychologie cosmique que nous annoncent les disciples de M. Spencer; craignons, pour le coup, de faire naufrage dans l'infini.

L'auteur, un esprit excellent, éloigné par nature des ambitions sans mesure et des hypothèses invérifiables, retrouve tous ses avantages, avec le juste emploi de ses qualités, dans l'analyse des influences qui s'exercent d'homme à homme, sous forme de sociabilité, de sympathie ou d'antipathie. Ici encore nous ne pouvons mieux faire que de placer sous les yeux du lecteur quelques traits, en les choisissant parmi bien d'autres de valeur presque égale et les retirant de ce beau courant d'analyse qui remplit ces pages, au risque d'en diminuer le prix par cet isolement toujours un peu artificiel.

La *sympathie*, l'*imitation*, l'*opinion* et la *coutume*, voilà les phénomènes sociaux par excellence; voilà aussi les liens secrets de la solidarité sociale. L'auteur y ajoute avec raison les phénomènes de *réaction*, qui, en apparence, viennent rompre la solidarité, mais au fond la complètent et n'en sont qu'un autre aspect. Il distingue deux formes dans la sympathie, la *sympathie diffuse*, qui se répand sur tous les hommes parce qu'ils sont hommes, et la *sympathie concentrée*, d'autant plus vive et intense qu'elle ne s'adresse qu'à un être ou à un petit nombre d'êtres. L'*amour*, par exemple, l'*amitié* et l'*admiration* sont trois sentiments qui ont ceci de commun d'être des formes vives de la sympathie et d'en amplifier les effets. Ils nous aident par là à mieux comprendre les effets de la sympathie générale ou diffuse, ceux que nous retrouverons dans les phénomènes d'*imitation* inconsciente et de *contagion morale*. Les cas saillants nous expliqueront les cas obscurs. — On nous montre, par des traits bien délicats, comment l'amour peut faire moralement autant de mal que de bien : « Sans doute, il dispose toujours plus ou moins l'individu à s'oublier, à faire don de soi; mais cela même ne laisse pas d'être dangereux. La moralité, en effet, consiste avant tout à se posséder, pour se conduire selon la loi, en quoi elle semble exclure cette aliénation de la personnalité par laquelle on se livre à merci et l'on renonce à la direction de soi-même. Et à supposer que cette abdication sans conditions soit irréprochable, soit l'idéal même, quand c'est à un meilleur que soi qu'on s'abandonne, il est évident que l'amour, n'ayant pas coutume d'user de tant de prudence dans son choix, ni de prendre d'abord de telles garanties, ne peut que devenir corrupteur dans les cas nécessairement nombreux où, de deux êtres, le meilleur est subjugué par le pire. Et cela est toujours à craindre de l'amour, vu son caractère irréfléchi, fiévreux, littéralement morbide[1]. »

Rien de plus ingénieux que l'analyse de la réciprocité d'action qu'exercent l'un sur l'autre l'être admiré et celui qui admire. On ne voit d'abord que l'influence de l'être admiré, son prestige, son influence, le désir qu'il inspire aux autres de lui obéir, de déférer à ses vœux, tout au moins de lui ressembler. Mais, si l'on pénètre plus avant, on apercevra l'action morale que les admirateurs d'un homme exercent à son tour sur lui, pour son bien ou pour son mal. Cette action peut être comparée à celle que les satellites d'une planète exercent sur elle : tout en gravitant autour d'elle, elles modifient sa marche et contribuent à la déterminer. De même pour le mérite transcendant, pour le génie même, qui, salué par la foule, en subit dans une certaine mesure la loi. « On est toujours un

---

1. Pages 160-163, etc.

peu l'esclave de ceux de qui on est l'idole; la popularité, à tous ses degrés, est une chaîne. » Ce qui est vrai de l'admiration, à laquelle bien peu d'êtres humains peuvent atteindre, est vrai aussi de l'estime à laquelle tous nous pouvons et nous devons prétendre. Ceux qui ont de nous une bonne opinion, par cela même exercent sur nous une sorte de tutelle morale. « Rien n'étant plus doux que d'inspirer une estime chaleureuse, rien ne semble pis que de la perdre. Elle nous garde donc des chutes en nous rendant vigilants; ceux qui nous l'accordent veillent sur nous sans y penser. Si même ils nous jugent d'abord trop bien, c'est souvent le meilleur moyen de nous élever au niveau où ils nous mettent par anticipation. Un homme d'un naturel un peu généreux, à qui l'on fait ainsi crédit, tient à être ce que l'on croit : c'est comme un engagement pris auquel il rougirait de manquer. Voilà pourquoi il faut le moins possible humilier les gens à leurs propres yeux. On leur fait plus de bien lorsque, sans trop paraître leur complaisant ou leur dupe, on peut ne point prendre acte de leur déchéance, et surtout n'en pas faire éclat. Admettre facilement la chute d'autrui, la proclamer étourdiment, est un double manque de charité. C'est un plaisir misérable, qu'on ne peut se donner sans aggraver le mal qu'on feint de déplorer : car une faiblesse morale sur laquelle on jette un voile est souvent réparable; celle dont on triomphe bruyamment ne l'est jamais[1]. »

Voilà le genre d'études, à la fois psychologiques et morales, où excelle l'auteur. C'est avec le même talent d'analyse qu'il étudie les effets et la force de l'*imitation*, les phénomènes curieux de la *suggestion*, dans l'état de santé ou dans l'état morbide, la communication instantanée et pour ainsi dire électrique des émotions, des passions et

---

1. Pages 164-167, etc.

des représentations mentales d'ordre inférieur auxquelles elles sont liées, qu'il appelle d'un mot que je n'aime guère, la *contagion morale*, et qu'un savant médecin explique, si l'on peut expliquer ce genre de phénomènes, en comparant la nature morale de l'homme à une table d'harmonie. « La résonnance d'une note, dit-il, fait vibrer la même note dans toutes les tables qui, étant susceptibles de la donner, se trouvent sous l'influence du son émis. » — L'*opinion*, qui est l'ensemble des jugements sur le bien et le mal, ayant cours dans une société donnée et dans un moment de cette société; les rapports et les différences de l'opinion avec la morale, l'opinion portant sur la matière et non sur la forme du devoir; ses analogies avec le sentiment de l'honneur; la *coutume* et les différents effets qu'elle produit, ses avantages à côté de ses périls, son avantage principal étant de conserver au présent le bénéfice d'un passé heureux, de créer un capital acquis de moralité, de dispenser l'individu de la peine de recommencer toujours le même effort dans chaque occasion; ses périls, trop visibles, étant de créer l'immobilité, la routine, et, comme on l'a dit, une sorte de cristallisation mentale; tout cela donne matière à une foule d'observations exactes et fines puisées dans le plein courant de la vie sociale[1].

Parmi toutes ces observations, il en est une surtout que je voudrais mettre en lumière, parce qu'elle pose un curieux problème et que la solution est de la plus heureuse simplicité, de celle qui n'appartient qu'à l'évidence. M. Marion, justement inquiet de cette tutelle qu'exerce le milieu sur l'individu, se demande s'il n'est pas à craindre que la moralité collective, en tendant à maintenir la moralité des individus à son niveau, ne devienne souvent

---

1. Pages 177-208.

un agent de perversion, et que le mal, triomphant à son
tour dans la conscience publique, ne corrompe profondément les consciences individuelles. C'est un péril, sans
doute. Mais l'auteur se rassure en pensant qu'après tout,
la raison commune est dans l'état normal, plus solide et
plus haute que les raisons individuelles. Et, pour prendre
des exemples, c'est ce qui fait qu'auprès de la tendance
générale au bien, qui se dégage, en temps ordinaire, de
la masse humaine, les phénomènes inverses, fanfaronnades du vice, scandale fait à plaisir, défi de l'opinion,
ne peuvent avoir, bien que naturels aussi et contagieux,
qu'un caractère exceptionnel. Voici un autre fait de ce
genre, un fait remarquable que l'on peut ajouter à ceux
sur lesquels M. Marion s'appuie. Pourquoi, devant un
public de théâtre, profondément mêlé, les beaux et
nobles sentiments réussissent-ils toujours et les sentiments
contraires sont-ils implacablement bafoués et honnis,
alors même qu'il n'est pas du tout évident que, dans un
public pareil, les bons, les honnêtes et les délicats soient
en majorité? Tous ces faits trouvent leur explication
naturelle dans « cette remarque, à savoir, que le fonds de
raison étant sensiblement le même chez tous, et les passions individuelles très variables, les raisons s'ajoutent
les unes aux autres pour former la meilleure part de
l'opinion, tandis que les passions s'annulent en partie par
leur antagonisme. C'est ainsi que l'on peut comprendre
la prédominance générale des bons instincts sur les mauvais dans nos sociétés vues d'ensemble (ou dans quelque
groupe social que ce soit), même quand les individus
qui les composent n'ont, pris séparément, que peu de
valeur morale. En chacun d'eux, les causes perturbatrices
de la raison peuvent l'emporter souvent dans la pratique;
mais la conscience n'est pas abolie pour cela; une pudeur
instinctive nous empêche d'avouer tout haut nos fai-

blesses, encore plus d'en ériger ouvertement les motifs en maximes. Au contraire, l'amour-propre nous fait parler le seul langage par lequel on est sûr de ne point soulever de réprobation. Parfois même, on se montre d'autant plus sévère pour les fautes des autres qu'on a plus besoin de ne pas laisser deviner les siennes[1]. »

Mais voici un autre péril. La solidarité sociale, dans le déploiement de ses forces qui sont prodigieuses et de ses effets, qui sont presque incalculables ne menace-t-elle pas de devenir oppressive pour l'originalité de la pensée et du caractère, soumis à cet engrenage, et ne risque-t-elle pas de se transformer pour l'humanité en instrument de servitude? Cela serait assurément, s'il n'y avait pas en nous un principe de réaction contre ces ressorts trop puissants et comme un contre-poids au centre même de la machine. A côté des grandes forces de cohésion sociale, sympathie de tous les degrés, imitation, opinion, coutume, l'auteur signale ce qu'il appelle les forces inverses de dispersion, les diverses formes de l'antipathie, l'amour de la nouveauté, le besoin d'indépendance. « Ce sont là, d'autres éléments essentiels de notre vie morale, d'autres facteurs, naturels aussi, de notre destinée, à la fois produits et garants de l'originalité individuelle. C'est par ces phénomènes de réaction que se maintient la diversité des caractères et que persiste dans chaque groupe social un mouvement autonome qui tient en échec les causes permanentes d'uniformité et d'immobilité. Il faut donc tenir grand compte de ces antipathies, de ces résistances, de ces conflits, par lesquels s'expriment la variété infinie des natures, des passions et des intérêts, les différences de toutes sortes, natives et acquises, provenant de l'hérédité, de l'éduca-

---

1. Page 211.

tion, du milieu »[1] ; — la liberté enfin, que M. Marion nomme, mais à laquelle j'estime qu'il ne fait pas sa juste part quand il se contente de dire : « Sous peine de ne plus trouver aucune place pour elle dans les phénomènes moraux, il faut bien admettre qu'elle intervient, au moins comme un facteur entre plusieurs autres, dans la formation de notre caractère individuel. » Cela ne suffit pas ; il faudrait préciser davantage, dans ces faits singuliers, le rôle considérable de l'énergie créatrice dont la source est en nous et qui explique précisément cet amour de la nouveauté, ce désir de faire autrement que les autres, de se déployer en dehors des formes connues, de sortir du cadre, ce besoin d'indépendance enfin qui cherche de nouvelles voies à tout prix, qui réagit de toutes ses forces contre le commun et le convenu dans l'art, dans la science, dans la pratique, et qui fait l'originalité et le prix des existences supérieures. Nul mieux que M. Marion n'eût tracé, s'il l'eût voulu, cette contre-partie prévue et nécessaire de son livre.

Nous en avons dit assez pour faire apprécier le rare talent de l'auteur. M. Marion est un moraliste. Il en a les deux traits essentiels : le goût de l'observation et le sens de la moralité. Il excelle à démêler dans l'humaine nature, si délicate à la fois et si compliquée, tous les ressorts les plus subtils par lesquels elle se meut et se développe au dehors. Il ne s'égare pas dans les détails de l'observation la plus fine ; on dirait que toute sa vie il s'est complu à voir agir l'homme et à chercher, dans toute circonstance, comment et par quelle cause secrète il a dû agir. De plus, il s'intéresse à la vie déployée devant lui ; il n'y voit pas seulement un cas plus ou moins curieux de pathologie, une matière à clinique

---

1. Pages 216-223.

morale. Il estime que cette vie a un sens, un but, une fin ; que cette pauvre liberté, si menacée de toutes parts, si précaire, si défaillante, et qui, dans le détail de son œuvre, disparaît trop souvent, est intimement liée à la moralité dont elle est l'instrument ; qu'il faut à tout prix la protéger, la sauver des influences qui l'oppriment, y croire tout d'abord pour la consacrer au devoir qui n'existe pas sans elle et sans lequel, à son tour, elle n'aurait pas de sens ni de raison d'être. — Un dernier trait et nous aurons fini. Il y a plusieurs sortes de moralistes : il y en a qui ne voient dans l'homme que ses perversions et ses laideurs, ce sont les pessimistes ; leurs analyses sont des diatribes sans mesure ou des ironies sans pitié ; leur peinture est une caricature ; ils n'offrent à l'homme qu'une image de lui-même qui le décourage du devoir de vivre ou l'avilit à ses yeux. M. Marion, lui, et je l'en félicite, serait plutôt un optimiste.

Il voit mieux et plus profondément par là même ; cet optimisme fait partie de sa clairvoyance ; il ne se contente pas d'explorer les surfaces de la vie et de l'histoire où se rencontrent les antagonismes furieux, les conflits sanglants, où toutes les difformités s'étalent, où les vices et les ridicules du personnage humain mènent un si grand tapage. Il croit au bien, et il le cherche sous les surfaces qui nous trompent par l'agitation et le tumulte ; il le trouve germant silencieusement dans de nobles consciences qui font leur œuvre sans faire bruit et par lesquelles se prépare l'avenir. Il encourage l'homme à avoir confiance dans l'homme. Il ne consent pas à croire que le mal soit invincible, et il montre le remède entre nos mains. Il n'accorde pas que notre espèce soit vouée au mal nécessaire ou aux lois brutales du hasard. Sans doute il ne croit pas davantage au bien nécessaire, au progrès absolu, fatal et irresponsable. Et, en cela encore, j'estime qu'il a raison, et cette restriction importante finit par démentir l'apparence de déterminisme qu'avait son livre : l'humanité est ce qu'elle se fait, elle aura le sort qu'elle méritera. L'auteur lie l'avenir de l'homme aux responsabilités actuelles; il délègue à l'homme même le soin et le sort de son espèce et lui crée par là un ensemble d'espoirs sublimes liés à un devoir sacré. « Les lois de la nature ne se chargent pas toutes seules de faire l'homme bon et heureux, mais elles lui permettent de le devenir. Si elles n'enfantent pas nécessairement la moralité, elles sont prêtes à lui venir en aide; si elles ne dispensent pas du bon vouloir, elles s'en emparent et le font fructifier. Faisons notre devoir et fions-nous à elle pour le reste. » C'est le dernier mot du livre. Nous le recueillons avec bonheur, sans prendre trop d'alarmes d'un déterminisme qui conclut ainsi.

# LES IDÉES ANTIQUES SUR LA MORT

### ET LA CRITIQUE DE CES IDÉES PAR ÉPICURE

Un jeune écrivain de science et de talent vient de publier sous ce titre : *la Morale d'Épicure et ses rapports avec les doctrines contemporaines,* un livre que l'Académie des sciences morales et politiques avait couronné, sous forme de mémoire, dans un de ses plus récents et plus brillants concours[1]. Ce sera pour nous une occasion toute naturelle de rappeler quelques-unes des raisons qui expliquent la prodigieuse fortune de cette philosophie dans la société antique. Nous bornerons notre étude à une seule question, mais qui eut une importance capitale dans les destinées de l'école, celle autour de laquelle s'agitèrent les plus vives controverses et qui fut, dans l'antiquité, comme elle l'est encore aujourd'hui, la question dramatique par excellence, la question de la mort. Bien que

---

1. A vrai dire, ce livre n'est que la première partie du mémoire présenté à l'Académie par M. Guyau. La seconde partie, non encore publiée, comprenait l'examen de la morale anglaise contemporaine. L'importance du sujet explique la publication à part de l'ouvrage consacré à la morale d'Épicure : il y a là un essai d'interprétation de certaines idées épicuriennes qui mérite l'attention de la critique. Je signalerai particulièrement, outre le chapitre où j'ai pris l'occasion de cette étude, celui où le jeune auteur expose la théorie du *clinamen* qui, selon lui, exprime la contingence dans la nature et se lie nécessairement à la conception de la liberté dans l'homme ; point de vue contestable, mais intéressant et curieux.

cette grande controverse ait été souvent abordée en passant par les historiens de la philosophie ancienne et récemment encore étudiée à différents points de vue par M. Martha dans son bel ouvrage sur le *Poème de Lucrèce*, et par M. Boissier dans quelques chapitres philosophiques autant que littéraires de son livre sur *la Religion romaine*, le sujet en lui-même est de ceux qui ne s'épuisent pas; chaque interprète le renouvelle par sa manière personnelle de le sentir. A quelle occasion ce problème fut-il posé par Épicure? contre quels adversaires fut-il résolu par lui? quel succès obtint cette solution toute négative dans la société romaine et dans ce qui restait de la société grecque? enfin quelle est au juste la valeur de ces arguments? Méritent-ils de survivre à l'école qui les a produits? Offraient-ils une consolation efficace à l'humanité ou une cause nouvelle de découragement? Autant de questions qui se pressent en foule devant l'esprit; il nous a paru curieux de les indiquer sans nous croire obligé de les résoudre toutes.

# I

On peut dire que le problème posé par Épicure est celui de tous qui intéresse le plus les hommes. L'acte le plus grave de la vie, n'est-ce pas la mort? De ce phénomène qui la termine dépend toute l'existence, selon la façon dont on le considère, soit qu'on y pense sans cesse, soit qu'on s'efforce de n'y pas penser. C'est autour de cette idée que roulent les méditations des génies les plus divers, d'un Shakespeare, d'un Montaigne, d'un Pascal; c'est à elle que se rapportent la grande poésie de tous les temps, toutes les philosophies, toutes les religions. Les dogmes et les institutions religieuses n'ont pas d'autre objet que celui-là dans la question du salut, qu'il s'agisse de la survivance des âmes, comme dans le christianisme, ou de la délivrance finale de l'être par le néant, comme dans le bouddhisme.

Il y a une école historique qui prétend, non sans de bonnes raisons à l'appui, que c'est par la religion des morts que la religion a commencé, au moins chez les Aryas, ceux de l'Orient comme ceux de l'Occident. On assure qu'avant de concevoir ou d'adorer Indra ou Zeus l'homme adora les morts, qu'il eut peur d'eux, qu'il leur adressa des prières; il semble bien que ce soit par là, dans cette race d'hommes, que le sentiment religieux se soit éveillé ou du moins ranimé. « C'est peut-être, nous dit M. Fustel de Coulanges, à la vue de la mort que l'homme a eu pour la première fois l'idée du surnaturel et qu'il a voulu espérer au delà de ce qu'il voyait. La mort fut le premier mystère; elle mit l'homme sur la voie des autres mystères. Elle éleva sa pensée du visible à l'invisible, du passager à l'éternel, de l'humain au divin. » Voilà pour les religions. Quant aux spéculations philosophiques, il est encore moins douteux qu'elles aient eu cette origine. « La mort, dit Schopenhauer dans le style sibyllin qu'il affecte souvent, la mort est proprement le génie inspirateur, le Musagète de la philosophie. Sans elle, on eût difficilement philosophé[1]. » L'animal n'a pas la connaissance de la mort, il n'en a qu'une peur vague et sans aucune idée; chaque individu jouit pour son propre compte de l'immortalité de l'espèce qu'il sent en lui; il a conscience de lui-même comme étant sans fin. Chez l'homme il n'en va pas ainsi; il craint la mort d'une manière précise, il la connaît. Aussi tout l'effort des philosophies

---

1. *Philosophie de Schopenhauer*, par Ribot, p. 82, fragments traduits.

et des religions est de répondre à ces terreurs pour les calmer. On peut même dire que l'étonnement qui, selon Aristote, a été le principe de toute philosophie, s'est produit le plus souvent sous cette forme, devant la nécessité de mourir, comme la protestation « de cette tendance aveugle vers la vie qui est aussi inséparable de l'être que l'ombre l'est du corps ». De là l'origine de la plupart des systèmes qui aboutissent à ces deux solutions de la question et oscillent entre ces deux extrêmes : considérer la mort comme une phase de la vie ou comme un anéantissement absolu, les uns donnant, de quelque manière que ce soit, une satisfaction à ce désir intense de vivre qui est le fond de l'être, les autres essayant de détruire ce désir comme une source d'illusions misérables et de réconcilier l'homme avec l'idée du néant.

La tentative la plus considérable qui ait été faite dans tous les temps contre la croyance à une vie future a été celle des épicuriens. Ils se sont montrés intrépides à nier, sans concession d'aucun genre au préjugé vulgaire ou à l'instinct; ils se sont surtout efforcé d'établir un lien logique entre cette négation et la tranquillité de la vie humaine, l'homme étant voué, en dehors de ce dogme sauveur, à tous les supplices de l'imagination et se faisant d'avance une vie pire que la mort même, objet de tant d'effroi. C'est par ce côté que cette philosophie s'est présentée au monde antique comme une science libératrice. Telle a été incontestablement la raison principale de son rapide succès, de l'enthousiasme presque religieux qui entoura quelque temps le nom d'Épicure, de l'esprit de prosélytisme qui répandit la doctrine dans la société aristocratique d'Athènes et de Rome. Ce fut là, comme dans toutes les autres questions, le caractère de cette doctrine : elle se recommande elle-même par les services qu'elle prétend rendre à l'humanité; le titre principal de la vérité, à ses yeux, ce n'est pas d'être simplement vraie, c'est d'être utile. Ainsi se distingue cette philosophie des grandes philosophies qui l'ont précédée : « Platon et Aristote cherchaient le vrai afin d'en déduire le bien ; par réaction, Épicure cherchera le bien pour nous avant le vrai en soi.... Ce qui frappe tout d'abord chez lui, c'est le caractère pratique, positif de sa doctrine. Aristote avait dit : « La science est d'autant plus haute qu'elle est moins utile. » Épicure prendra juste le contre-pied de cette maxime. On sent qu'en se donnant à la philosophie, il s'est demandé d'abord : « A quoi sert-elle?... » Le premier problème qu'Épicure a dû se poser, c'est le problème pratique par excellence : « Que faire? quel est le but de nos actions, la fin de la vie? Son plus important ouvrage est son traité Περὶ Τέλους. » Ce caractère utilitaire, justement signalé par M. Guyau, est profondément empreint dans toutes les parties de cette philosophie et spécialement dans la controverse célèbre sur la mort. Ce que les épicuriens essayent de faire pénétrer dans les esprits, c'est la démonstration de leur doctrine par l'utilité, c'est la conviction qu'une des sources de la misère humaine est la peur de l'au-delà et que, si l'on détruit cet au-delà, on affranchit l'homme, on le rétablit dans les conditions normales du bonheur auquel il a droit et dont le dépossède la crainte des chimères. Voilà le trait essentiel de leur polémique.

Essayons de distinguer les différentes parties de cette argumentation et de voir à quel ordre de conceptions ou de préjugés répondaient les principaux raisonnements d'Épicure et de ses disciples, dont il est difficile d'ailleurs et inutile de faire la part exacte et de marquer l'œuvre personnelle dans l'œuvre commune. — Et d'abord il ne faut pas qu'on s'attende à trouver là rien qui ressemble à ce que l'on a nommé, trop ambitieusement peut-être, la théorie épicurienne de la mort. Des termes pareils me paraissent manquer de justesse. Il ne peut être question que d'une critique plus ou moins ingénieuse et profonde, dirigée contre les idées religieuses ou populaires du temps et concluant à des négations pures. Or une série de négations est la ruine des théories existantes, elle ne constitue pas, à proprement parler, une théorie.

Les épicuriens se trouvaient en face de deux conceptions distinctes sur la mort, celle des religions nationales d'Athènes et de Rome qui pesaient de tout leur poids sur les imaginations populaires, et une autre conception plus vague, plus obscure, par là même plus tenace et qui prenait dans les esprits la forme d'un instinct plutôt que celle d'une croyance définie. Ils eurent facilement raison de la première, difficilement de la seconde, et même s'ils en parurent un instant victorieux, leur victoire ne dura pas : l'instinct eut bientôt repris le dessus. En revanche, le triomphe qu'ils remportèrent sur le dogme de la vie future tel que le présentaient les prêtres ou que les poètes le peignaient aux esprits, ce triomphe fut à peu près définitif. Il est vrai que les épicuriens trouvèrent bien des auxiliaires dans le caractère de ces dogmes eux-mêmes et dans les dispositions des esprits. De même que le surnaturel dans l'antiquité était la région du caprice, de l'envie, de la passion, et que la théologie était complètement distincte de la morale, de même l'immortalité était sans justice : c'était la vengeance des dieux qui s'exerçait dans le Tartare, et les supplices célèbres que l'on décrivait aux foules annonçaient plutôt la force irritée et malfaisante que les réparations par une conscience divine de l'ordre violé. Ç'avait été l'effort de Platon de rétablir l'idée de la justice dans la conception de la vie future, mais avec ses mythes sublimes il avait charmé quelques âmes d'élite sans pénétrer dans la masse épaisse des préjugés et des dogmes redoutables. Virgile seul, parmi les poètes populaires, devait le comprendre un jour, traduire quelques-unes de ses inspirations dans l'admirable sixième livre de l'*Énéide* et faire passer quelque chose de cette grande âme de Platon dans l'âme de la civilisation antique. — Ce temps n'était pas venu, et une vague terreur planait sur les imaginations devant lesquelles une superstition basse et violente étalait des spectacles pleins d'une incompréhensible horreur. Cette crainte souillait la vie, elle déshonorait l'homme ; il fallait la bannir à tout prix :

> Et metus ille foras præceps Acherontis agendus
> Funditus, humanam qui vitam turbat ab imo,
> Omnia suffundens mortis nigrore, neque ullam
> Esse voluptatem liquidam puramque relinquit[1].

« Il faut chasser cette terreur vaine de l'Achéron, qui trouble la vie humaine jusque dans son fond, qui répand sur tous les objets la teinte livide de la mort, et ne nous laisse la jouissance libre et pure d'aucun plaisir. »

Lorsque Épicure commença ce long combat contre ces chimères, elles avaient déjà perdu beaucoup de leur crédit. Ses railleries et ses raisonnements en précipitèrent la ruine, et à l'époque où Lucrèce écrivait, la destruction en était presque achevée, non assurément dans les masses, mais dans les esprits d'élite. Lorsque Virgile voulut faire accepter son enfer, il dut le tranformer en le moralisant.

Les épicuriens se trouvèrent donc facilement d'accord avec certaines tendances qu'ils fortifièrent, mais qu'ils n'avaient pas créées et qui se faisaient jour de toutes parts dans le scepticisme éclairé de la société antique. En combattant la crainte du Tartare, ils donnaient une expression et une voix à toute une opposition d'esprits libres et

---

1. *De Natura rerum*, lib. III, 37-40.

cultivés auxquels répugnaient ces peintures d'une immortalité grotesque et sinistre. Les dogmes de la théologie officielle sur la vie future ne se soutenaient plus que dans le peuple, et par la solennité des rites religieux dont les plus libres esprits, par un reste de scrupule ou par crainte, n'osaient ni s'écarter, ni rire en public. La cause était gagnée devant la raison ; mais des racines secrètes retenaient encore l'opinion extérieure, publique, civile, et l'empêchaient de se prononcer. On a noté de bien curieux témoignages sur cet état des esprits à Rome, vers le temps de Lucrèce. Cicéron ne perd pas une occasion de se moquer de ces fables; il raille même les épicuriens pour la peine qu'ils se sont donnée de combattre tous ces contes de bonne femme : « J'admire, dit-il, l'effronterie de certains philosophes qui s'applaudissent d'avoir étudié la nature, et qui, transportés de reconnaissance pour leur chef, le vénèrent comme un dieu. A les entendre, il les a délivrés des plus insupportables tyrans, d'une erreur sans fin, d'une frayeur sans relâche qui les poursuivait et la nuit et le jour. De quelle erreur, de quelle frayeur? Où est la vieille assez imbécile pour craindre ces gouffres du Tartare[1] ? » Bientôt viendront les poètes qui diront tout naturellement ou comme Horace : « les mânes, cette pure fable (*fabula manes*), » ou comme Ovide :

Quid Styga, quid tenebras, quid nomina vana timetis?

Plutarque lui-même, qui est platonicien et qui fut prêtre d'Apollon, avoue que « ce sont là contes faits à plaisir, que les mères et les nourrices donnent à entendre aux petits enfants. » Les stoïciens s'accordent sur ce point avec épicuriens : « Point d'enfer, point d'Achéron ! » s'écrie

---

1. *Tusculanes*, liv. I, chap. XXI.

Épictète[1]. Il semble bien que sur ce point tous les esprits cultivés soient d'accord. Cependant il faut tenir compte ici, sous peine de dépasser la mesure, de l'observation d'un excellent juge qui nous engage à ne pas trop nous fier aux témoignages écrits ou aux entretiens intimes de ces gens d'esprit. On nous montre que la plupart ont un rôle double, comme hommes et comme citoyens, et qu'ils s'en tirent comme ils peuvent. « Ceux d'entre eux qui étaient engagés dans les affaires se gardaient bien de paraître indifférents ou railleurs quand on discutait au forum et au sénat des questions religieuses. » Polybe blâme ses contemporains de rejeter les opinions que leurs pères avaient sur les dieux et sur l'autre vie ; mais en même temps il exprime avec une sorte de naïveté savante, en homme d'état qui dit ingénument son secret, la nécessité de cette sorte de divorce entre les sentiments de la vie publique et ceux de la vie privée qui ne choquait alors personne et où l'on ne trouvait aucune hypocrisie : « S'il était possible qu'un état ne se composât que de sages, une institution semblable serait inutile ; mais comme la multitude est inconstante de son naturel, pleine d'emportements déréglés et de colères folles, il a bien fallu, pour la dominer, avoir recours à ces terreurs de l'inconnu et à tout cet attirail de fictions effrayantes[2]. »

D'après ces témoignages et bien d'autres qu'il serait facile de rassembler, il est clair que la première partie de l'entreprise des épicuriens était assurée d'avance du succès. Il pouvait y avoir quelque danger politique à donner si hardiment l'assaut à ces fictions effrayantes dont parle Polybe et qui étaient devenues, entre des mains politiques,

---

1. Martha, *le Poème de Lucrèce.* Voir surtout les notes où de nombreux témoignages de ce genre sont recueillis.
2. Boissier, *la Religion romaine d'Auguste aux Antonins*, t. I, p. 58-59 et passim.

un moyen de gouvernement; il ne pouvait y avoir aucun doute sur l'issue du débat. Aussi n'est-ce pas sur le dogme de la vie future, tel que le présentaient les interprètes de la religion officielle, la conception du Tartare et des enfers, que porte le grand effort des raisonnements de Lucrèce. Il ne traite ces fables qu'avec un souverain mépris et une implacable ironie, sachant bien que, si son maître Épicure a dû les attaquer de front, le temps est passé de s'en inquiéter et qu'il est au moins inutile de les faire revivre, même un instant, par une attaque en règle. Il ne s'en occupe guère que pour les transformer en une admirable allégorie, qui indique à la fois la sécurité et le mépris du philosophe à l'égard d'un ennemi à terre : « Toutes les horreurs qu'on raconte des enfers, c'est dans la vie présente qu'elles existent pour nous. Tantale n'est pas là-bas glacé d'effroi sous la menace d'un grand rocher suspendu sur lui; mais ici la crainte vaine des dieux pèse sur les mortels... Il n'est pas vrai que Titye, couché sur le bord de l'Achéron, soit la proie des oiseaux funèbres; mais il y a en chacun de nous un Titye, gisant dans les liens de son amour et livrant son cœur en pâture à ces oiseaux lugubres, les soucis dévorants et les passions que rien ne rassasie. Le vrai Sisyphe est devant nos yeux : c'est celui qui s'obstine à demander au peuple les haches et les faisceaux et qui toujours vaincu se retire désespéré... Ce Cerbère, ces Furies, ce Tartare ténébreux, vomissant d'horribles flammes, eh bien ! ils n'existent pas et n'existeront jamais. Mais, dans cette vie, d'effroyables visions sont attachées aux effroyables forfaits, des châtiments de toute sorte tombent sur le coupable, et si le bourreau manque, la conscience prend sa place; elle déchire son cœur sous le fouet des terreurs vengeresses; elle attache à son flanc l'aiguillon du remords, et le malheureux ne sait pas quel doit être le terme de ses maux, ni même si sa peine finira jamais ; il craint que la mort ne les aggrave encore. Et voilà comment la vie présente devient l'enfer de l'insensé. *Hinc Acherusia fit stultorum denique vita*[1]. » — L'enfer, il n'est pas dans le Tartare : c'est dans le cœur de l'homme qu'il a sa place et sa réalité ; les supplices légendaires dont s'épouvante l'imagination des mortels doivent retrouver leurs vrais noms : c'est la superstition, l'ambition, l'amour, la passion sous toute ses formes, c'est le crime, le remords, le désespoir, c'est la folie humaine, ouvrière infatigable de ses chimères et de ses tourments.

## II

Les épicuriens triomphèrent sans peine dans cette première partie de leur œuvre dialectique : la croyance à la vie future selon la fable était tellement ébranlée, au moins dans l'élite des esprits, qu'elle s'écroula au premier choc. Il n'en fut pas de même, loin de là, pour l'instinct même de l'immortalité, séparé des formes odieuses ou puériles que lui avait imposées la mythologie. Les formes discréditées tombèrent, l'instinct persistait. Le difficile était précisément de l'atteindre jusque dans ses racines ; c'était là le *dessous* réel et subsistant de toutes ces fables vaines, quelque chose comme un fond insaisissable et plus difficile à extirper de l'âme humaine. C'était sur ce point que devait se donner le plus vigoureux combat de la critique épicurienne ; si elle ne réussissait pas dans ce suprême effort, tout était remis en question, et l'idée de la vie future renaissait sous des mythes nouveaux qui l'exprimaient dans leur variété mobile sans l'épuiser jamais.

1. *De Natura rerum*, lib. III, vers 1036.

On vit alors sous la ruine des croyances officielles reparaître une ancienne croyance, antérieure à tous ces dogmes, à ces rites des théologiens et des prêtres, aux inventions fabuleuses des poètes, celle que l'on retrouve à l'origine de tous les peuples, aussi bien chez les Hellènes que chez les Indiens et les sauvages, chez les Chinois comme chez les nègres, sous des formes plus ou moins grossières, constatées en même temps et par les historiens de l'antiquité et par les anthropologistes voués à l'étude de l'humanité comparée et par les savants consacrés à la recherche des origines de la société, comme M. Spencer, dans ses *Principes de sociologie*. Je veux parler de ce sentiment d'une vie durable après la mort, analogue à un sommeil profond, attachée pour un certain temps à ce qui reste du corps, pourvue encore d'une vague sensibilité, sorte d'immortalité souterraine qui se continuait indéfiniment jusque dans le tombeau. C'était, nous le savons maintenant d'une science bien précise, grâce au livre si curieux de M. Fustel de Coulanges, c'était la croyance commune, dans les plus anciennes populations grecques et italiennes, infiniment plus vieilles que Romulus et Homère. La conception de la spiritualité n'existait alors à aucun degré : la même sépulture recevait l'âme et le corps, indivisibles, enchaînés à jamais. « Nous enfermons l'âme dans le tombeau, » disaient les poètes décrivant les cérémonies funèbres, léguées par les aïeux. De là les rites de la sépulture, revêtus d'un formalisme si rigoureux ; de là l'inquiétude du mourant et sa crainte qu'après la mort les rites ne fussent pas observés à son égard. « Pour que l'âme fût fixée dans cette demeure souterraine qui lui convenait dans cette seconde vie, il fallait que le corps, auquel elle restait attachée, fût recouvert de terre. L'âme qui n'avait pas son tombeau n'avait pas de demeure. Elle était errante. En vain aspirait-elle au repos, qu'elle devait aimer après les agitations et le travail de cette vie, il lui fallait errer toujours, sous forme de larve ou de fantôme, sans jamais s'arrêter, sans jamais recevoir les offrandes et les aliments dont elle avait besoin. Malheureuse, elle devenait bientôt malfaisante. Elle tourmentait les vivants, leur envoyait des maladies, ravageait les moissons, les effrayait par des apparitions lugubres, pour les avertir de donner la sépulture à son corps et à elle-même. De là est venue la croyance aux revenants [1]. » Honorés, les morts étaient bienfaisants ; ils passaient pour des êtres sacrés ; on les appelait bons, saints, bienheureux ; ils devenaient les dieux Mânes, dieux protecteurs, ancêtres divinisés de la famille. De là ce culte des morts qui eut tant d'importance dans cette antiquité sans date dont il reste des traces ineffaçables dans les mœurs, les rites et le langage. On nous a montré que c'est par cette croyance aux Mânes (les θεοί χθόνιοι des Grecs) que les institutions civiles et politiques se sont graduellement formées chez les plus anciennes populations de la Grèce et de l'Italie. De l'idée que se faisaient ces races primitives sur l'être humain, sur cette persistance de l'être dans la mort apparente, sont dérivées les cérémonies religieuses qui consacraient l'unité de la famille, les règles du droit privé qui associèrent plusieurs familles entre elles. Sur cette base s'est constituée une religion primitive, qui a établi successivement le mariage et l'autorité paternelle, fixé les rangs de la parenté, consacré le droit de propriété et le droit d'héritage, élargissant peu à peu le cercle de la famille autour du tombeau, qui était le temple domestique, et formant une association plus grande, la cité. Le culte des morts se mêla ainsi profondément aux origines de la civilisation antique : il

---

1. M. Fustel de Coulanges, *la Cité antique*. Introduction et chap. i, passim.

en fut à certains égards le principe ; la cité eut son germe dans cette population persistante des aïeux qui d'abord ne veillait que sur le foyer, qui peu à peu étendit sa tutelle sur l'enceinte des remparts, de même que le temple nationale eut sa base dans ce modeste temple domestique, dans cet humble autel, symbole de la perpétuité de la famille, sur lequel le feu devait brûler toujours.

M. Fustel de Coulanges, qui s'est emparé en maître de cette idée, vague avant lui, précise depuis qu'elle a reçu son empreinte, distingue péremptoirement ces deux époques que l'on confond trop souvent, que Cicéron lui-même a confondues au premier livre des *Tusculanes*, celle où l'être humain vivait de sa vie isolée dans le tombeau, celle où l'on se figura une région souterraine aussi, mais infiniment plus vaste que le tombeau, où toutes les âmes loin de leurs corps vivaient rassemblées : ce fut l'âge du Tartare et des champs Élysées. La même loi qui règle la succession de ces deux croyances en Occident se retrouve chez les Hindous. « Avant de croire à la métempsycose, ce qui supposait une distinction absolue de l'âme et du corps, les Aryas de l'Orient, à l'origine, ont cru, eux aussi, à l'existence vague et indécise de l'être humain, invisible, mais non immatériel et réclamant des mortels une nourriture et des offrandes. Opinion grossière assurément, mais qui est l'enfance de la notion de la vie future. »

Chose singulière ! cette opinion, qui fut la première de toutes, resta la dernière dans l'antiquité et ne disparut que devant le christianisme. D'où vient cette vitalité extraordinaire d'une croyance si grossière et si misérable? De sa simplicité d'abord, mais surtout du sentiment qu'elle exprimait. Sa simplicité même écartait d'elle les réfutations savantes : comment se prendre à cette existence indéterminée, sans forme et sans nom, sans attributs bien définis et que la fantaisie ou la piété de chacun imaginait à son gré? — Mais ce qui faisait la force de cette croyance, c'était l'instinct qu'elle recouvrait et qui la soutenait contre tous les arguments et les épigrammes des beaux esprits, contre la dialectique de l'école et contre l'ironie plus dissolvante encore : l'instinct de l'être qui se sent indestructible. L'intelligence confuse des premiers âges et plus tard la pensée concrète des foules distinguent mal les divers éléments du problème et ne savent guère en analyser les termes; mais elles sentent, sans savoir définir leur obscur sentiment, que toute mort est une apparence et que rien ne périt. Les forces de la nature n'ont-elles pas ce genre d'éternité qu'elles comportent, inépuisables sous la variété des phénomènes dont elle composent le jeu brillant de l'univers? La matière elle-même ne paraît-elle pas indestructible à celui qui sait en suivre les transformations sans fin? Toutes ces idées, qu'Héraclite et les Ioniens rendirent de bonne heure familières à l'antiquité savante, étaient enveloppées d'ombre dans l'imagination populaire; elles n'en étaient pas moins tenaces et résistantes. A plus forte raison, la vie avec son organisation merveilleuse, le sentiment de la vie si profondément attaché au fond de l'être qu'il se confond avec lui, devaient-ils paraître indestructibles.

Et nous-mêmes, après tant de siècles de métaphysique et de raisonnement, ne sentons-nous pas que la croyance à la perpétuité de notre être tient au fond de nos âmes, qu'elle est comme incrustée dans la moelle de l'humanité, que tous les arguments de la science positive ne peuvent en avoir raison, qu'elle renaît sans cesse, alors qu'on la croit abattue et détruite à jamais? Il y a en nous, comme chez les anciens, sous des formes moins naïves, le même instinct, une résistance invincible à l'idée du néant. Les uns se répètent à eux-mêmes les enseignements de Platon et se disent, en s'enchantant de cette belle espérance, que l'esprit humain, ayant pensé le divin et l'immortel, devient semblable à lui, et qu'une conscience qui a goûté à l'infini ne peut pas périr. Les autres conçoivent la vie future sous les formes précises et dans les conditions définies que leur enseigne le christianisme. D'autres enfin répètent avec Spinosa que nous nous sentons éternels : *Sentimus experimurque nos æternos esse.* Ils se croient satisfaits de confondre leur éternité avec celle de la raison divine; au fond peuvent-ils séparer cette espérance de quelque vague croyance à un sentiment, si obscur qu'il soit, de cette éternité rêvée? — Force invincible de la vérité ou préjugé, certitude intérieure, voix de la nature ou complicité de l'imagination, nous répugnons absolument à l'idée du néant futur de notre être. Nous ne pouvons ni l'imaginer ni le concevoir. Je ne suis pas assuré que ceux-là mêmes, parmi les hommes de ce siècle, qui concluent à l'anéantissement absolu comprennent ce mot dans toute sa portée et que, par une dernière contradiction, ils n'assistent pas en pensée à cet avenir indéfini qui doit s'écouler hors d'eux et sans eux. Quand ils proclament le néant, ils le remplissent d'avance de leur personnalité, de leurs idées, de leurs passions; ils se donnent l'avant-goût de cette éternité qu'ils ne doivent pas connaître. Ils ne peuvent pas penser à la succession des siècles futurs sans s'y placer eux-mêmes, sans s'y voir; tant l'instinct de vivre est attaché profondément à tout vivant, et fait partie de son être au point de ne s'en pouvoir séparer.

C'est contre cet instinct que l'école épicurienne livra son grand combat. Essayons de résumer cette curieuse et célèbre argumentation, soit d'après Épicure, soit d'après Lucrèce, en nous attachant surtout à reconstruire l'ordre logique et l'enchaînement des idées. Nous ne reprendrons pas une à une les trente preuves par lesquelles l'école établissait la mortalité de l'âme. La seule thèse qui nous intéresse en ce moment et que les épicuriens variaient à l'infini est celle-ci : C'est le corps qui sent ; donc quand il est détruit, le sentiment périt avec lui ; l'insensibilité absolue est le caractère certain de la mort. — Ni le corps ne peut sentir sans l'âme, ni l'âme sans le corps. L'âme est corporelle, quoique formée des atomes les plus subtils de la nature ; c'est elle qui rend le corps capable de sentir. Mais sans le corps elle est incapable par elle-même de toute sensation, et quand elle le quitte, elle se dissout dans ses éléments, elle rentre dans la grande circulation du mouvement éternel :

> Une heure après la mort, notre âme évanouie
> Devient ce qu'elle était une heure avant la vie,

un souffle errant, une flamme dispersée, un peu d'air ou de feu. Quand le corps périt, il faut que l'âme elle-même se décompose ; elle n'existe que par la réunion fortuite des organes ; elle ne peut ni naître isolée, ni vivre indépendante du sang et des nerfs. L'âme ne peut pas apparemment, privée du corps, avoir des yeux, un nez, des mains, comme la langue et les oreilles ne peuvent, sans l'âme, sentir ni exister. Quand même l'âme, après sa retraite du corps, pourrait avoir encore des sensations, quel intérêt pourrions-nous y prendre, nous qui ne sommes que le résultat fortuit de l'union de ces deux groupes d'éléments joints un instant ensemble? Et quand même, après la mort, le temps viendrait à bout de rassembler toute la matière dispersée de ce qui a été notre corps, de remettre chaque élément à sa place, dans l'ordre et la situation qu'il occupe maintenant, quand une seconde fois le flambeau de la vie se rallumerait pour nous, cette renaissance ne nous regarderait plus, la chaîne de nos souvenirs ayant été brisée. Qui de nous s'inquiète maintenant de ce qu'il a pu être autrefois? En effet, si l'on jette un regard en arrière sur l'immense espace du temps écoulé et sur la variété infinie des mouvements de la matière, on concevra sans peine que les éléments des choses aient dû se trouver souvent arrangés comme ils le sont aujourd'hui ; mais la mémoire est muette, elle ne nous dit rien sur ce passé, sans doute parce que dans les intervalles de ces existences formées et reformées par le hasard, les atomes qui nous constituent ont été jetés dans mille autres combinaisons étrangères à toute sensation [1].

Cette thèse établie, que le corps et l'âme sentent ensemble, et que, séparés, ils ne sentent plus, la sensation n'étant que l'effet accidentel d'une combinaison définie d'atomes, tout s'ensuit logiquement. Quelle est donc cette chimère superstitieuse qui attribue on ne sait quelle sensibilité persistante aux morts? Si nous sommes étrangers à ce que nous avons pu être dans le passé, comment ne le serions-nous pas à ce que nous pouvons devenir plus tard, et si nous n'avons gardé aucune mémoire des combinaisons que les éléments de notre corps ont pu traverser autrefois, comment pouvons-nous davantage nous soucier de celles que les mêmes éléments pourront traverser encore? Notre individualité n'a qu'un moment, le moment actuel; elle n'est nous-mêmes que dans la rapide traversée de la vie présente; derrière nous une éternité dont nous sommes absents par l'oubli, devant nous une éternité

---

1. At neque seorsum oculi, neque nares, nec manus ipsa
Esse potest animae, neque seorsum lingua, nec aures
Absque anima per se possunt sentire nec esse.
... Sic animi natura nequit sine corpore oriri
Sola, neque a nervis et sanguine longius esse.
... Quare, corpus ubi interiit, periisse necesse est
Confiteare animam distractam in corpore toto.

*De Natura rerum*, lib. III, vers 630, 788, 800, 855.

dont nous serons également absents par l'oubli de ce que nous sommes aujourd'hui ; des deux côtés un infini silencieux nous enveloppe. « On n'a rien à craindre du malheur, si l'on n'existe pas dans le temps où il pourrait se faire sentir. Ce qui n'existe pas ne saurait être malheureux. En quoi diffère-t-il de celui qui n'aurait jamais existé, celui à qui une mort immortelle a ôté sa vie mortelle[1] ? » Schopenhauer, qui prend son bien partout où il le trouve, a fait à Épicure et à Lucrèce l'honneur de leur prendre cet argument : « Qu'on remarque, dit-il, que, si notre crainte du néant était raisonnée, nous devrions nous inquiéter autant du néant qui a précédé notre existence que de celui qui doit le suivre. Et pourtant il n'en est rien. J'ai horreur d'un infini à *parte post* qui serait sans moi ; mais je ne trouve rien d'effrayant dans un infini à *parte ante* qui a été sans moi. » C'est presque dans les mêmes termes l'argument que Lucrèce reproduit avec insistance : « Quel rapport ont eu avec nous les siècles sans nombre qui se sont écoulés avant notre naissance ? Cette antiquité passée est comme un miroir dans lequel la nature nous montre l'avenir qui suivra notre mort. Qu'y a-t-il donc là de si effrayant ? Qu'y a-t-il même de triste ? N'est-ce pas là une tranquillité absolue, plus profonde que le plus profond sommeil[2] ? »

Lucrèce nous a transmis, dans ses beaux vers, en y mettant la flamme de sa grande imagination, les principes de l'argumentation épicurienne contre les idées populaires sur la mort, dont nous n'avons que des fragments dans l'ouvrage de Diogène Laërce ; mais ces maximes

---

1. Nec miserum fieri, qui non est, posse neque hilum
   Differre, an nullo fuerit jam tempore natus.
   Mortalem vitam mors cui immortalis ademit.

Vers 880.
2. Vers 985.

d'Épicure ont eu un tel crédit dans toute l'antiquité qu'il faut au moins rappeler les principales. On les trouvera rassemblées et traduites avec beaucoup de soin dans l'ouvrage de M. Guyau. En voici quelques-unes : « La mort n'est rien à notre égard ; car ce qui est une fois dissous est incapable de sentir, et ce qui ne sent point n'est rien pour nous. — La mort n'est rien pour nous; car tout bien et tout mal réside dans le pouvoir de sentir; mais la mort est la privation de ce pouvoir. — Le sage ne s'inquiète point de la longueur de la vie qui lui reste à vivre. Il faut se rappeler que le temps à venir n'est ni nôtre, ni tout à fait étranger à nous, afin que nous ne l'attendions point à coup sûr comme devant être, et que nous n'en désespérions point comme ne devant absolument pas être. — Insensé celui qui dit qu'il craint la mort, non parce qu'une fois présente elle l'affligera, mais parce qu'encore future elle l'afflige; car ce qui, une fois présent, n'apporte pas de trouble, ne peut, étant encore à venir, affliger que par une vaine opinion. » — Rappelons enfin cette pensée maîtresse qui résume toutes les autres et sur laquelle toute l'antiquité épicurienne a vécu : « Lorsque nous sommes, la mort n'est pas; lorsque la mort est, nous ne sommes plus. Elle n'est donc ni pour les vivants, ni pour les morts; car pour ceux qui sont, elle n'est pas, et ceux pour qui elle est, ne sont plus. » Ce qu'on a ingénieusement traduit dans ce vers :

Je suis, elle n'est pas ; elle est, je ne suis plus.

L'esprit dialectique de Cicéron s'enchante de ces subtilités; c'est le fond du raisonnement qui remplit le premier livre des *Tusculanes*. Cicéron, qui s'est tant moqué d'Épicure, est rempli de réminiscences épicuriennes. Il traduit à sa manière ces maximes quand il écrit : *Si post mortem nihil est mali, ne mors quidem est malum; cui proximum tempus est post mortem, in quo mali nihil esse concedis: ita ne moriendum quidem esse malum est; id est enim, perveniendum esse ad id, quod non esse malum confitemur.* — « Si la mort n'est suivie d'aucun mal, la mort elle-même n'en est pas un; car vous convenez que dans le moment précis qui lui succède immédiatement il n'y a plus rien à craindre, et par conséquent mourir n'est autre chose que parvenir au terme où, de votre aveu, tout mal cesse. » Il traduit encore Épicure lorsque, dans le même livre, il raille le souci exagéré des rites, des cérémonies funèbres, de la sépulture même ; il rappelle Diogène demandant qu'on le jette, quand il sera mort, n'importe où. « Pour être dévoré par les vautours? demandent ses amis. — Point du tout ; mettez auprès de moi un bâton pour les chasser. — Et comment les chasser, ajoutent ses amis, quand vous ne sentirez plus rien? — Si je ne sens plus rien, répond Diogène, quel mal me feront-ils en me dévorant? » L'autorité de cet argument fut telle dans l'antiquité qu'elle s'imposa aux adversaires même, comme Cicéron, qui le répète à satiété, et les stoïciens, Sénèque en particulier, qui lutte d'éloquence avec Lucrèce pour examiner l'indifférence que l'homme doit avoir à l'égard de ce qui suivra la mort et de ce qui adviendra de son cadavre.

Il devait se trouver cependant bien des incrédules qui ne se rendaient pas à ce fameux argument et qui mettaient un certain entêtement à craindre la mort, ne fût-ce qu'à cause des biens qu'elle leur faisait perdre. Même en supposant que la mort n'est rien, on peut aimer la vie et y tenir; on retournait le vers célèbre d'Épicharme, traduit par Cicéron : « Être mort n'est rien, soit; et pourtant je ne veux pas mourir [1] ». C'est là un des

---

1. Emori nolo : sed me esse mortuum nihil æstimo
*Tusculanes*, lib. I, p. 8.

côtés de la question qui devait reparaître avec obstination dans l'esprit des épicuriens les plus convaincus, à plus forte raison des adversaires. « Vous me démontrez à merveille, disaient-ils à Épicure, qu'une fois mort je ne sentirai plus rien et que l'insensibilité absolue ne peut être un mal. Mais c'est un mal au moins que de ne plus jouir de la vie, qui est la condition de tous les biens. » C'est contre cette indocilité des sceptiques ou des esprits positifs que les épicuriens redoublaient d'effort et de subtilité. C'est contre eux qu'a été imaginé ce paradoxe que la mort n'enlève rien au bonheur, parce que le temps ne fait rien au bonheur lui-même. Chaque vie, si courte qu'elle soit, est un tout complet. Le vrai plaisir est quelque chose d'absolu : « Le temps, qu'il soit sans bornes ou borné, contient un plaisir égal, si l'on sait apprécier ce plaisir par la raison. » C'est dans cet ordre d'idées qu'Épicure se plaçait en disant, à ce que nous rapporte Stobée, qu'il était prêt à le disputer de félicité même à Jupiter, pourvu qu'il eût un peu de pain et d'eau. La sérénité sans trouble du sage épicurien ne dépend ni du plus ni du moins, s'il y a le suffisant, ni de la durée du plaisir, s'il a un seul instant existé. — Cicéron réfute à merveille cet argument audacieux : « Eh quoi! Épicure soutient que la durée n'ajoute rien au bonheur et qu'un plaisir qui ne dure qu'un instant vaut un plaisir qui serait éternel ? Tout cela est pure inconséquence. Comment, quand on met le souverain bien dans la volupté, prétend-on nier que la volupté qui durerait un temps infini fût supérieure à celle qui serait resserrée dans un étroit espace de temps ? A la bonne heure pour les stoïciens qui placent le souverain bien dans la vertu parfaite : cette vertu, une fois atteinte, ne peut plus croître. Mais en est-il de même du plaisir? Veut-on nous faire croire que le plaisir ne s'augmente pas en se prolongeant? Il faudra donc dire la même chose de la douleur elle-même et soutenir que le temps n'y ajoute rien? Ou bien encore dira-t-on qu'à la vérité la douleur devient plus cruelle à mesure qu'elle est plus longue, mais que la durée ne change rien à l'essence du plaisir? Que de contradictions[1]! »

Nous laissons exprès à ces controverses leur forme ancienne et l'accent des âges où elles se sont produites; mais ce serait œuvre aisée que de les transposer dans nos idées et dans notre langage. L'intérêt en est de tous les temps, et avec de bien légers changements dans la forme nous en serions touchés au même point que le furent les contemporains de Lucrèce et de Cicéron. *Nostra res agitur.* — Ne plus sentir, voilà donc la mort, selon la logique et la science, disent les épicuriens. Elle n'a rien de réel en soi, elle n'existe que par une fiction de mots; à proprement parler, elle n'est pas, puisqu'on ne peut pas dire *qu'il est* de ce qui n'est rien. Telle est la conviction que les épicuriens veulent à tout prix faire pénétrer dans les intelligences, non pas tant par vanité dialectique ou par amour-propre de philosophes que dans le dessein bien arrêté de délivrer les hommes de la pusillanimité qui fait leur misère; cette misère, qui pourrait la nier? Pascal lui-même n'a-t-il pas dit que la mort est plus facile à supporter sans y penser que la pensée de la mort sans péril? — Épicure touchait donc l'humanité au cœur en tâchant de détruire jusque dans ses racines cette terreur commune à Pascal et au dernier des hommes. Ce fut là sans contredit la cause de l'étonnant succès de la doctrine et de la gloire presque unique qui entoura le nom d'Épicure, le libérateur. La joie des hommes qui se crurent affranchis par lui de la terreur de la mort fut

---

1. *De finibus bonorum et malorum*, liv. II, chap. XXVII.

presque aussi vive que s'il les eût affranchis de la mort
même : cette joie d'une prétendue délivrance fit à
Épicure une véritable apothéose qui dépassa celle que
l'admiration de l'antiquité avait faite au génie de Platon.
On disait seulement le divin Platon, Épicure devint dieu,
*deus ille fuit, deus.*

En même temps qu'il dépouillait la mort de ses
terreurs, il relevait la vie et s'efforçait d'attirer sur la
matière, ses combinaisons, ses mouvements, ses lois, la
pensée des savants jusque-là perdue dans les spéculations
pures. Sans être savant lui-même, il créait ainsi l'esprit
de la science positive en lui marquant ses limites, qui
devaient être celles de la nature visible et sensible, en
inspirant autour de lui, à ses adeptes, le mépris de tout
ce qui dépassait ces limites, et particulièrement de ces
puissances occultes qui troublaient par leur caprice
l'ordre nécessaire de la nature et substituaient dans les
esprits une épouvante superstitieuse à la curiosité scientifique. C'est par là que sa philosophie, pendant longtemps oubliée, obtint au xviiie siècle une telle faveur, qui
se continue et même, à certains égards, s'est renouvelée
de nos jours. C'est son horreur de l'au-delà qui lui a
mérité cette sorte de renaissance. Il est le premier dans
l'antiquité qui ait nié résolument ce qui était hors des
prises directes et de la portée des sens. A ce titre, il a pu
être considéré comme l'expression confuse et inconsciente
du positivisme qui déclare qu'il n'y a pas d'objet pour
l'esprit humain en dehors des lois (les *fœdera, leges,
rationes* de Lucrèce). Il a, le premier, creusé le fossé qui
s'élargit tous les jours et qui sépare la métaphysique de
la nature. Pour les esprits spéculatifs, les questions
d'origine et de fin sont les plus importantes de toutes,
celles auxquelles tout le reste se rapporte ; pour les
autres, il n'y a qu'une seule étude, celle des phénomènes

et de leur dépendance réciproque ; les uns ne s'occupent de la vie que dans son rapport avec la mort, les autres ne prétendent s'occuper de la mort que dans son rapport avec la vie, demandant seulement à la nature morte les secrets qu'elle lui révèle pour éclairer le jeu et les ressorts de l'organisme vivant. Cette séparation date d'Épicure : si une telle gloire a été réservée à celui qui a divisé l'esprit humain en deux parties presque irréconciliables, quelle gloire n'attend pas celui qui fera cesser ce divorce et qui, par la métaphysique et la physique réconciliées dans une juste mesure d'indépendance et de services réciproques, reconstruira l'unité scientifique de l'esprit ?

## II

Épicure, en détruisant les idées populaires sur la mort, a-t-il été vraiment le bienfaiteur et le consolateur de l'humanité ? L'objet principal que se proposait sa philosophie a-t-il été atteint d'une manière durable, même dans l'antiquité qui le proclama dieu ? Les idées qu'il avait combattues succombèrent-elles dans la lutte au point de ne pas se relever d'un si rude assaut ? Ce serait mal connaître l'humanité que de le croire. — Si ce sont des chimères qu'Épicure avait voulu détruire, il faut avouer qu'elles sont singulièrement tenaces; elles renaissent à mesure qu'on les abat, semblables à ce géant de l'Arioste dont Roland faisait rouler la tête à chaque coup de sa grande épée et qui chaque fois la ramassait dans la poussière et rentrait en lice aux yeux du chevalier stupéfait. Ce fut un peu là le genre d'inutiles victoires que remportèrent les épicuriens. La même raison qui assurait leurs succès dans les hautes régions de la société antique, et qui charmait le dilettantisme des heureux de la vie et des amateurs de philosophie, faisait la faiblesse pratique de ces doctrines devant l'humanité. La plupart des hommes craignent de mourir, mais ils ne redoutent pas moins de cesser d'être en mourant. Ces deux instincts, au fond, n'en sont qu'un sous deux formes différentes : on craint la fin de la vie actuelle parce que cette vie est la seule forme d'être qui nous soit connue. Aussi dans cet ordre d'idées ne faut-il pas s'attendre à des triomphes de longue durée, et lorsqu'une philosophie s'imagine avoir éteint d'une manière définitive dans les âmes la crainte de la mort avec le désir de l'immortalité, c'est le moment où ce désir, un instant comprimé, renaît avec plus de force et entraîne l'imagination, le cœur, la raison même dans les voies mystérieuses.

L'influence de la doctrine épicurienne s'étendit et dura quelque temps parmi les esprits lettrés de la Grèce et de Rome. Elle était la bienvenue dans cette aristocratie voluptueuse et brave qui allait si gaiement à la guerre civile et aux proscriptions. « Elle s'étala un jour dans le sénat, où César osa dire, sans être trop contredit, que la mort était la fin de toutes choses et qu'après elle il n'y avait plus de place ni pour la tristesse ni pour la joie... Plus tard, c'est Pline l'Ancien qui déclare que la croyance à la vie future n'est qu'une folie puérile ou une insolente vanité, et qui traite ceux qui la défendent comme de véritables ennemis du genre humain. » Mais déjà combien de témoignages d'oppositions éclatantes, Cicéron dans les *Tusculanes*, Virgile dans le sixième livre de l'*Énéide*, Plutarque dans des écrits spéciaux ! Les témoignages les plus curieux peut-être à consulter sur cette opposition aux idées d'Épicure, ce sont les inscriptions funéraires, expression naïve des sentiments populaires sur la mort et la vie future dans cette période qui va de

Lucrèce aux Antonins. « Les croyants, nous dit M. Boissier, sont plus nombreux que les sceptiques. Le plus souvent ces inscriptions affirment ou supposent la persistance de la vie... Ce qui domine, ce sont encore les anciennes opinions. La foule semble revenir avec une invincible opiniâtreté à la vieille manière de se figurer l'état après la mort; elle est toujours tentée de croire que l'âme et le corps sont enchaînés dans la même sépulture; elle soupçonne que le mort n'a pas perdu tout sentiment dans cette tombe où il est enfermé.... Quelques inscriptions expriment de diverses manières la pensée qu'une fois le corps rendu à la terre, l'âme remonte vers sa source. Ce n'était pourtant encore que l'opinion des gens distingués, qui avaient quelque accès à la philosophie, c'est-à-dire du petit nombre; le christianisme en fit plus tard la croyance générale[1]. » Épicure avait animé de son esprit, pendant un siècle ou deux, quelques générations sceptiques et lettrées, des artistes, des savants, des politiques; l'humanité lui avait définitivement échappé.

Un des plus curieuses réfutations des idées épicuriennes sur la mort est sans contredit le petit traité intitulé : *Qu'on ne peut vivre agréablement en suivant la doctrine d'Épicure*. Le bon sens de Plutarque a ramassé en quelques pages toutes les objections que devait susciter le paradoxe d'une doctrine toute négative, qui se portait hautement pour la bienfaitrice des hommes. On pourrait souhaiter un plus grand effort métaphysique pour creuser la question : on ne peut rien trouver de plus judicieux. A côté des protestations de la conscience populaire, il y a même là un assez grand nombre d'idées qui ne sont que suggérées, mais dont la philosophie peut faire son profit.

---

1. *La Religion romaine*, t. I, p. 312-342 et passim.

En lisant les dernières pages de ce dialogue familier, nous aurons la contre-partie la plus exacte de la polémique épicurienne ; c'est le monde moral de l'antiquité vu sous ses deux aspects, et nous pourrons nous convaincre que la conscience humaine a connu de tout temps les mêmes problèmes, les mêmes angoisses, les mêmes doutes et cherché le repos dans les mêmes solutions.

Singulière manière de consoler les gens! s'écrie le vieux sage de Chéronée dans ce dialogue que nous résumons d'une manière libre, pour mieux faire ressortir l'idée philosophique noyée dans les digressions. On dit aux malheureux qu'ils n'ont pas d'autre issue à leur misère que la dissolution de leur être et une entière insensibilité. C'est comme si quelqu'un venait dire dans une tempête aux passagers éperdus que le vaisseau est sans pilote et qu'il ne faut pas compter sur l'apparition des Dioscures pour apaiser les vents et les flots ; qu'au reste tout est ainsi pour le mieux, puisque la mer ne peut tarder à engloutir le navire ou à le briser. — « Malheureux dans la vie présente, vous espérez une vie meilleure ? Quelle erreur ! Ce qui se dissout est insensible et ce qui n'a nul sentiment ne peut nous intéresser en rien. En attendant, faites bonne chère et tenez-vous en joie. » Voilà ce que nous disent les épicuriens, quand nous souffrons, quand nous sommes malades ou exposés à un grand danger. — Mais au moins, quand le navire a été brisé, le passager lutte encore, il est soutenu par une dernière espérance, il va tenter de gagner le bord à la nage. Ici, rien de semblable : il n'y a plus d'espoir ; et c'est le moment où l'on vient nous dire : « Réjouissez-vous donc ! » — Qui n'éprouverait en effet la joie la plus vive dans la méditation de cette pensée vraiment divine que le néant est le terme de tous nos maux ?

Le vulgaire, dites-vous, craint les peines de l'enfer, et

cette crainte corrompt tout son bonheur; mais le désir de l'immortalité surpasse infiniment en douceur et en plaisir ces puériles terreurs. Vous ne faites que déplacer le mal. L'idée d'une privation totale de la vie attriste également les jeunes gens et les vieillards. Il y en a qui s'immolent sur les bûchers de leurs parents et de leurs amis à cette seule pensée qu'on ne naît qu'une fois, qu'on ne peut retourner à la vie et que le temps est fini pour ceux qui sont morts; dès lors la vie présente n'a plus aucun prix pour eux : comme elle leur paraît un point ou plutôt un rien au prix de l'éternité, ils n'en font plus aucun cas, ils la méprisent, ils négligent même de jouir : A quoi bon une sensation si courte en face de cet infini ténébreux? à plus forte raison négligeront-ils la vertu, parce qu'ils tombent dans le pire des maux, le découragement : êtres d'un jour, à quoi peuvent-ils prétendre et que peut-il y avoir de grand dans leurs œuvres! Ils n'essayent de rien faire en ce genre, ils se méprisent eux-mêmes. — Du même coup qu'on enlève aux hommes ordinaires les plus douces espérances qui peuvent les susciter à de grands efforts et les tirer de leur médiocrité, on décourage la vertu, on décourage l'héroïsme, on désespère la science et la philosophie. Quelle vertu, en combattant le mal sur cette rude terre, n'a jeté les yeux de l'autre côté de la tombe pour y trouver un puissant réconfort? Quel héros en mourant pour sa patrie n'a fait le songe de l'athlète qui sait qu'il ne recevra jamais la couronne pendant le combat, mais seulement après la victoire? Quant à ceux qui se sont livrés à la recherche et à la contemplation de la vérité, aucun d'entre eux n'a jamais pu satisfaire dans cette vie l'amour dont il était enflammé par elle, parce qu'il ne la voyait qu'à travers le nuage de son imagination, de ses sens et de ses passions. Ils travaillent à dégager leur âme, à l'épurer; ils font de la philosophie une étude de la mort; l'espérance de la vérité qu'ils contempleront dans sa source même les remplit d'une volupté inexprimable et d'une attente délicieuse. Épicure prétend que la pensée d'un anéantissement total procure aux hommes un bien plus agréable et plus solide en leur ôtant la crainte de maux éternels; mais si c'est un grand bien que d'être délivré de l'attente d'un mal infini, n'est-ce pas un grand sujet de tristesse que de perdre l'espérance d'un bien infini et d'une souveraine félicité ?

Ce qui fait la valeur philosophique des raisonnements de Plutarque, à travers des arguments populaires et de sens commun, qui ne sont pourtant pas à mépriser pour cela, c'est une idée profonde qui revient à travers les épisodes du dialogue et les exemples trop multipliés, à savoir que de toutes nos affections, de tous nos instincts, le plus ancien, le plus persistant, le plus vif, c'est le désir de l'être (ὁ πόθος τοῦ εἶναι). C'est contre cet instinct que va se briser la doctrine d'Épicure. Heureux ou malheureux, lui répond Plutarque, ce n'est pas un bien que de ne pas exister; *pour tous les hommes, c'est un état contre nature.* Malheureux, vous croyez me consoler en me disant que bientôt je cesserai de sentir, et vous pensez par là me délivrer des maux de la vie. Mais la perspective de n'être plus n'est-elle pas plus effrayante que tout? Heureux, vous me précipitez dans le néant : le pire des maux ne sera-t-il pas pour moi la privation de tous les biens actuels? Vous dites que cet état ne nous intéresse en rien, puisque nous ne sentirons rien quand nous le subirons. C'est un pur sophisme. Sans doute l'insensibilité que vous me promettez ne peut pas affliger ceux qui n'existent pas, mais elle nous affecte singulièrement par la pensée; si elle ne touche pas les morts, elle touche les vivants, elle les afflige, elle les désespère en les privant sans compensation des biens de la vie. Ce n'est donc ni Cerbère, ni le Cocyte qui rendent infinie la crainte de la mort, c'est la menace du néant. Voilà le vrai malheur, le mal sans remède; de là une terreur sans consolation, le désespoir sans une lueur dans la nuit obscure et sans issue où l'on nous plonge. Hérodote pensait plus sagement qu'Épicure, lorsqu'il disait que Dieu, qui connaissait la douceur de l'éternité, en avait envié la jouissance aux hommes. En effet, quelle joie résisterait à cette pensée toujours présente qu'elle tombera dans un néant infini comme dans une mer sans fond? Sous le coup de cette terreur qui plane sur la vie comme une menace, un épicurien même ne saurait être heureux.

Plutarque touche ici le fond de la question en même temps que le fond du cœur humain. Il se montre psychologue pénétrant et moraliste ingénieux en faisant voir qu'Épicure n'a fait que supprimer le mal d'un côté pour le rétablir de l'autre, et changer de place la misère de l'homme : il détruit la crainte de la mort, mais il y substitue la terreur de l'anéantissement absolu. Laquelle est la plus grave des deux? laquelle est la plus inquiétante pour l'homme et de nature à empoisonner davantage sa vie? Est-ce vraiment guérir des malades que de les désespérer en leur disant que leur maladie est incurable et qu'elle va bientôt cesser par la mort? Le désir de l'être est mêlé aux racines les plus délicates et les plus profondes de l'être; on ne peut l'arracher sans déchirer l'être lui-même. Plutarque, qu'on a l'habitude de traiter un peu trop légèrement dans la philosophie d'école, laquelle n'est pas toujours la philosophie humaine, a trouvé le mot le plus saisissant, celui qui résume toutes les oppositions instinctives de l'humanité aussi bien que les contradictions savantes des philosophes : ce n'est pas le Cocyte qui est à craindre, c'est le néant.

Ainsi, quoi qu'on fasse, le problème est éternel et il recommence toujours. Je sais ce qu'on nous répondra : il s'agit de vérité, non d'utilité; il s'agit d'éclairer les hommes, non de les servir en flattant leurs imaginations ou leurs passions; il vaut mieux les désoler par la science que de les endormir par la superstition. Qu'importe si la vérité est triste? Elle est la vérité, cela suffit. — Nous entendons bien et nous tiendrions grand compte de cette observation s'il ne s'agissait pas ici de la philosophie épicurienne qui s'était proposée au monde comme une doctrine pratique plutôt que spéculative, et qui a dû surtout son succès aux promesses qu'elle faisait de rendre le calme à l'existence humaine et de lui apporter le bonheur. Cette promesse a-t-elle été tenue? Voilà toute la question, celle du moins dans laquelle nous avons voulu limiter notre étude. Eh bien! non, les grandes espérances que l'école épicurienne avait apportées aux hommes ne se sont pas réalisées; les enthousiasmes qu'elle avait soulevés d'abord sont retombés lourdement à terre, après des déceptions sans nombre; on peut dire qu'elle a fait banqueroute au monde antique, qui lui avait fait généreusement crédit. Après avoir tant espéré d'une philosophie du bonheur, définitive et sans illusion possible, l'humanité s'est sentie plus triste que jamais, avec la ruine d'une illusion de plus; tout était à recommencer.

Une tristesse aggravée d'une déception, voilà le résultat le plus clair de cette grande aventure d'idée et le dernier terme de cette prodigieuse fortune de l'école épicurienne. Si l'on y réfléchit, pouvait-il en être autrement? Était-ce donc la masse souffrante de l'humanité, les pauvres, les opprimés, les esclaves, qui pouvaient trouver leur compte à une philosophie pareille? Comment cela eût-il été possible? Elle ne les consolait pas de leur misère, puisqu'elle n'allégeait pour eux ni le poids de leurs chaînes, ni les soucis, ni les humiliations, ni l'injustice, ni l'ignominie. Il faisait beau dire à ces malheureux que le plaisir est quelque chose d'absolu, de parfait en soi, qu'on peut ramasser dans un moment l'infini du bonheur et concentrer dans un éclair de joie toute une éternité; il faisait beau dire à ces misérables qu'il y a une science et un art de la volupté qui se peuvent appliquer dans toutes les conditions de la vie; et pendant ce temps-là leur dos saignait sous le fouet, leur corps pliait sous des fardeaux trop lourds, leurs enfants étaient vendus au loin, leurs femmes et leurs filles servaient au plaisir du maître. En vérité, Épicure ne pouvait rien pour eux; mais il pouvait faire quelque chose contre eux: de ces déshérités de la vie, il fit les déshérités de la mort.

Quant aux heureux de ce monde, aux hommes libres, aux riches, à toute cette noblesse voluptueuse et légère qui embrassa avec passion cette nouvelle doctrine, à tous ces poètes qui la célébrèrent, à tous ces hommes positifs qui la pratiquèrent en conscience, était-ce en réalité une doctrine de libération, la science définitive du bonheur, que leur apportaient les épicuriens? Là aussi la déception se fit bientôt sentir : et je ne parle pas seulement de celle qu'amena bientôt la rigueur croissante des temps, de celle que devaient produire, dans ces âmes amollies par la volupté, les épreuves terribles de la vie publique, les troubles d'une des époques les plus dramatiques de l'histoire, l'anarchie, les fureurs des factions, les implacables cruautés des vainqueurs, cette lutte pour la vie, pour l'honneur, pour le devoir, qui est la dure loi des temps de révolution, et qui demande aux âmes, pour ne pas déchoir, d'être sept fois trempées aux sources les plus hautes et les plus pures. Non, je parle des déceptions que contenait le principe même de la doctrine, mis en regard de la réalité humaine et de la vie. Pour les âmes frivoles elles-mêmes, après quelques années d'ivresse rapide et sans pensée, n'arrive-t-il pas un jour où le plaisir trahit son aridité et son insuffisance? Ce jour-là, c'est celui qui arrive au signal inévitable de la nature, quand on sent avec épouvante s'épuiser en soi la faculté du plaisir et se tarir la source des sensations, que l'on croyait aussi inépuisable que la source des jours que l'on doit vivre, quand enfin l'homme se trouve en tête-à-tête avec une vieillesse sans joie, aigrie et irritée par les souvenirs. Certains épicuriens en prenaient galamment leur parti ; une vie sans plaisir leur paraissait pire qu'une mort sans conscience ; ils buvaient la mort dans une dernière libation, ou, comme Pétrone, ils se faisaient ouvrir les veines dans un dernier banquet. Les autres, lâches devant la mort comme ils l'avaient été devant la vie, traînaient des jours flétris que Plutarque, qui en a été le témoin, décrit avec une verve indignée qui ranime son style et le réveille de ses langueurs : « Quoi de plus triste que ces voluptés aveugles et efféminées qui ne sont que les aiguillons impuissants d'une sensualité amortie ? Cependant comme ces épicuriens vieillis ne cessent pas de désirer ces jouissances auxquelles leur corps se refuse, ils se livrent à des actions honteuses qui, de leur aveu même, ne sont plus pour eux de saison. Ils se nourrissent, faute de plaisirs nouveaux, du souvenir des anciens, comme on use au besoin de nourritures salées à l'excès ; ils cherchent ainsi à rallumer, contre le vœu de la nature, une étincelle de sensation dans des sens presque morts, et qui ne sont plus qu'une cendre froide. » Là aussi n'y a-t-il pas eu des promesses illusoires que la doctrine du plaisir ne peut tenir en face de la nature? Où est, en tout cela, cette volupté divine et ce bonheur stable que nous promet Épicure?

Je sais qu'il y a eu un autre épicurisme, sobre et tempérant, souvent enseigné par Épicure lui-même, malgré bien des contradictions, et pratiqué par quelques âmes hautes et fières; mais ces âmes non plus n'ont jamais connu ce bonheur infini qu'on leur annonçait: elles ont vécu sans joie dans le présent, en face de cette perspective de n'être plus qu'on leur ouvrait dans l'avenir.

Lucrèce n'est-il pas lui-même le plus saisissant exemple de cette tristesse épicurienne qui fut le partage de quelques intelligences d'élite et comme leur signe dans le monde antique? Ne sent-on pas à travers l'enthousiasme de ses vers, au fond même de cette passion ardente qui les anime, le sentiment désespéré du vide de cette vie que sa doctrine parait de tant d'illusions et que son imagination complice s'efforçait en vain d'aimer? On a dit avec raison que la véritable réfutation de la doctrine qui prêche la volupté est la tristesse de son plus grand interprète. Lucrèce ne craint plus la mort, qui est, à ses yeux, désarmée de ses épouvantes; mais il n'aime plus la vie, qu'il a trop analysée. De là, un contraste saisissant qui fait l'intérêt pathétique de son œuvre: la lutte entre une doctrine et une âme dont l'une contredit l'autre. Nul n'a mieux senti que lui ce néant de la vie sans avenir et sans but, quand on l'a réduite à la poursuite du plaisir et qu'on ne peut plus rien espérer d'elle. Alors la nature, lasse des vaines plaintes qu'on lui fait, prend la parole, dans des vers magnifiques, et dit à l'homme: « Insensé, si tu n'es plus heureux, si tu ne peux plus l'être, que ne cherches-tu dans la fin de ta vie un terme à tes peines? Car enfin, quelque effort que je fasse, je ne peux plus rien inventer de nouveau qui te plaise; c'est toujours, ce sera toujours la même chose; attends-toi à ne voir jamais que la même suite d'objets, quand même ta vie devrait triompher d'un grand nombre de siècles, bien plus, quand tu ne devrais jamais mourir. » L'ennui de la vie, voilà la dernière conséquence logique et inattendue d'une doctrine qui avait pensé combler de joie l'existence humaine en la débarrassant du souci et des terreurs de l'avenir, en la ramassant sur elle-même dans l'instant présent, pour concentrer en elle plus de jouissances et de bonheur. C'est que le plaisir, même avec l'insouciance de la mort, ne peut suffire à l'âme humaine : quand on lui ôte la crainte de la mort, on lui inspire du même coup la crainte du néant, qui décolore tout et désenchante même la vie présente. Il n'y a qu'une théorie de la vie, vraiment libératrice et qui affranchit l'homme de la crainte servile de la mort : c'est celle qui donne un grand objet à la vie finie, un objet infini, si je puis dire, soit le dévouement à une idée éternelle, soit la personnalité morale à créer par l'épreuve, soit le progrès humain, la rédemption de la pauvre espèce humaine de ses erreurs et de ses misères, soit un grand espoir d'outre-tombe, un objet enfin qui soit à la hauteur de l'âme humaine, une raison de vivre qui vaille la peine que l'on vive, que l'on souffre et que l'on meure pour elle.

# LE POÈME DE LUCRÈCE

*Morale, Religion, Science,* par Constant Martha.

On dirait, à voir le concours de plusieurs publications récentes, que Lucrèce a la singulière fortune d'être à la mode. Il est des époques prédestinées pour certains sujets. Voici que plusieurs esprits très différents ont été, par des raisons très diverses, attirés en même temps vers le nom et l'œuvre du vieux poète latin. Il y a un an, un écrivain qui s'est voué avec ardeur à la propagande des doctrines matérialistes, M. André Lefèvre, publiait une imitation de Lucrèce en vers hardis et fortement trempés, avec la prétention avouée de doter notre âge d'un *De rerum natura* adopté à notre niveau scientifique. Tout récemment, un autre poète, M. Sully-Prudhomme, s'est donné la tâche de traduire le premier livre du grand poème philosophique en vers, négligés avec préméditation, systématiquement obscurs, dont quelques-uns cependant se détachent avec un certain relief, en pleine lumière, au milieu des ténèbres environnantes, et révèlent l'artiste habile même à travers le procédé.

En même temps que se poursuivaient ces travaux dans des groupes fort dédaigneux de la tradition, c'est au sein de l'Université que se préparait la véritable interprétation du poète romain. Le savant doyen de la Faculté des lettres de Paris, M. Patin, recueillait dans ses *Études sur la poésie latine* quelques excellentes leçons sur Lucrèce, qu'il nous a vraiment appris à connaître dans ses cours de la Sorbonne, et dont il a renouvelé parmi nous la gloire un peu obscurcie, en substituant à l'hommage banal d'admirations et d'imitations superficielles le culte d'une critique approfondie et d'une libre sympathie.

Enfin, le dernier venu dans cette arène olympique, où la gloire de Lucrèce est le prix, est l'auteur de ces belles études sur les *Moralistes de l'empire romain*, que les connaisseurs ont si vivement goûtées et qui ont rendu son nom cher à un public d'élite. M. Martha vient de nous donner dans un livre nouveau, tout entier consacré au poème de la *Nature*, la substance de plusieurs années d'études assidues et de méditations heureuses.

Évidemment, ces divers auteurs doivent être fort étonnés de se rencontrer dans cette communauté d'étude et de sujet. Pour les uns, ce qui les a visiblement attirés de ce côté, c'est que Lucrèce est un allié et en même temps un grand ancêtre pour les doctrines qui leur sont chères. Quant à l'ingénieux et savant historien des origines de la poésie latine et de ses progrès jusqu'à Virgile, il trouvait naturellement dans Lucrèce le plus illustre représentant de cette poésie primitive et il appliquait à l'interprétation de ce beau génie cette faculté pénétrante d'analyse, ce goût si élevé et si sûr qui sont les instruments incomparables de la critique française.

Dirais-je trop si je dis que pour M. Martha, ce qui l'a engagé dans ce grand travail, c'est je ne sais quelle affinité élective, non pas pour le système de Lucrèce qu'il rejette, mais pour cette âme qu'il devine, qu'il pressent à travers les aridités et les tristesses du système? Il y avait là un mystère psychologique qui l'a irrésistiblement attiré, qu'il a pénétré avec cette clairvoyance particulière de la sympathie, et qu'il nous dévoile aujourd'hui avec cette certitude d'une science aimable, heureuse de répandre sur la mémoire du poète aimé une lumière plus pure, émue et comme attendrie. Ce livre est bien moins, en effet, une étude didactique que le fruit d'un commerce d'amitié particulière de l'auteur avec le grand poète latin, devenu l'hôte de sa pensée intime.

Lui-même explique à merveille, à diverses reprises, l'espèce d'attrait et la curiosité passionnée qui l'ont porté de tout temps vers Lucrèce : « On se demande d'où vient que ce poète impie remue le cœur, on s'étonne que ce contempteur des dieux ait le ton d'un inspiré, on voudrait savoir comment cette âme ardente a prétendu trouver le repos et la paix dans la moins consolante des doctrines, dans la négation de la Providence divine et de l'immortalité de l'âme, car tout le poème n'a été entrepris que pour aboutir à la destruction des vérités où l'humanité semble avoir voulu placer toujours ses plus chères espérances. S'il ne s'agissait que d'un frondeur, comme on en rencontre souvent dans l'histoire, qui attaque les croyances communes avec légèreté à la façon de Lucien, qui se complaît dans un scepticisme insouciant, l'incrédulité de Lucrèce n'offrirait rien de rare ni de touchant ; mais Lucrèce n'est pas un sceptique ni un corrupteur frivole, ni un persifleur indifférent. Il a engagé toute son âme dans cette lutte contre la religion, il combat pour sa propre tranquillité, pour son être moral, avec une gravité, une foi et des transports qu'on ne voit d'ordinaire qu'à ceux qui combattent pour les idées religieuses. »

Voilà bien le problème moral dont le livre entier est l'étude détaillée, la solution progressive. M. Martha n'a pas trop présumé de lui-même en nous disant qu'il voudrait examiner ce problème avec un libre jugement, poursuivant le secret d'une grande intelligence plutôt qu'une explication nouvelle, une réfutation, encore moins une apologie de ce système suranné de l'épicurisme « qui depuis longtemps, au moins sous sa forme antique, n'a plus besoin d'être attaqué depuis qu'il n'est plus défendu et que la faiblesse généralement reconnue de la doctrine lui a donné une sorte d'innocence. » Il ne s'occupera donc du système de son poëte que dans la mesure où ce système est en rapport avec l'âme étrange et passionnée dont il poursuit l'orageux mystère.

C'est dans cet esprit qu'a été composée et qu'il faut lire cette suite de chapitres, qui ont tout l'intérêt du plus beau drame psychologique : *la vie et les sentiments de Lucrèce*, son *enthousiasme pour Épicure*, sa *religion*, la *crainte de la mort et de la vie future chez les Romains*, la *morale de Lucrèce*, ses *vues sur l'ambition et l'amour*, la *science* dans le poëme de la *Nature*, l'*analyse du cinquième livre* sur la formation de l'univers et la naissance de la civilisation ; enfin, le dernier chapitre sur la *tristesse de Lucrèce*, véritable réfutation de la doctrine qui prêche la volupté.

Quelle est donc cette solution poursuivie dès la première page du livre et démontrée jusqu'à la dernière page avec une persévérance de pensée qui se dissimule sous la grâce des détails? Quel est ce mot de la grande énigme recherché dans les involontaires confidences du poëte? M. Martha a-t-il trouvé l'explication vraie de ce mystère?

Il semble d'abord qu'une recherche si persévérante, tant de sympathie et d'intelligence combinées n'aient abouti qu'à un paradoxe. Tout ce livre, d'une psychologie si délicate, d'une critique si pénétrante, pourrait se résumer dans cette singulière proposition : ce que Lucrèce a cherché, ce qu'il a trouvé avec enthousiasme dans la doctrine d'Épicure, c'est un refuge contre sa détresse intérieure. C'est au matérialisme qu'il a demandé une consolation pour son âme, à l'athéisme un abri contre son désespoir. Il ne s'est consolé de la vie qu'en fermant de tous les côtés l'horizon. Le grand orage de cette âme ne s'est apaisé que dans la négation absolue et des dieux et de la vie future.

Voilà un phénomène inattendu. On avait vu souvent le problème de la destinée humaine résolu de la même manière, mais jamais avec cette impatience d'en finir avec toutes les grandes espérances, jamais avec cette sorte de joie furieuse de fermer à l'âme toutes les issues par où elle puisse s'échapper, jamais avec cette poétique ivresse du néant.

Eh quoi! tant d'enthousiasme poétique pour une doctrine mortelle à l'âme? — Le fait n'est pas contestable. Comment l'expliquer?

Quelque paradoxale que cette thèse paraisse au premier aspect, elle n'en contient pas moins une vue neuve et profonde sur la vie morale de l'antiquité et particulièrement sur le génie du poète que l'on veut nous faire comprendre. On nous remet devant les yeux ce qu'était la religion à Rome du temps où écrivait Lucrèce; ce culte dur et minutieux, composé de formules inintelligibles et de rites bizarres dont le sens était perdu, ces dieux obscurs et rustiques, ces dieux indigènes sans grâce, sans beauté, sans histoire, nés dans quelque coin de l'Italie et transportés confusément dans ce grossier panthéon de la cité romaine, bien différents des divinités grecques, symboles poétiques et vivants des forces de la nature divinisée, qui gênaient si peu l'homme et le citoyen, soumettant à un joug si gracieux et si léger la vie libre de l'Athénien, ne demandant pour cérémonies religieuses que des fêtes, couvrant la réalité d'un léger et transparent idéal qui ornait l'existence humaine sans l'accabler jamais.

La religion romaine différait beaucoup de cette poétique mythologie. C'est par ce contraste que l'on s'explique la différence entre l'incrédulité d'Épicure et celle de Lucrèce. La négation d'Épicure n'est qu'un affranchissement calme et serein des préjugés populaires, la philosophie d'un sage qui tout en ruinant les croyances établies ne se révolte pas, ne s'indigne pas; « impiété si débonnaire qu'elle ressemblait parfois à un culte épuré ». L'incrédulité de Lucrèce, au contraire, tient de la colère et de la passion. Elle est une révolte contre cette religion humiliante, magistrature subalterne, police tracassière, despotisme jaloux qui enserre la vie humaine tout entière, depuis le berceau jusqu'à la tombe, dans de ridicules et énervantes terreurs. Elle est une protestation indignée contre ces dieux sans justice, sans raison ou sans pouvoir, qui dans cette longue série des guerres civiles où se consume Rome, pendant les luttes sanglantes de Marius et de Sylla, inutilement invoqués des deux parts, révèlent leur impuissance et leur imbécillité. En face de ces grossières et lourdes superstitions qui sont le fond de la religion romaine, on nous montre à merveille que Lucrèce ne pouvait pas garder la sérénité d'un sage, et comment il se fit que son incrédulité devint à son tour une sorte de fanatisme.

L'inspiration véritable de Lucrèce dans ses attaques contre la religion est la terreur. On dirait qu'en argumentant contre les dieux, il veut venger le genre humain et se venger lui-même du trouble apporté dans la vie humaine par ces divinités qui ne sont puissantes que pour le mal.

Il veut en même temps délivrer l'homme de cette idée de la vie future qui n'était pas alors pour l'âme une consolation, ni pour le sentiment de la justice violée une réparation, mais une source de terreurs toujours renaissantes pour les imaginations harcelées par des légendes sinistres et des fables absurdes. Cette immortalité misérable ne lui apparaissait que comme le prolongement de l'existence actuelle, mais sous des aspects mille fois plus tristes et plus redoutables, dans les ténèbres infernales, loin de cette belle lumière des vivants dont les mânes gardent l'éternel regret. Là, ce n'était pas la justice qui régnait, mais la vengeance qui s'exerçait sur des victimes privilégiées par des supplices cruels et raffinés ; c'était l'indifférence, l'oubli, l'ombre éternelle et glacée sur le reste du genre humain, sur la vile multitude des morts. L'idée vraie de la rémunération en était bannie pour faire place à des épouvantes inexpliquées. Il ne faut pas trop s'étonner si contre de pareilles images et de semblables terreurs, le poète invoque le sombre espoir de l'anéantissement inévitable. Il n'ignore pas quelle naturelle horreur cette idée inspire aux hommes. Aussi, c'est sur ce point que se déploient son éloquence la plus incisive, sa dialectique la plus pressante pour rassurer les âmes pusillanimes contre la crainte de ne plus exister. A toute force, il veut réconcilier l'humanité avec le néant, en faisant valoir à ses yeux une pareille compensation au prix de dieux cruels qui feraient des hommes leur proie et d'une immortalité lugubre qui ne serait qu'une éternelle lamentation de l'existence perdue.

De là une morale sévère, presque dure, presque stoïcienne, à coup sûr bien inattendue chez un disciple de la voluptueuse doctrine d'Épicure. Il faut lire ses descriptions des folies de l'ambition et des fureurs de l'amour pour comprendre en quel mépris il veut que le sage tienne ces misérables hochets de l'homme. Il prétend le guérir de cette maladive aspiration au bonheur que l'homme poursuit par les plus stériles agitations, qu'il croit atteindre parfois dans un moment d'ivresse et qui, à peine obtenu, ne lui laisse au cœur que l'amertume d'un incurable dégoût. Ainsi se rejoignent deux morales, parties des deux points extrêmes de l'horizon, la morale ascétique et la morale de Lucrèce, toutes deux aboutissant au mépris des joies terrestres et à une ironie implacable contre les passions humaines : l'une au nom d'une immortalité spiritualiste, au prix de laquelle tout cela n'est que cendre et poussière ; l'autre au nom du néant espéré, qui seul assure la paix de l'âme, le seul bien, le seul trésor du sage, au prix duquel toutes ces joies tumultueuses, si chèrement achetées, ne sont que pure folie.

Voilà l'explication de ce fanatisme dogmatique contre l'idée religieuse, de cet athéisme passionné de Lucrèce qui venait se placer devant nous comme une irritante énigme, de cette négation tour à tour furieuse et triomphante où le poète est venu chercher un refuge contre d'avilissantes terreurs. Il frissonne encore, on le sent, de son effroi passé. Il a besoin de se rassurer lui-même, en argumentant contre les croyances vulgaires, en exorcisant, à force de logique et d'invectives mêlées, les fantômes divins qui harcèlent son imagination. Voilà ce qui donne à Lucrèce une originalité suprême. Cette originalité, elle n'est pas dans la doctrine, elle est tout entière dans l'accent avec lequel le poète l'a interprétée ; elle est dans l'éloquente vibration de ses sentiments personnels ; elle est dans la sincérité de cette âme profondément remuée par l'effroi des divinités malfaisantes et qui ne s'apaise que dans la vue claire du vide infini rempli par l'infinie multitude des atomes, peuplé par leurs combinaisons sans nombre, d'où naît le jeu alternatif de la vie et de la mort. Voilà comment il transforme l'épicurisme en y ajoutant sa propre manière de sentir.

Lucrèce semble être ainsi comme un autre Pascal, un Pascal sans la foi, qui, désespérant de la vie et répudiant la perspective d'une immortalité plus triste encore, s'enfonce avec un cri de triomphe au cœur de la plus aride doctrine qui lui assure au moins la tranquillité du néant.

J'ai essayé d'exprimer en substance l'idée principale de ce livre hardi, sincère, intéressant au plus haut degré par la nouveauté et la liberté des vues, et dans lequel on sent, de la première à la dernière page, l'émotion des grands problèmes. Je me garderai bien de discuter le point de vue auquel s'est placé l'auteur, et d'où il a su tirer une explication si plausible du problème psychologique que nous offre le poème de Lucrèce. Si j'avais quelques restrictions de détail à faire, quelques doutes à émettre sur les points secondaires de doctrine ou d'interprétation, cela ne vaudrait pas contre l'impression générale de l'œuvre qui s'approche de très près, à ce qu'il me paraît, de la vérité définitive.

J'aime mieux signaler un autre mérite de ce livre, une hardiesse heureuse de l'auteur qui a osé traduire en vers français les longues et intéressantes citations qu'il fait du poème de Lucrèce. Il s'en justifie dans la préface, en nous disant qu'il a ressenti un irrésistible plaisir à poursuivre ce travail dans les loisirs de la campagne et dans les solitudes, goûtant mieux par ce travail même toutes les merveilles jusque-là cachées de la justesse parfaite, de l'harmonie expressive, de la couleur choisie, les comprenant mieux par son impuissance à les reproduire, jouissant même, en véritable ami, de cette supériorité du poète, dont il était ravi, sans en être jamais écrasé. — Mais la meilleure justification de cette audace, c'est d'avoir écrit, sous l'inspiration immédiate de son poète, un grand nombre de morceaux poétiques semblables à celui-ci, où il semble impossible de conserver plus fidèlement l'accent du poète. C'est le morceau célèbre où Lucrèce nous met devant les yeux les misères et les hontes de la passion, et semble s'irriter contre lui-même d'avoir subi cet esclavage :

Ces tourments de l'amour usent le corps et l'âme ;
Ta vie est suspendue au geste d'une femme,
Ton bien croule, l'usure envahit ta maison,
Dans l'oubli des devoirs s'évanouit ton nom.
Oui, pour qu'un brodequin venu de Sicyone
Rie à des pieds mignons, qu'à de beaux doigts rayonne
Un grand rubis dans l'or, que les plus fins tissus
S'abreuvent chaque jour des sueurs de Vénus.
Ton bien, l'antique fruit des vertus paternelles
Flotte en mitre, en rubans sur la tête des belles,
Traîne sur les pavés en robes, en manteaux
Teints des molles couleurs d'Alinde et de Chios.
Puis le vin coule à flots; aux festins que tu donnes
Il faut encor parfums, tapis moelleux, couronnes.
Vain effort du plaisir! Du fond de ces douceurs
Monte un dégoût amer qui tue au sein des fleurs,
Soit qu'un remords secret avertisse ton âme
Que tu perds tes beaux ans dans un repos infâme,
Soit que par ta maîtresse un mot dit au hasard
Ait planté dans ton cœur un soupçon, comme un dard
Qui s'y fixe, y descend, creuse une plaie ardente,
Soit que ton œil jaloux, épiant sur l'amante
Quelque regard furtif, surprenne avec effroi
La trace d'un souris qui ne fut pas pour toi.

Interpréter ainsi, avec ce tour heureux et cette pressante fidélité, c'est peut-être le plus utile et le plus pénétrant des commentaires.

# ESSAI SUR LE GÉNIE DANS L'ART

par Gabriel Séailles.

Cette année a vu paraître deux ouvrages remarquables sur l'esthétique : le livre de M. Sully-Prudhomme, *l'Expression dans les beaux-arts*, que notre collègue M. Charles Lévèque a tout récemment analysé avec une savante sympathie, et une étude sur *le Génie dans l'art*, la première œuvre d'un jeune auteur destiné à un bel avenir de philosophe et d'écrivain. L'attention du public lettré a été vivement excitée par l'essai de M. Sully-Prudhomme dans un genre qui n'était pas le sien, et bien qu'elle ait été mise à une assez rude épreuve par le caractère abstrait du livre, elle n'a pas été déçue. Elle a trouvé là toute une physiologie et une psychologie de l'artiste, sous une forme grave où l'on sent l'effort de la pensée, une longue méditation, la probité du travail, et, de plus, une sorte de pudeur philosophique qui se surveille, qui se maintient dans sa ligne nouvelle, et ne s'abandonne pas un instant à la tentation littéraire. C'est même un constraste singulier entre les deux ouvrages et les deux auteurs. L'un montre dans la conduite de son œuvre une sévérité presque excessive, la recherche et le tourment de la précision, le besoin d'exactitude poussé à ses dernières limites, le goût de l'abstraction. C'est un poète pourtant, et quel poète, on le sait : expert dans tous les rhythmes du vers, créateur de sa langue, peintre ému et subtil des plus délicats mystères du cœur. Le poëte parle exclusivement en philosophe. — L'autre est un philosophe de profession et il parle en poëte. Son livre est une sorte d'épopée métaphysique, débordante d'images. Rien n'égale la richesse, la variété des formules dans lesquelles l'écrivain se déploie et se joue; il arrive même que ces formules, au lieu de rendre plus claire la pensée, l'enveloppent d'une sorte de mystère sacré : parfois elles semblent venir de quelque sanctuaire d'une Éleusis philosophique, et l'on sent qu'elles ne doivent être pleinement intelligibles que pour les initiés. On a besoin de se mettre en garde contre ces prestiges, comme il faut se défendre, à d'autres moments, devant certains morceaux de virtuosité presque musicale, qui entraînent l'esprit dans un rhythme magique. Telle page est à elle seule une symphonie; tel chapitre est tout un oratorio. Nous exprimons bien discrètement cette critique, tant c'est pour nous chose précieuse et chère que le talent, et il abonde ici sous toutes les formes, esprit, raisonnement ingénieux, éclat continu du style. Nous ne nous plaignons que de l'excès. La philosophie n'est pas toujours à pareille fête, et, quand elle s'y trouve jetée à l'improviste, elle éprouve quelque embarras. Nous croyons pourtant, malgré tout, qu'il eût mieux valu que M. Séailles ménageât davantage ses riches facultés. Un peu plus de sobriété aurait doublé ses forces. Il faut savoir se résoudre, quand on est si bien doué, à introduire dans son style des atténuations, des intervalles plus calmes, comme en musique on place des silences et des repos. Le sacrifice est un procédé esthétique au même titre qu'il est une méthode morale.

Ce livre est une thèse présentée pour le doctorat à la faculté des lettres de Paris et accueillie avec faveur, après une brillante épreuve où le candidat a montré toute la souplesse de son esprit et les ressources d'une dialectique inépuisable. S'il n'a pas convaincu tous ses juges, il les a charmés tous. Qu'il permette à l'un de ceux qui n'ont pas ménagé leurs éloges de revenir sur quelques points de la théorie et de soumettre à l'auteur, sous une forme très abrégée, devant un nouveau public, certaines objections tenaces que la discussion n'a pas entièrement résolues. Dans ces sortes de questions, essentiellement libres et toujours ouvertes, rien d'étonnant à ce qu'il reste des équivoques et des obscurités. Le génie, quelle est son essence? quelle est la cause ou l'ensemble des causes qui le produisent? quelles sont les conditions de son apparition? à quels signes authentiques peut-on le reconnaître? Saint Augustin aurait dit du génie ce qu'il a dit du temps et de l'espace : « Quand personne ne me le demande, je sais ce que c'est, mais je ne le sais plus quand il s'agit de l'expliquer. »

Indiquons l'idée maîtresse du livre en conservant autant que possible la forme très personnelle que lui a imprimée l'auteur. Il ne peut consentir qu'on fasse de la beauté et du génie quelque chose d'inexplicable, un mystère. La beauté est dans l'homme même, puisqu'il la produit, puisqu'il la crée : c'est donc qu'elle est en lui, qu'elle est lui peut-être. Pourquoi ne pas chercher à la saisir au moment où elle naît? Le génie, c'est la beauté devenue puissance. Étudions donc le génie dans l'homme; regardons la beauté se faire. Mais, dira-t-on, le génie lui-même n'est-il pas un mystère? son trait essentiel n'est-il pas de s'ignorer? l'artiste de sang-froid ne s'étonne-t-il pas de ce que l'inspiration lui a donné? Comment analyser le *nescio quid divinum*, l'essence du génie? — Nous ne croyons plus aux miracles, répond l'auteur. Dans la nature, tout a ses lois : l'esprit comme les choses; le génie n'est pas un monstre. Si nous comprenons ses productions, c'est qu'il a quelque chose de commun avec nous; il est humain; il est une différence de degré, non une différence de nature; il suffit, pour le connaître, de rétablir les degrés, de combler l'intervalle entre des phénomènes connus et ce phénomène supérieur que les autres font pressentir. Ces degrés, quels sont-ils? D'abord la vie du corps, qui est elle-même une création; puis la pensée, qui est aussi une création. Ainsi se manifeste déjà une sorte de génie intérieur, présidant à l'organisation de la vie et de la pensée, se marquant par des tendances qui élaborent l'ordre, antérieurement à toute réflexion, par une sorte de nécessité mystérieuse qui est le fond de la nature et l'essence dernière de l'homme. Travail admirable accompli sous l'impulsion secrète de l'harmonie, obéissant à l'appel de l'unité. C'est à ce point que commence à se révéler ce qu'on appelle ordinairement le génie et qui n'est que le prolongement naturel de cette même loi d'organisation. — Les phénomènes de l'intuition sensible nous sont imposés du dehors; matière indocile et fatale, ils apportent avec eux le désordre et la contradiction. L'esprit ne se maintient en face d'eux et ne les organise que par un effort. Pour se manifester librement, il lui faut une matière moins réfractaire, une matière libre et idéale, si je puis dire, une matière spirituelle dont il puisse disposer en maître. Ce sont les images qui fournissent à l'esprit cet élément dont l'art va naître. Elles tendent à s'harmoniser entre elles sous l'action d'une idée, d'une conception qui leur impose sa forme et ses lois. L'œuvre une fois conçue aspire à se réaliser par l'effet naturel du rapport qui lie l'image au mouvement; un système d'images réalisé, c'est l'œuvre d'art exécutée. Il ne faut rien de plus, nous assure-t-on, pour expliquer le génie. Loin d'être un miracle, le génie est donc le fait le plus général de la vie intérieure. Il ne rompt pas la continuité des choses; il reproduit librement l'acte de la pensée, qui elle-même recommence, dans une sphère supérieure, le mouvement de la vie. Il est la vie même, dans sa plénitude et sa liberté. Il est la même vie qui travaillait obscurément d'abord dans les phénomènes inférieurs et qui vient s'achever, se couronner en nous par la réalisation du beau.

Telle est la conception génératrice du livre à laquelle M. Séailles s'est attaché avec une sorte d'enthousiasme et qui se déroule à travers une série de chapitres animés du même souffle[1]. Marquons rapidement l'ordre et le progrès de la démonstration. Dans un premier chapitre, l'auteur étudie les degrés préparatoires par lesquels nous nous élèverons au génie proprement dit : c'est le *génie dans l'intelligence*, sous quatre formes et comme à quatre moments successifs de la vie psychologique : la connaissance sensible, la connaissance scientifique, les hypothèses rationnelles, la création du moi. M. Séailles fait un grand effort d'analyse et de dialectique pour montrer que le mouvement de l'esprit ne fait que continuer la vie; que de même que les phénomènes psycho-chimiques se concertent et s'accordent dans le *consensus* vital, de même, sans que la conscience intervienne davantage, par une sorte de continuation du mouvement antérieur, les idées tendent à s'organiser entre elles en associant et en combinant les sensations, en formant avec leur aide la synthèse du monde sensible. Puis, s'élevant à la connaissance scientifique, l'esprit organise les choses elles-mêmes, classe les individus et les genres, établit l'ordre dans la succession des faits et, par les lois, impose l'unité au monde de la sensation. Il complète les lacunes de l'ordre, tel qu'il l'a trouvé dans le monde, par des hypothèses qui en réparent les défaillances; c'est ainsi qu'il conçoit

---

1. *Introduction*, page xi, *conclusion* et *passim*.

les causes finales, l'idée du progrès, le devoir, autant de formes de cette affirmation que tout est intelligible dans le monde, qu'il faut affirmer cette intelligibilité universelle, même si l'on ne peut pas la démontrer. Enfin l'esprit se crée; il se donne l'être en créant l'harmonie en lui et autour de lui; il se démontre à lui-même par cet effort spontané vers l'être, par la certitude et par l'action qui est la certitude pratique et qui supprime le doute[1].

Les trois chapitres qui suivent sont consacrés à trois questions qui s'enchaînent : l'image et son rapport au mouvement, l'organisation des images et l'organisation des mouvements dans son rapport à l'organisation des images[2]. L'esprit, on le sait, ne trouve pas dans le monde la satisfaction de toutes ses tendances. Pour que l'art naisse, il faut qu'il se crée une sorte de matière nouvelle qui, tout en représentant le monde, soit l'esprit même et ne résiste pas à ses lois. Cette matière spirituelle est l'image. Elle diffère essentiellement des perceptions : dans les perceptions, l'ordre en est imposé; au contraire, l'ordre des images dépend surtout de l'esprit. Autre différence : la perception est un résultat, un terme; l'image est un commencement, l'origine de quelque chose de nouveau; elle tend à s'exprimer par le mouvement; là est le germe de l'art. Les images composées d'éléments dont l'ordre ne nous est pas imposé, qui peuvent se varier et se combiner à l'infini selon les lois de la pensée, voilà les conditions de la création du génie. Les images ne peuvent vivre à l'état isolé, elles se recherchent par mille affinités secrètes. Il n'est pas un état intérieur qui ne tende à se créer un corps d'images où il trouve son symbole. Dans les rêves, la rêverie, le souvenir, la fantaisie,

---

1. De la page 1 à la page 68.
2. De la page 71 à la page 148.

le roman, la poésie individuelle, l'imagination collective de l'humanité, les grandes légendes nationales, les légendes des saints, partout c'est le même procédé. L'imagination créatrice, c'est le génie intérieur disposant à son gré d'une matière spirituelle, se représentant ses lois dans une nature qu'il crée et qui ne se distingue pas de lui.

Aux chapitres v, vi et vii nous assistons à la naissance de ces deux grands phénomènes, la conception esthétique, l'exécution, et nous voyons apparaître la manifestation la plus haute de l'esprit, l'œuvre d'art[1]. Le génie emprunte ses éléments, ce sont les images; mais il a en lui les conditions de sa fécondité interne. Ce sont des sens délicats, une vaste mémoire, une imagination vive et tenace, une sensibilité exquise. Comment la conception esthétique est-elle suggérée? C'est l'idée, devenue sentiment, qui suscite et groupe autour d'elle les images qui l'expriment. L'émotion de l'artiste, l'amour de son sujet, c'est le ferment secret de l'œuvre future. Peu à peu le tout organique et vivant, la conception, se dégage de l'émotion confuse. Selon la loi d'organisation des images, l'idée de l'artiste est un désir qui se réalise dans une forme vivante. Ce qu'on appelle l'inspiration, c'est l'accord de toutes les puissances intérieures; ce qu'on appelle idéaliser, c'est faire son choix parmi les images innombrables, présentes à l'esprit; c'est abstraire et concentrer. De là toute une psychologie de l'artiste, le développement comparé du sens esthétique et du sens vital dans cet esprit privilégié; le sentiment vif des laideurs du monde sensible et du désordre des choses qui développe en lui l'amour de l'ordre et de la beauté; la stimulation de l'imperfection qui le pousse à chercher dans le

---

1. De la page 149 à la page 255.

jeu sublime de l'art le spectacle et l'illusion d'une nature toute spirituelle, à se créer et à créer pour nous des paradis momentanés; le rôle de la volonté destinée non à suggérer l'idée, mais à la féconder par l'attention, par la patience, qui n'est qu'une longue passion ; la nécessité du travail enfin, qui achève l'œuvre de la nature par l'habitude, aide l'artiste à découvrir sa propre pensée, transforme le métier en instinct et l'affranchit par là de la besogne vulgaire en la réduisant presque à un mécanisme.

Ainsi naît et se forme l'œuvre d'art, selon les lois de l'embryologie, créée, comme l'être vivant, par un développement simultanée de toutes les parties, l'ensemble réglant le détail, groupant tout ce qui peut être assimilé, éliminant tout ce qui contrarie la forme vivante. Dans l'œuvre d'art vit toute une science, mais une science qui le plus souvent s'ignore. La critique viendra plus tard; elle cherchera les raisons du plaisir esthétique, l'expliquera et le justifiera; elle cherchera les raisons et les règles de la production ; mais elle est absente au moment même où cette production s'accomplit. Par là se confirme encore une fois la parenté de la nature et de l'esprit, l'unité des lois de l'intelligence et des lois de la nature. La critique est à l'art ce que la science est à la nature; elle le suppose, elle ne le crée pas. — Le plaisir esthétique, c'est la vie jouissant d'elle-même dans ses plus hautes et ses plus libres manifestations. L'art nous donne ce que la réalité nous refuse, un monde conforme aux lois de la pensée. La contemplation de l'œuvre d'art nous met dans un état analogue à celui de l'artiste qui le créait; elle met d'accord toutes nos puissances intérieures, elle produit en nous une libre harmonie; elle nous donne même le sentiment d'une délicieuse suavité. Jouir de cette œuvre, c'est la créer une seconde fois. Elle nous rend artistes nous-mêmes pour un instant, en nous laissant la joie sans l'effort et le tourment.

Et ici se place une conclusion toute métaphysique qui résume l'œuvre et en dégage la pensée : « Nous surprenons dans le génie le secret de la nature et de ses créations. Le génie est la nature même poursuivant son œuvre dans l'esprit humain.... Si la nature est génie, si le génie est la beauté vivante, il n'est rien qui, en dernière analyse, n'ait sa raison dans la beauté.... Toute création est poésie. Les lois générales en mouvement, l'ellipse que décrivent les astres, les types moléculaires, les formes régulières que prend le cristal, les harmonies que réalise la plante en s'édifiant elle-même, le concert des sensations et des mouvements dans l'instinct, au terme cet enveloppement d'organismes concentriques qui permet la conscience, et dans l'esprit même la création progressive d'un ordre idéal de plus en plus riche, voilà les épisodes successifs du grand poëme que crée spontanément la pensée universelle.... Visible à elle-même dans l'esprit, la nature se juge et se rectifie. Les laideurs irritent son amour de la beauté. Pour se comprendre elle organise les idées; par la conception du progrès, elle ne laisse au mal qu'une existence relative, elle lui donne un sens, une raison : le bien qu'il prépare ou permet. Dans l'infini du désir qui la soulève, elle entrevoit le Dieu qu'elle voudrait être.... L'esprit est ainsi le prophète de la nature. En lui, elle se voit elle-même, elle se révèle ce qu'elle veut et ce qu'elle pense; en lui elle agite le pressentiment de ses mondes futurs[1]. »

On voit, par cette sommaire analyse, que l'ordre des chapitres et la proportion des matières qui s'y trouvent réparties n'offrent pas beaucoup de rigueur. Les mêmes

---

1. *Conclusion*, pages 311 et 312.

idées reviennent plusieurs fois sous des variétés de vêtements et de colorations qui trompent un instant sur leur identité, mais n'empêchent pas de les reconnaître. Des épisodes éclosent à chaque instant, sous l'impulsion de cet esprit agité par sa fécondité même, qui ne peut pas se reposer dans une argumentation tranquille, et que sa riche imagination disperse en une multitude de points de vue presque simultanés. L'esprit a quelque peine à y trouver sa voie, et bien que la lecture de ce livre présente beaucoup d'agrément, l'impression qu'il laisse n'est pas nette, il y a plus de clarté dans les détails que dans l'ensemble. J'ai pu en juger par l'effort qu'il m'a fallu faire pour éliminer les accessoires, négliger les formules toujours neuves, toujours jaillissantes, pour concentrer toute mon attention sur les deux ou trois propositions fondamentales du livre, et ne voir qu'elles, malgré l'attrait de l'éblouissant cortège qu'on leur a donné, et qui, sous prétexte d'en rehausser l'éclat, les dissimule trop.

Sachons au moins nous borner dans ce sujet par lui-même illimité, et qui aurait gagné à ce que l'auteur l'enfermât dans des limites mieux définies. Qu'y a-t-il au fond de cette analyse enthousiaste de la beauté et de l'art? Une philosophie bien connue, celle de l'identité : la nature et l'esprit sont la même chose, ont la même essence, obéissent aux mêmes lois. La nature se continue dans l'esprit ; l'esprit, grâce à la conscience, nous donne le secret de la nature et de ses opérations les plus mystérieuses. Comme l'esprit poursuit la beauté, même sous sa forme élémentaire et inconsciente, et surtout sous la forme supérieure du génie, par là même il nous révèle le but que poursuit la nature et qui est, avec d'autres procédés, la même et éternelle beauté, toujours présente, vivante, partout agissante. Les opérations de la nature ne diffèrent donc des créations de l'artiste que par la conscience, absente ou obscurcie en bas, visible et lumineuse en haut. Au fond, la nature est un génie qui s'ignore et qui fait de la beauté sans le savoir; le génie est la nature devenue visible à elle-même et qui fait de la beauté, en la voulant et en l'aimant. Voilà, le dernier mot du livre, et, dans la pensée de l'auteur, la résolution de cette éternelle énigme, depuis si longtemps sollicitée, inutilement tourmentée par les philosophes.

Tout se réduit à une série d'identités supposées et de transformations successives : la nature, le génie, la beauté. « La nature est génie et le génie est la beauté vivante. » Le cycle commencé dans la pure mécanique se termine dans l'art, en attendant l'heure de « cette unité sans confusion, de cette concentration suprême qui achèverait la nature en réalisant Dieu[1] ».

On n'attend pas de nous que nous discutions ici les principes de cette métaphysique pas plus que les procédés de démonstration qu'elle emploie. Au fond, c'est une construction tout esthétique, œuvre d'art plutôt que de science; c'est un palais aérien, bâti par la pensée pure et qui n'est habitable que pour de pures idées. Redescendons sur terre et demandons-nous si la question spéciale du génie se trouve éclaircie au terme de cet ouvrage. La thèse principale, répétée sous mille formes diverses, est que le génie est la continuation de la vie; qu'il n'y a dans ses opérations rien de plus que dans celles de la nature, si ce n'est la conscience que le génie peut prendre de son action, tandis que la nature ne peut surprendre son propre secret. En tant qu'elle rapproche les procédés de la nature et ceux de l'art, cette thèse n'est pas absolument nouvelle. Plusieurs écrivains avaient déjà

1. Page 312.

signalé certaines analogies curieuses qui existent entre la formation de l'être vivant, et la conception esthétique, la subordination du détail à l'ensemble, des accessoires au type, le groupement de tout ce qui est assimilable, l'élimination de tout ce qui contrarie le développement de la forme et du type. Et sait-on où cette comparaison ingénieuse se montre pour la première fois? Dans le *Discours sur le style*. Il est tout simple qu'elle se soit présentée à l'esprit du grand naturaliste, au moment où il méditait sur les conditions de l'art. Elle se trouve dans un passage, trop peu remarqué et à tort négligé par M. Séailles: « Dans les ouvrages de l'art, dit Buffon, tout sujet doit être un. « Pourquoi les ouvrages de la nature sont-ils si parfaits? C'est que chaque ouvrage est *un tout* et qu'elle travaille sur un plan éternel dont elle ne s'écarte jamais; elle prépare en silence les germes de ses productions; elle ébauche par un acte unique la forme primitive de tout être vivant ; elle le développe, elle le perfectionne par un mouvement continu et dans un temps prescrit. L'ouvrage étonne; mais c'est l'empreinte divine dont il porte les traits qui doit nous frapper. L'esprit humain ne peut rien créer; il ne produira qu'après avoir été fécondé par l'expérience et la méditation ; ses connaissances sont les germes de ses productions; mais s'il imite la nature dans sa marche et son travail, s'il s'élève par la contemplation aux vérités les plus sublimes, s'il les réunit, s'il les enchaîne, s'il en forme un *tout*, un *système* par réflexion, il établira sur des fondements inébranlables des monuments immortels... Lorsqu'il se sera fait un plan, lorsqu'une fois il aura rassemblé et mis en ordre toutes les pensées essentielles à son sujet, il s'apercevra aisément de l'instant auquel il doit prendre la plume, il sentira le point de maturité de la production de l'esprit, il sera pressé de la faire éclore... La chaleur naîtra de ce plaisir, se répandra partout, et donnera de la vie à chaque expression; tout s'animera de plus en plus; le ton s'élèvera, les objets prendront de la couleur... » Voilà la vraie mesure de la ressemblance obtenue et gardée par un maître. Au delà j'ai peur que l'on ne tombe dans une sorte de fiction verbale ou dans des formules sibyllines.

L'observation de Buffon a été relevée et mise en lumière; elle méritait de l'être. Il y a, en effet, dans la conception du poète et de l'artiste, quelque chose qui ressemble au phénomène de la conception vitale. A un jour donné, dans une heure privilégiée d'émotion poétique, la masse confuse des images, la multitude des notions générales non liées entre elles, s'ébranle. Une idée centrale, qui peut être comparée à un germe, apparaît, obscure et vague d'abord, puis se déterminant et se précisant de plus en plus, s'emparant de cet amas de phénomènes dispersés, éliminant les uns, recueillant les autres pour les relier dans un ensemble, imposant à toutes ces notions isolées une direction générale, une forme, en un mot les organisant. Quelque type caractéristique, choisi par le poète, fera l'unité de l'œuvre, lui donnera son être et son nom. Le comble de l'art sera atteint, si un grand intérêt, un sentiment humain et puissant domine l'ensemble et attendrit ce drame des idées en y mêlant quelque chose de l'homme. L'inspiration a fait son œuvre vraiment divine; elle a créé la vie dans ces formes inertes. Tout maintenant va s'animer, se mouvoir par une existence idéale à la fois et réelle. L'œuvre d'art a reçu la palpitation immortelle de la vie[1]. — Mais que l'on voie bien la différence entre la

---

[1]. Qu'on nous permette de rappeler que nous avons nous-même appliqué cette idée de Buffon, en la généralisant, à la création de *Faust*. Voir notre *Philosophie de Gœthe*, chap. IX, 1re éd., 1865.

pensée de Buffon et celle de M. Séailles. Ce qui est comparaison, chez l'un, devient, chez l'autre, une théorie, une thèse, et dès lors elle s'altère, elle se fausse. Les différences éclatent aux yeux, là même où l'on se plaisait à voir un rapprochement ingénieux, un curieux symbolisme. L'esprit consentait volontiers à des analogies; il résiste à l'assimilation violente de réalités d'ordre absolument distinct. La thèse force les choses en leur imposant une identité qu'elles ne comportent pas.

Tout finit par se mêler et se confondre dans une sorte de synthèse où rien n'est plus à sa place et dans sa forme. Les mots même, doucement sollicités par l'auteur, se laissent persuader; ils se dénaturent insensiblement, ils payent leur contribution à la thèse de l'identité universelle en changeant de sens à volonté. S'il y a, par exemple, un nom consacré dans la langue moderne, c'est celui-là même qui est inscrit au titre du livre, le génie. Ce mot avait jusqu'ici une signification précise pour ceux qui l'employaient; il désignait la forme supérieure de l'activité spirituelle, la puissance créatrice de la pensée[1].

Mais par l'effet d'une sorte d'attraction irrésistible du système, M. Séailles étend démesurément l'application de ce mot et crée par là une confusion regrettable. Comme, selon lui, la nature est l'esprit, comme l'esprit continue la vie et que le génie continue la pensée, il s'ensuit que tout est génie. Il dira donc hardiment, dès le premier chapitre: le *génie dans la connaissance sen-*

---

1. Le mot *génie* a été déterminé dans sa signification et sa portée modernes par Racine dans son *Éloge de Corneille* (devant l'Académie française); par La Bruyère, dans le second chapitre des *Caractères* sur les *Ouvrages de l'esprit*; par d'Olivet, dans son *Histoire académique*. Au dix-huitième siècle, ce sens relativement nouveau passe dans les habitudes de la langue: il est d'un usage courant dans Voltaire.

*sible*, entendant par là l'organisation des mouvements en impressions élémentaires, de celles-ci en sensations, et des sensations en idées. En désignant ces fonctions élémentaires de tout esprit comme l'œuvre du génie, l'auteur suscitera bien des équivoques. Et même ne peut-on pas dire qu'en appliquant à des opérations de ce genre ce nom consacré à la fécondité exaltée et supérieure de l'esprit, il s'établit dans des conditions très faciles pour résoudre le problème qu'il s'est posé? Il n'y a plus de problème, en effet, s'il est immédiatement et avant toute démonstration posé en axiome que tout est génie, la nature, la sensation, le moi. Or, c'est là précisément le point de départ de l'auteur, son postulat : « Si l'on ne saisit pas le rapport qui unit le génie à la pensée, c'est qu'on imagine qu'il s'ajoute à l'esprit comme une grâce d'en haut, et qu'il apparaît et disparait soudainement, selon les caprices d'une puissance surnaturelle. Il n'en est rien. L'esprit n'est pas un miroir que la nature, suspendant son action et sa fécondité, se présente à elle-même pour regarder ses œuvres antérieures: en lui agit la puissance qui organise le corps et crée le monde vivant. Il ne reçoit pas ses connaissances, il se les donne ; il ne les subit pas, il les crée. Toujours il agit, et le plus souvent spontanément. Il n'est que parce qu'il met l'unité dans les choses; il ne peut s'organiser qu'en organisant le monde; de la pluralité des impressions il fait l'unité de la sensation ; de la pluralité des objets il compose l'univers visible ;... enfin il s'efforce de se comprendre lui-même et ses actes dans l'univers harmonieux, qu'il crée pour se créer lui-même[1]. » L'esprit est donc génie dès son premier acte de perfection comme la nature elle-même est génie dès son premier mouvement tendant à

---

1. Page 3.

un but. Si l'auteur voulait dire simplement qu'il y a une puissance et une tendance présentes même aux opérations élémentaires de la pensée et de la vie, que rien ne se fait sans un pouvoir et une loi, il aurait évidemment raison. Il pourrait même, si cela lui plaisait, comparer ce pouvoir à un dieu protecteur, à un génie tutélaire qui dirigerait ce premier travail nécessaire de l'esprit, avant que la science en fût informée : ce serait, si l'on veut, toujours par métaphore, le *genius loci* des Latins. Mais ce n'est que par une infraction à toutes les habitudes de la langue qu'on l'assimile au génie proprement dit. Que si, pour l'auteur, ce mot : le *génie dans la connaissance sensible* est autre chose qu'une figure, c'est que dès lors le problème est pour lui résolu d'avance, et le reste ne sera que le développement d'une proposition qui s'établit comme un axiome dès la première page. Le livre ne sera plus une démonstration, mais une série d'analyses dans le sens de la thèse posée d'avance, une série d'exemples et d'applications de l'axiome, et c'est souvent, en effet, sous cet aspect que se présente l'ouvrage.

Ce qui fait la difficulté de ce problème, c'est précisément que notre langue réserve ce nom privilégié du génie pour les cas où la puissance de l'esprit se manifeste en dehors de toute proportion avec les autres phénomènes connus de son activité. On applique ce mot, quand il n'y a plus préparation immédiate, prévision possible, éclosion attendue, continué en un mot; quand il y a une sorte d'*hiatus* dans la chaîne des phénomènes, de saut brusque vers les sommets de la pensée, d'ascension soudaine jusqu'à la force créatrice. C'est là le trait reconnaissable du génie dans toutes les races ; c'est son authentique et souveraine individualité. C'est parce qu'il ne ressemble à rien autre dans la série qui le précède ou la multitude qui l'enveloppe, c'est parce qu'il est un phénomène en dehors de la génération ordinaire, c'est parce qu'il est tout à fait propre et spécial, et au plus haut point personnel, qu'il s'appelle le génie. Et c'est là ce que n'explique pas M. Séailles, pas plus que ceux qui l'ont précédé dans cette redoutable tentative. Le *quid proprium* du génie, c'est-à-dire le génie même, est aussi inexplicable qu'il l'était, même après ce grand effort ; la question reste au même point.

L'illusion de l'auteur est de croire qu'il a déterminé mieux qu'on ne l'avait fait jusqu'alors la nature de ce grand phénomène en le rattachant à la chaîne des phénomènes tendue à travers la nature tout entière depuis le premier mouvement du premier atome jusqu'à la pensée d'un Newton ou d'un Shakspeare. C'est précisément cette continuité d'évolution qui empêche de comprendre l'éclosion subite de ce qui rompt l'évolution ; c'est la série qui nous empêche de comprendre ce qui n'est plus dans la série, ce qui s'élance en dehors et au-dessus d'elle. Si le génie n'est que la continuation de la vie, pourquoi si peu d'hommes le possèdent-ils ? La santé est le train ordinaire de la vie ; le génie, s'il est la santé de l'esprit, son développement normal, devrait être le train ordinaire de l'intelligence. Si l'évolution est continue et commune à tous les hommes, pourquoi cette réussite du génie chez un si petit nombre ? Pourquoi l'échec est-il le cas le plus fréquent ? Pourquoi l'accident heureux est-il si rare ? Si tout procède dans le génie à la façon des opérations inférieures de la pensée, qui sont déjà, selon l'auteur, du génie, d'où viennent de si grandes diversités dans les manifestations supérieures ? On répète sans cesse que le génie, c'est la puissance d'organiser des idées, des images, des signes. On se trompe ; cette puissance d'organisation existe chez tous, sous la forme élémentaire de l'imagination (rêveries, rêves), et chez plusieurs sous la forme du talent (conceptions esthétiques, esprit, éloquence). Ce qui est particulier aux rares élus de l'humanité, c'est la nouveauté extraordinaire et féconde de l'ordre créé dans ces idées, dans ces images, dans ces signes. Et c'est précisément cette nouveauté extraordinaire et féconde qui reste jusqu'ici sans explication. Cette fois encore, on nous décrit les analogies et les conditions extérieures du génie ; on n'en a pas saisi l'essence. La même remarque a pu être faite pour tous ceux qui, avant M. Séailles, ont poursuivi ce but jusqu'à présent inaccessible, pour ceux qui ont pensé trouver le secret du génie dans le développement plus ou moins parfait des circonvolutions cérébrales, ou dans l'élaboration obscure de l'hérédité, ou dans les coïncidences heureuses de la race, du moment historique et du milieu. Tout cela forme bien un ensemble de conditions propices, mais toutes ces conditions, réunies ne sont pas le génie. L'accumulation de forces et de lumières dans une race ou dans une famille privilégiée ne résout pas la question pour l'individu. Le génie n'est pas une résultante, un effet prévu de chimie mentale, le dernier terme d'une série de phénomènes qui y conduisent logiquement, à moins que vous ne mettiez dans la somme des principes composants une forme imprévue, quelque ressort intérieur, un élément de spontanéité, un *primum movens*, tout-à-fait distinct de ce qui le précède ou de ce qui l'entoure. C'est l'éclair qui vient on ne sait d'où, mais de plus haut assurément que cet amas de matériaux accumulés. Je ne prétends pas que le génie soit un miracle ; mais je persiste à croire que les explications proposées sont toutes insuffisantes à l'expliquer. M. Séailles n'a étudié que des analogies ou même des identités là où c'est la différence qui prédomine ; il a voulu réduire à la série ce qui est en dehors de la série.

J'aurais d'autres objections à élever contre cette thèse, particulièrement à propos du rôle beaucoup trop restreint que l'auteur attribue à la volonté dans la conception et l'exécution de l'œuvre d'art. J'aurais essayé de montrer qu'il y a dans la conception une part considérable esthétique laissée au choix de l'artiste, que dans le choix il entre un élément irrécusable de volonté, que l'artiste supérieur, difficile pour lui-même, écarte toutes les combinaisons d'idées imparfaites et incomplètes, tandis que l'artiste moins énergique et paresseux s'en contente et leur donne un acquiescement facile; que le génie ne reçoit pas toutes faites ses idées de la nature, qu'il les élabore, qu'il les façonne, qu'il y grave profondément l'empreinte de sa personnalité. M. Séailles supprime dans le génie la grâce d'en haut, mais j'ai peur qu'il n'y substitue la grâce d'en bas, le don spontané et gratuit de la nature agissant en lui par je ne sais quel pouvoir occulte, selon les tendances fatales qui le conduisent, presque à son insu, à l'ordre et à l'harmonie. Il faudrait, sur ce point qui est grave, instituer une discussion nouvelle; nous y renonçons ainsi qu'à d'autres explications que nous aurions voulu demander à l'auteur. Ce n'est pas un résultat médiocre, pour une thèse, de susciter ainsi une foule d'idées et même d'objections et de provoquer les esprits qui n'acquiescent pas, à marquer leur sentiment d'indépendance. C'est encore là une forme très flatteuse du témoignage que l'on peut rendre au talent.

Il me resterait, pour être juste, à écrire la contre-partie, à signaler les points sur lesquels je suis d'accord avec l'auteur, à extraire de son livre un grand nombre d'observations justes, ingénieuses, neuves par l'inspiration véritable, par le tour de la pensée ou du style. J'aurais aimé à mettre dans tout son jour cette importante théorie des images où l'auteur trouve avec raison les matériaux de l'art, la matière idéale, docile aux ordres de l'esprit qui les crée et qui les ordonne selon ses lois. Et combien de fines remarques, jetées en passant, sur le réalisme, « l'idéalisme du laid », sur l'abus du raisonnement et des thèses dans l'art, sur l'abus du symbolisme ; sur le style et ses conditions vitales, sur son rôle qui est de simplifier et d'idéaliser ; sur le dilettantisme, fatal à l'inspiration véritable ; sur la liaison intime qui unit la forme à la pensée et qu'on ne peut rompre sans réduire l'art à une vraie parade ou au pur bavardage. Il y a, dans tout cela, les éléments d'une esthétique appliquée, qu'il suffirait de rassembler et de mettre en ordre. Ce n'est qu'avec regret que l'on prend congé de ce brillant et fécond esprit, qu'il serait plus facile encore de louer, si l'on ne craignait pas de s'enivrer de ses mélodies philosophiques et de perdre le sens critique sous son charme.

# LES CAUSES FINALES

par Paul Janet.

Il suffira d'analyser cet ouvrage, qui s'est emparé, dès qu'il a paru, de l'attention des philosophes, et qui s'est imposé même à celle des savants, pour montrer qu'il mérite tout son succès. C'est une de ces œuvres qui, à certains égards et pour une certaine période de temps, peuvent être considérées comme décisives. Non pas que j'imagine qu'il y ait rien de définitif dans cet ordre de questions, que la controverse sur les causes finales doive être jamais épuisée, et que ce livre ait l'heureuse fortune de convertir les adversaires à la doctrine qu'il établit. Mais j'estime que cette apologie de la finalité ne sera pas de longtemps surpassée, soit pour la manière large et compréhensive de poser le problème, soit pour la rigueur de la méthode et le développement graduel de l'évidence démonstrative, soit pour la variété et l'abondance des exemples, pour toute cette partie que les critiques anglais appellent, d'un nom si expressif, les *illustrations* de la doctrine. M. Paul Janet y déploie en toute liberté et dans un espace très étendu la qualité maîtresse de son esprit, la dialectique, dans une étroite union avec les sciences de la nature, que personne, parmi les philosophes contemporains, n'a étudiées avec plus de curiosité, d'aptitude et de goût. Le caractère et le mérite de cet ouvrage, c'est donc, à proprement parler, la dialectique appliquée à l'étude de la science positive, pour y chercher la matière d'une démonstration sinon nouvelle par le principe, au moins renouvelée par les analyses et les applications. L'auteur était préparé par le travail de toute sa vie à traiter ce grand sujet avec l'étendue et la profondeur qu'il comporte. C'est l'œuvre de sa vigoureuse maturité. Elle répondra suffisamment à l'objection injuste et banale que l'on élève contre les philosophes de ce temps de rester étrangers aux méthodes, aux découvertes des sciences de la nature. Il y a longtemps déjà que la philosophie a compris qu'elle devait renouer avec la science une alliance qui a été si féconde à toutes les grandes époques de l'esprit humain, depuis Aristote jusqu'à Leibnitz. Que la science à son tour n'ait pas peur de la philosophie, ou, ce qui serait pis, qu'elle se garde bien de la dédaigner. Hostilité ou mépris, le résultat serait le même, et un divorce serait funeste. La science y perdrait peu à peu le goût des idées générales qui lui donnent sa lumière; la philosophie y perdrait le sens de la vie et de la réalité. L'une se disperserait à l'infini dans l'analyse des détails, l'autre s'évanouirait dans de stériles abstractions.

Le livre de M. Janet se divise naturellement en deux parties, dont chacune répond à une question bien distincte: La finalité est-elle une loi de la nature? Quelle est la cause première de cette loi? Nous bornerons aujourd'hui notre étude à la première partie, celle qui a pour objet de démêler les faits de finalité dans le tissu complexe des phénomènes et de les distinguer nettement de tout ce qui peut être un résultat de combinaisons mécaniques. Pour nous, c'est la plus importante des questions traitées dans ce livre, bien que je ne méconnaisse pas l'intérêt spéculatif de la seconde partie et l'heureuse subtilité d'argumentation qu'y montre l'auteur. Mais ce n'est plus là qu'un débat entre métaphysiciens. Une fois que la loi de finalité est démontrée comme une loi de la nature, l'intérêt scientifique de la question est épuisé. Le débat est loin d'être clos, mais il se transforme : les savants ne s'y intéressent plus que médiocrement, et la plus grande partie des esprits même cultivés fait comme eux. On se trouve en face des systèmes qui prétendent maintenir la finalité tout en niant, ce qui paraît d'abord incompréhensible, que cette finalité de la nature révèle une intention dans sa cause. Dès lors on n'a plus qu'à choisir entre ces différents principes : ou l'instinct artiste d'une nature qui s'ignore elle-même, ou l'Idée logique de Hegel et de son école, ou la Volonté aveugle de Schopenhauer, ou l'Inconscient de Hartmann, si l'on se refuse à admettre le principe le plus intelligible de tous, la pensée concentrée, sous forme de raison suprême et de conscience, dans la cause du monde. C'est tout une autre discussion, où la science positive n'a plus rien à voir. Il nous suffira pour aujourd'hui de mettre dans tout son jour le grand effort que fait M. Janet pour arracher aux sciences naturelles le témoignage et la preuve de la finalité. Nous exposerons fidèlement cette argumentation, nous efforçant d'en faire sortir l'ordre, le mouvement et le progrès, persuadé que, pour un ouvrage de cette importance, il n'y a qu'un moyen de le faire apprécier comme il convient, c'est de laisser à la pensée de l'auteur toute sa liberté, et même, s'il est possible, son accent propre, sans l'interrompre par des réflexions importunes et substituer le critique à l'auteur. C'est à cette condition que le lecteur peut juger de l'importance d'un théorème philosophique. Il nous suffira de marquer, à la fin de l'article, les réserves que nous croyons devoir apporter à la doctrine.

Y a-t-il dans la nature une telle chose que la finalité ?

C'est la question d'où part M. Janet. « Cela peut être, dit-il, mais n'est pas évident *a priori* ». La loi de la finalité ne peut être posée comme une condition nécessaire de la pensée : elle doit être cherchée par l'expérience, établie par l'analyse et la discussion. En cela elle diffère essentiellement du principe de causalité, sans lequel rien ne peut être conçu ni pensé. La causalité est une loi nécessaire de l'esprit, loi objective de tous les phénomènes sans exception, loi nécessaire, toujours et partout vérifiée, et, comme dit Kant, principe *constitutif* de l'entendement. La finalité, au contraire, pourrait bien n'être qu'un principe *régulateur :* il nous aiderait à comprendre les choses en les établissant dans un certain ordre ; ce serait un moyen de nous les représenter, mais sous un point de vue personnel et libre, auquel l'esprit humain pourrait s'abandonner ou se refuser. Si cette loi n'est pas une loi chimérique ou toute subjective, elle est, en tout cas, une vérité d'induction, rien de plus. Voilà ce que M. Janet établit dans ses premières pages, avec un scrupule de rigueur scientifique qui est fait pour agréer aux savants et leur inspirer confiance; à cette occasion il discute les diverses formules qui ont été proposées pour le principe des causes finales, et montre qu'aucune de ces formules ne parvient à lui donner l'évidence, l'universalité, la nécessité d'un axiome. Quand M. Jouffroy énonce comme une vérité première, égale en évidence à toutes les autres, ce principe que tout être a une fin, il se trompe assurément dans la formule qu'il propose, et c'est l'équivoque introduite par le mot *fin* qui est la cause de son erreur. Ce mot peut signifier un certain effet, résultant d'une nature donnée, et en ce sens il n'est pas douteux que tout être produit nécessairement ce qui est conforme à sa nature ; mais, si par fin on entend (et c'est le sens où M. Jouffroy prend ce mot) un but pour lequel une chose a été faite, il n'est pas évident par soi-même que tout ait une fin en ce sens, par exemple le minéral, à moins que l'on n'admette d'avance l'idée d'une Providence qui a tout réglé. Mais, dans ce cas, le principe de la finalité sera un corollaire de la doctrine de la Providence : il ne sera pas lui-même un principe premier, il sera la conséquence d'un principe. De même, quand M. Ravaisson résume le principe de finalité et celui de causalité dans cette seule formule : « Tout ce qui arrive ne vient pas seulement de quelque « part, mais *va aussi quelque part* », il établit une proposition incontestable, mais qui n'a pas la portée que lui attribue son auteur. Il est certain qu'un corps en mouvement *va quelque part;* mais la question est de savoir si la direction de ce mouvement est un résultat mécanique ou un but préordonné, et l'évidence qui s'attache à la formule dans sa vague généralité ne suit pas la pensée de l'auteur dans le second sens, plus spécial, qu'il prétend lui assigner.

La finalité, si elle existe, est donc une *loi de nature*, résultant de l'observation, au même titre que les autres lois générales, obtenues par les naturalistes, comme la loi de la division du travail physiologique et la loi de la corrélation des organes. Cette loi existe-t-elle et peut-on la démontrer, la vérifier par l'induction, comme les autres lois de nature auxquelles l'auteur l'assimile ? Il le croit et il va tenter méthodiquement cette grande entreprise. Si, dans un grand nombre de cas, les phénomènes nous paraissent sans but, ou du moins n'évoquent pas nécessairement dans notre esprit l'idée de but, dans d'autres, au contraire, très nombreux et marqués d'un caractère spécial, cette notion se produit irrésistiblement et s'impose à nous. Quel est le caractère spécial qui suscite en nous la notion d'un but ? Définir ce caractère ce sera donner le criterium de la finalité. M. Janet s'y est appliqué, développant, approfondissant cette pensée de Kant que la finalité dans un être est la cause de sa cause, c'est-à-dire le but prédéterminé en vue duquel se développe toute la série des causes efficientes et qui par là même devient cause de ce qui le précède, bien que, dans l'ordre apparent, il en soit la conséquence. L'esprit humain, dit-il, exige une cause non seulement pour expliquer les phénomènes, c'est-à-dire ce qui tombe sous les sens, mais encore pour expliquer ce qui ne tombe pas sous les sens, l'ordre dans les phénomènes. L'accord invisible des phénomènes doit lui-même être expliqué, aussi bien que chaque phénomène pris isolément. Cette coordination est un effet qui doit avoir sa cause. Le hasard n'explique rien, il n'est que la coïncidence de deux séries de faits indépendants.

Si cette coïncidence se répète et tend à devenir régulière, c'est la marque qu'il y a autre chose que le hasard, ce qui arrive d'une manière constante ne pouvant être l'effet d'un pur accident. Or, parmi les phénomènes qui s'offrent de toute part à notre observation, les uns s'expliquent tout naturellement par ce qui les précède; pour d'autres, cette explication est défectueuse et insuffisante; ce sont ceux en qui se marquent un ordre, une régularité, une constance dans la préparation infaillible de leurs effets futurs, avec un caractère si précis, qu'il est inconcevable que ces effets futurs n'aient pas agi sur ce qui les précède, n'aient pas sollicité, attiré vers eux le mouvement de ces phénomènes. C'est là vraiment que la finalité se montre, s'impose à nous, c'est quand les phénomènes nous paraissent déterminés non seulement par leurs causes, mais par leurs effets, quand ces causes elles-mêmes nous paraissent soumises à l'action de ces résultats futurs. Si une combinaison de phénomènes, pour devenir intelligible, doit se rapporter non seulement à ses causes antérieures ou actuelles, mais à des effets qui n'existent pas encore; si des parties successives qui apparaissent n'ont de sens et de but appréciable que par le tout dont elles sont la lente et graduelle élaboration, ici le simple rapport de cause à effet ne suffit pas, il se transforme en rapport de moyen à fin. Ce n'est plus seulement l'unité de série qui s'opère mécaniquement devant nos yeux, c'est l'unité de système, infiniment plus profonde et plus complexe, qui s'accomplit; le point de vue mécanique est dépassé, le point de vue téléologique se révèle à nous, et seul il peut satisfaire aux exigences de la pensée.

L'analyse trouve deux éléments étroitement unis dans cette notion de finalité, l'idée d'une combinaison de phénomènes, puis l'idée d'un rapport de ces phénomènes à un but ultérieur, la concordance du présent avec l'avenir, la détermination de l'un par l'autre. Or que suppose cet accord de plusieurs phénomènes hétérogènes avec un phénomène final, sinon une cause où ce phénomène final est idéalement représenté? La loi de finalité sera donc démontrée expérimentalement, si, étant donnée une combinaison complexe de phénomènes hétérogènes, concordant avec la possibilité d'un acte futur, on parvient à établir que cet acte futur n'était contenu d'avance dans aucun de ces phénomènes particuliers, que cet accord ne peut se comprendre que par une sorte de préexistence, sous forme idéale, de l'acte futur lui-même, ce qui de résultat le transforme en but, c'est-à-dire en raison prédéterminée. La force de la démonstration repose sur la considération d'un tout formé par des causes divergentes, sur l'accord de ce tout avec un phénomène futur qui ne peut se produire que par la condition de cet accord, et sur l'impossibilité d'expliquer cet accord par aucune des causes antérieures. La probabilité de la présomption croît avec la complexité des phénomènes concordants et avec le nombre des rapports qui les unissent au phénomène final.

Voilà ce que le philosophe aura maintenant à démêler dans la trame si variée et si complexe de la nature. Y a-t-il de tels phénomènes, ou groupes ou systèmes, qui ne puissent admettre d'autre explication que celle qui se tire d'un effet futur, sous forme d'anticipation idéale? C'est une question de fait à résoudre. Nous avons posé les conditions et le criterium de la finalité; suivons maintenant M. Janet dans la recherche qu'il a entreprise à travers la nature pour nous montrer les systèmes et les groupes de faits où ce caractère lui semble marqué en traits irrécusables.

L'auteur s'attache d'abord à exposer et à caractériser *les faits favorables* à la doctrine de la finalité, réservant pour le chapitre des objections *les faits défavorables*. Les opérations de la nature vivante dans lesquelles se marque le caractère de la finalité peuvent se répartir en deux classes : les *fonctions*, si évidemment préparées par la structure de l'organe, et les *instincts*, qui sont les actions mêmes de ces organes et spécialement des organes de relation, si visiblement adaptées à certains buts ultérieurs.

Les exemples choisis par M. Janet ne sont pas tous nouveaux ; il serait inutile et même dangereux qu'ils le fussent. On comprend que les principaux de ces faits, les faits *prérogatifs*, aient été les premiers à être signalés à l'attention des observateurs par l'évidence même des approbations dont ils sont la preuve, tels que ce fait si connu, la structure de l'œil dans son rapport avec l'acte de la vision. « C'est, dit M. Janet, l'argument classique en cette matière, et ce serait un vain scrupule que de nous priver d'un argument si saisissant et si merveilleux par la raison qu'il serait trop connu et devenu banal par l'usage. Ce qui vient à sa place n'est jamais banal[1] ». On peut dire d'ailleurs que l'analyse que l'on nous donne de ce fait et des faits analogues est nouvelle à certains égards par la rigueur de la marche inductive dont elle règle et appuie chacun des pas, par le soin avec lequel l'auteur s'est rendu compte des difficultés des problèmes, des innombrables conditions qu'en exigeait la solution, et de la probabilité infiniment petite, décroissante avec le nombre de ces conditions, qu'elles se trouvent toutes réunies en vertu d'une loi purement physique ou d'une combinaison mécanique. Des observations analogues sont faites avec le même soin et présentées avec la même exactitude sur l'organe de l'ouïe, sur la forme des dents, sur celle de l'épiglotte, sur les fibres de l'œsophage, les valvules des veines et des vaisseaux chylifères, la structure du cœur, si visiblement appropriée à la grande fonction qu'il doit remplir, la structure de l'appareil respiratoire, celle des organes du mouvement, enfin l'appareil de la voix chez l'homme. Dans tous ces exemples, nous voyons concorder les deux termes du rapport qui constitue la finalité: d'une part, un système, un appareil, un organe ; d'autre part, un phénomène qui ne se produira que plus tard et auquel ce système aboutit, phénomène si important, qu'il est précisément « le lien du système et la « circonstance qui d'une manière quelconque a prédéter- « miné la combinaison »; d'une part, l'œil, l'oreille, l'estomac, les membres moteurs, l'appareil vocal ; d'autre part, le phénomène final qu'on appelle vision, audition, nutrition, marche, parole. Dans tous ces cas et dans tous les cas analogues, nous partons d'un point fixe qui nous

---

1. Page 77.

est donné dans l'expérience comme un effet (soit la vision). Mais cet effet n'étant possible que par une masse incalculable de rencontres, c'est cet accord « entre tant « de rencontres et un certain effet qui constitue préci- « sément la preuve de la finalité[1] ».

Nous signalerons un exemple intéressant d'appropriation tiré des leçons de physiologie de notre éminent confrère M. Claude Bernard : comment l'estomac, qui digère la viande, ne se digère-t-il pas lui-même ? C'est que les parois de l'estomac vivant sont enduites d'un vernis particulier qui les rend inattaquables à l'action du suc gastrique. « La présence de l'épithélium sur les muqueuses en général, sur la muqueuse stomacale notamment, oppose un obstacle complet à l'absorption. L'épithélium, espèce de mucus gluant qui tapisse la paroi interne de ce viscère, enferme donc le suc gastrique comme dans un vase aussi imperméable que s'il était de porcelaine[2]. » Peut-on admettre simplement ici une coïncidence curieuse et le résultat fortuit d'un accord entre deux séries de causes travaillant chacune de leur côté, sans aucun rapport entre elles ? — Peut-on ne voir aussi que le résultat de certaines chances heureuses dans cette rencontre entre ces deux faits, la condition de certains animaux qui sont vivipares et l'histoire physiologique de certains organes de la mère, les mamelles, qui n'entrent en activité qu'à de certaines époques correspondant à celles de la parturition, où l'animal naissant a besoin d'une nourriture appropriée ? L'ensemble de ces phénomènes n'est-il pas visiblement déterminé par un phénomène final, la lactation, par le phénomène futur de la nourriture du petit animal ? Ce serait encore manquer aux lois mêmes

1. Page 55.
2. Page 43. Cf. Claude Bernard. *Leçons de physiologie*, t. II, p. 408.

de la vraie causalité que de ne pas reconnaître la finalité, et de laisser cet accord visible du passé avec le futur sans autre explication qu'une coïncidence entre deux séries de faits qui se développent sans être ordonnées entre elles. Mais, de tous les cas si nombreux et si variés de coordination, il n'en est pas de plus complexe et par conséquent de plus remarquable que l'existence des sexes. « Il ne s'agit plus seulement ici de l'appropriation d'un organe à une fonction, mais, ce qui est bien plus saisissant, d'un organe à un autre organe..... C'est une adaptation toute mécanique de deux appareils distincts, mais tellement liés ensemble, que la forme de l'un est déterminée par la forme de l'autre..... Ces deux appareils organiques, quelquefois réunis, mais le plus souvent séparés dans deux individus distincts, sont l'un à l'autre et réciproquement dans un rapport de moyens à fins..... L'appropriation dont il s'agit ici n'est pas seulement une corrélation d'organes, un concours harmonique de fonctions, c'est quelque chose de plus palpable encore : c'est une adaptation mécanique et matérielle, un rapport de forme à forme, de structure à structure. Ici la coopération est telle, qu'elle suppose l'application d'un organe à un autre, et un rapprochement momentané qui les confond en un seul, phénomène qui ne pourrait avoir lieu sans une coïncidence parfaite de structure.... Ajoutons qu'il y a autre chose ici qu'une simple conformité de structure et une adaptation matérielle, mais sans effet utile, comme il arrive pour la main d'un homme qui semble très propre à s'adapter à la main d'un autre homme.... Dans les sexes, outre l'appropriation de l'organe à l'organe, il y a encore celle de l'organe à la fonction, ou plutôt celle de deux organes à la même fonction. Enfin cette fonction unique, accomplie par deux organes, est précisément celle par laquelle l'individu assure la perpétuité de l'espèce. Ainsi, à tous les degrés du phénomène, nous voyons la détermination du présent par le futur : la structure des deux organes ne s'explique que par l'éventualité de leur rencontre, leur rencontre par la fonction qui en résulte, la fonction enfin par son effet, qui est la production d'un nouvel être, lui-même appelé à son tour à perpétuer l'espèce. Ici l'ordre des causes est manifestement renversé, et, quoi qu'en disent Lucrèce et Spinosa, ce sont les effets qui sont les causes [1]. »

Nous ne ferons qu'indiquer l'autre système de faits sur lesquels se fonde la théorie de la finalité, les instincts, relatifs soit à la conservation de l'individu, soit à la conservation de l'espèce, soit aux relations des animaux entre eux. Nous ne voulons pas perdre de vue l'intérêt véritable du livre, qui est avant tout d'être une analyse philosophique et critique de la finalité, non une description des faits. Rappelons seulement les conclusions de l'auteur sur ce sujet des instincts. Tous les témoignages, toutes les expériences, attestent d'une manière péremptoire que l'animal a une industrie innée, c'est-à-dire qu'il reçoit de la nature soit une force occulte, soit un mécanisme inconnu qui, spontanément, sans imitation, habitude ni expérience, accomplit une série d'actes appropriés à l'intérêt de l'animal. L'instinct est donc un art : or tout art est un système, un enchaînement d'actes appropriés à un effet futur déterminé, ce qui est le caractère décisif de la finalité [2]. — En résumé, comment comprendre que tant de causes diverses, hétérogènes, agissant sans but, soit dans la formation des différentes pièces de l'organisme, soit dans le développement des industries instinctives de l'animal, **se rencontrent si bien dans leur action**

---

1. Pages 69 et sq.
2. Page 104.

commune avec un but qui est ou la conservation de l'être
vivant ou la perpétuité de l'espèce ? Cependant M. Janet
ne veut pas conclure encore : il se réserve seulement le
droit de dire, comme font les savants dans les circonstances semblables : tout se passe *comme si* la cause de
ces phénomènes avait prévu l'effet qu'ils doivent amener[1].
Ne serait-il pas étrange qu'une cause aveugle agît précisément de la même manière que ferait une cause qui ne
serait pas aveugle ? Par conséquent, jusqu'à ce qu'il soit
démontré que de tels faits n'ont pas été prévus, la présomption est qu'ils l'ont été. — Il n'ignore pas, du reste,
que les plus grands efforts ont été faits par des savants
considérables pour détruire ou suspendre la conclusion
de cette induction, et il se réserve de répondre plus tard
aux principales objections ou difficultés qui ont été élevées contre l'explication si naturelle qu'il propose.

En attendant, suivons l'auteur dans le progrès de sa
savante analyse. Nous n'en sommes encore qu'au second
pas de l'induction que l'auteur poursuit. Il a constaté
nombre de faits qui ne peuvent s'expliquer que par un
rapport mystérieux à l'avenir. Mais comment arrivons-nous
à concevoir ce rapport, à croire que la cause de ces
appropriations, de ces combinaisons de phénomènes hétérogènes avec un acte futur, soit nécessairement et précisément cet effet futur lui-même, ce qui paraît fort extraordinaire en soi ? Une telle idée se présente irrésistiblement à nous, quand les causes actuelles ou antérieures
ne nous offrent pas une explication suffisante. Mais enfin
par quoi s'autorise cette idée ? sur quoi s'appuie-t-elle,
d'où nous vient-elle, si singulière qu'elle soit en elle-
même, puisque c'est en quelque manière intervertir l'ordre de la science et de la raison que de chercher la cause

1. Page 97.

dans l'avenir plutôt que dans le passé, c'est-à-dire de concevoir une cause finale? Le fondement de cette conception, nous dit-on, c'est l'analogie. Nous sommes entraînés à croire qu'il y a des causes finales en dehors de nous par ce fait de conscience, par cette expérience intime qu'il y en a en nous. C'est l'industrie de l'homme qui nous conduit à comprendre l'industrie de la nature. Si l'expérience ne nous avait pas donné d'avance, en nous-mêmes, le type de la cause finale, nous n'aurions pu inventer cette notion.

Cette origine rend cette idée à la fois irrésistible et suspecte. Suspecte, car de quel droit conclure de nous à la nature? Et quelle est la légitimité de cette analogie? M. Janet montre que cette objection consiste à placer en face l'un de l'autre, comme deux termes hétérogènes, la nature et l'homme, à opposer, comme deux mondes, le monde de l'esprit et celui de la nature, à affirmer qu'il n'y a aucun passage de l'un à l'autre, que la nature, comme cause créatrice, ne peut être aucunement assimilée à cette autre cause créatrice que nous connaissons et qui est l'homme. Mais pourquoi pas? peut-on répondre à ceux qui creusent ainsi un abîme entre les productions de l'homme et celles de la nature, comme si elles appartenaient à des genres d'industrie absolument distincts ou même contraires. Pourquoi nierait-on *a priori* qu'il y ait rien de semblable entre ces deux industries? L'homme n'est pas en dehors de la nature, il en fait partie; il en est un membre, un organe, et dans une certaine mesure, un produit. Et non-seulement l'homme est dans la nature, mais ses actes et ses œuvres sont dans la nature; et ainsi l'industrie humaine elle-même n'est qu'un des aspects, celui qui nous est le plus intime et le plus familier, de la grande industrie de la nature; elle en est une partie essentielle et intégrante. En quoi les villes construites par l'homme sont-elles moins dans la nature que les huttes des castors ou les cellules des abeilles ? En quoi les chants de nos artistes sont-ils moins naturels que le chant des oiseaux ? L'homme n'est pas un monstre dans le système des choses, il est un produit et un agent naturel, voilà ce qu'il ne faut pas oublier. Donc, en passant de l'industrie de l'homme à celle de la nature, nous ne passons pas, comme on semble le croire, d'un genre à l'autre ; mais, dans un même genre, à savoir la nature, un certain nombre de faits homogènes étant donnés, nous suivons la filière de l'analogie aussi loin qu'elle peut nous conduire[1]. Et l'auteur suit en effet cette filière, à travers les différents degrés de la nature, des actions volontaires de l'homme, qui ont assurément un but, à celles de nos semblables dont nous affirmons qu'elles en ont un, avec une certitude égale à celle qui nous le fait affirmer pour nous autres : de ces actions volontaires de l'homme en général aux actions semi-volontaires de l'animal et à ses opérations instinctives ; des instincts de l'animal aux fonctions organiques, et enfin des opérations des organes à la formation même des organes, s'appuyant à chacun de ces degrés du même principe d'analogie dont il consulte les indications et dont il suit jusqu'au bout la lumière. Ainsi s'opère le passage logique de l'esprit à travers ces différents termes qui se transmettent, si je puis dire, de degré en degré, la clarté puisée au foyer de la conscience humaine. « Si, malgré la décroissance des formes, nous sommes autorisés à dire que le polype, tout aussi bien que l'homme, est un animal, quel que soit l'abîme qui sépare l'un de l'autre, nous ne sommes pas moins autorisés à dire que le cristallin, lentille naturelle, est une œuvre d'art, au même

1. Page 122.

titre que la lentille artificielle construite par l'opticien. Que cet art soit conscient ou inconscient, externe ou interne (ce qui résume les deux différences entre l'industrie de l'homme et celle de la nature), peu importe, le même objet, identiquement le même, ne peut pas être ici une machine, là un jeu de la nature, et, si l'on accorde que c'est une machine, comme il est difficile de le nier, on accorde par là même que c'est un moyen approprié à un but ; on accorde l'existence de la cause finale..... Le principe est posé : les mêmes effets s'expliquent par les mêmes causes..... La cause finale est donc une cause réelle, attestée par l'expérience interne, et résidant objectivement dans toutes les productions organisées, aussi bien que dans les œuvres de l'art humain[1]. »

Mais ici intervient la science, qui ne se rend pas facilement à ce genre d'analogie, qui tient pour suspecte cette forme de raisonnement, bien qu'elle en use souvent elle-même, et demande ce que vaut au fond ce procédé de dialectique descendante, qui, partant de la volonté humaine, en retrouve les lointaines ressemblances dans l'animal, dans l'instinct, dans l'organisme, peuplant ainsi la nature de causes finales, fabriquées sur le type de celles que nous connaissons et que nous portons en nous. Tout cela n'aurait de valeur que si l'on avait épuisé la série des causes scientifiques. Or toutes les causes, vraiment causes, raisons actuelles ou antérieures, ont-elles été essayées pour l'explication de ces phénomènes qu'on aime mieux, par une sorte de conclusion précipitée et paresseuse, attribuer à une finalité incompréhensible ? Bien loin de là, toutes ne sont même pas, sans doute, découvertes et connues. Le terme de causes effi-

---

1. Pages 149 et sq.

cientes et mécaniques est très général. On peut comprendre sous ce mot bien des causes de différent genre, qui semblent chaque jour s'étendre et se multiplier avec le progrès de la science. Si les causes déjà connues ne suffisent pas, dans cet ordre de phénomènes, à toutes les exigences de l'esprit, bien qu'un grand nombre de savants en jugent autrement, il en est d'autres sans doute inaperçues aujourd'hui ou partiellement ignorées, qui combleront un jour cette lacune, ce vide où la métaphysique essaye d'installer de nouveau sa vieille idole, mille fois ruinée, la cause finale.

Voilà ce qu'on nous dit de tous les côtés, et ce serait mal connaître M. Janet que de croire qu'il n'a pas l'oreille tendue à toutes ces rumeurs et l'esprit ouvert à toutes les objections. C'est à l'examen de ces objections élevées contre la finalité qu'il consacre quatre des chapitres de son livre. Nous devrons ici encore nous contenter de quelques exemples pour mettre en lumière les mérites et l'art de cette savante argumentation.

Est-il vrai, comme on le prétend, que l'idée de la relation entre l'organe et la fonction soit contredite par la science ? Est-il vrai qu'il soit contraire à l'observation d'affirmer que la structure d'un organe en révèle l'usage ? S'il faut en croire les maîtres nouveaux de la science physiologique, la structure des organes n'est qu'un élément secondaire en physiologie ; c'est jusqu'aux principes élémentaires des organes, jusqu'aux tissus qu'il faut aller pour découvrir les lois de la vie. Les tissus sont doués de propriétés élémentaires qui leur sont inhérentes, immanentes, spécifiques. Cependant les tissus, à leur tour, ne sont pas encore les derniers éléments de l'organisation ; au delà est la cellule, le véritable élément organique, et les fonctions des organes ne seront plus que les diverses actions des cellules qui les constituent. S'emparant de ces idées qui appartiennent à la nouvelle physiologie, et les poussant aussi loin que possible, M. Ch. Robin ramène tout le problème de l'organisation à un certain mode d'associations moléculaires entre les principes immédiats. En suivant cette direction nouvelle, la science ne voit plus dans les organes que des résultantes et des complications de certains éléments simples dont on recherche les propriétés fondamentales, comme d'autres savants étudient les propriétés des corps simples en chimie. — Ces vues nouvelles renversent-elles, comme on le pense, l'idée de la finalité? Pas le moins du monde. M. Janet, avec une justesse et une largeur d'esprit que les savants reconnaîtront, ne s'effraye ni des découvertes de la science moderne, ni de la rigueur croissante de ces méthodes qui tendent à se dégager de plus en plus de toute idée préconçue, et se réduisent à constater des relations déterminées entre les faits et leurs conditions. Il ne lui vient pas à l'esprit de contester à la science ses procédés et ses principes ; il lui reconnait le droit de s'interdire à elle-même toute autre recherche que celles qui ramènent des effets à leurs causes prochaines. Mais il réclame d'autres droits pour la philosophie, celui, par exemple, que l'esprit humain n'abdiquera jamais, de rechercher le sens et la signification. du spectacle qu'il a sous les yeux, et si une pensée a présidé à la composition des êtres organisés. Or, cette recherche n'est nullement exclue par les méthodes les plus rigoureuses de la nouvelle physiologie, qui ont pour objet de rechercher la propriété des tissus ou des cellules. Les unes se concilient tout naturellement avec les autres. « S'il y a une pensée dans la nature, cette pensée ne pourrait se manifester que par des moyens matériels, enchaînés suivant des rapports d'espace et de temps... Montrer, comme le fait la science, que ces machines apparentes, les organes, se réduisent à des éléments doués de telles propriétés, ce n'est nullement démontrer que ces machines ne sont pas l'œuvre d'une industrie ou d'un art dirigé vers un but. Les causes finales ne sont pas des miracles; ce ne sont pas des effets sans cause. L'industrie de la nature (aveugle ou non) ne peut, en toute hypothèse, construire des machines qu'en se servant d'éléments dont les propriétés sont telles qu'en se combinant ils produisent des effets voulus [1]. » La même réponse vaut contre l'école positiviste, qui substitue au principe des *causes finales* celui des *conditions d'existence.* Aucun être, dit-on, ne peut subsister sans les conditions qui le rendent possible ; ces conditions étant données, l'être sera ; sans ces conditions il ne sera pas. L'appropriation des organes aux fonctions n'est donc qu'une condition *sine qua non* de l'existence de l'être, elle n'est pas le signe d'une intention ou d'un art qui ait *voulu* ou *prédéterminé* cet être. — Sans doute, peut-on répondre, il faut que les conditions soient réalisées pour que l'être soit. Mais qui est-ce qui fait que ces conditions sont réalisées [2] ? Autre chose, disait Platon, est la cause, autre chose et sans quoi la cause ne serait pas cause. Nous dirons aujourd'hui : autre chose est l'ensemble des conditions, autre chose la cause qui pose et réalise ces conditions. Les conditions d'existence, loin d'exclure la finalité, la supposent, parce qu'elles ne font que la traduire.

C'est dans le même esprit d'intelligente interprétation que l'auteur examine la doctrine de l'évolution au point de vue de son sujet. Selon lui, l'évolution n'est contraire qu'à la doctrine des créations locales et spéciales, elle ne contredit pas l'hypothèse d'une création unique et générale, dominée par le principe du mieux. Elle peut même

1. Pages 164 et suiv.
2. Page 179.

conduire l'esprit à une très haute conception de la finalité. Elle ne rend les causes finales ni impossibles ni même inutiles, ce qui serait une autre manière de les exclure, l'inutile n'existant pas au point de vue de la science. Quand bien même les causes physiques paraîtraient suffire à l'explication des phénomènes, ce ne serait qu'en apparence; en réalité elles ne suffiraient pas à en rendre compte. Il faut bien, dans tous les cas, que les causes essentielles soient de telle nature et disposées de telle sorte qu'elles produisent leur effet, puisqu'elles sont de vrais moyens. Mais d'où tirent-elles cette adaptation de forces et cette disposition de leur mécanisme? C'est là que se ramène inévitablement la question. Au point de vue physique, le marteau qui bat le fer doit être suffisant à produire l'effet voulu, de telle sorte que celui qui ne verrait que le marteau marcher pourrait croire qu'il suffit; en réalité il ne suffit pas tout seul, puisqu'il doit être dirigé par un bras que guide une intention. Il en est de même des agents physiques : de leur suffisance purement relative nous passons logiquement et nécessairement à l'affirmation de leur insuffisance absolue. C'est qu'en réalité, dans cet ordre de phénomènes, il y a disproportion entre la cause et l'effet; mais cette disproportion n'est pas d'ordre physique, elle est d'ordre intellectuel. « La cause physique est une possibilité de produire l'effet; elle n'implique qu'une chose, qu'il n'y a pas contradiction entre les propriétés de la matière et l'effet produit. Mais cette possibilité ne suffirait pas : il faut, en outre, une activité ou *puissance* qui détermine ces propriétés de la matière à un effet précis, et circonscrive la divagation infinie de ses effets possibles dans un champ restreint par la raison. De là vient que la matière parvient à réaliser quelque chose d'intelligible, ce à quoi elle n'a aucune propension par sa nature propre[1]. » Cette différence si importante entre les *conditions physiques* des phénomènes, qui suffisent matériellement à les produire, et leurs *conditions intellectuelles*, qui seules peuvent les expliquer, est excellente en soi et remplit un grand rôle dans la doctrine du livre ; elle définit avec netteté l'objet propre de la science positive, qui ne s'occupe que des premières, et l'objet propre de la métaphysique, qui cherche à saisir les secondes. J'aurais voulu que ce rôle fût plus grand encore, que l'auteur ramenât à cette idée toute la discussion, et que ce fût le point de vue où il se plaçât pour juger les systèmes, quels qu'ils soient, qui ont essayé d'expliquer par des agents purement physiques l'ordre de l'univers. « L'idéal du mécanisme est de tout ramener au mouvement ; mais les lois du mouvement, prises en elles-mêmes, sont indifférentes à produire telle forme plutôt que telle autre, et ne contiennent nullement l'idée d'une formation de système. La matière reste la matière, à savoir le *substratum* ou condition de développement des phénomènes ; la force reste également ce qu'elle est, la cause du mouvement. Ni dans l'un ni dans l'autre de ces deux éléments n'est contenu le principe d'un développement rationnel. Tout au moins faudrait-il y ajouter un troisième, à savoir l'*idée* qui servira de cause directrice, et ce serait revenir à la doctrine de la finalité. » Au fond, tout ce grand débat des causes finales se réduit à cette alternative : d'une part, la science tendant à établir la proportion des causes physiques et des effets et à rendre par là l'hypothèse finaliste de plus en plus aléatoire et subjective ; d'autre part, la métaphysique maintenant la réelle disproportion entre les causes et les effets, en ayant soin de marquer

---

[1]. Page 371.

que cette disproportion est tout intellectuelle et non physique.

L'auteur marque à grands traits cette distinction qui me paraît fondamentale. J'aurais voulu qu'il en fît plus d'usage pour simplifier et abréger la discussion, qui se perd vraiment dans l'infini des détails. C'est le signe d'un esprit né pour la dialectique d'épuiser l'objection jusqu'au fond, dans ses variétés et ses nuances les plus subtiles, se complaisant dans cet exercice de sa force, ou plutôt, par une sorte d'excès de probité scientifique, se tourmentant à se satisfaire et dépassant en exigences envers lui-même les exigences les plus rigoureuses du lecteur. Mais cette accumulation des objections issues soit des diverses écoles de physiologie, soit des variétés du mécanisme, soit du positivisme, soit de la doctrine de l'évolution et du transformisme, produit dans l'esprit une sorte de confusion. Il m'a semblé qu'il y avait dans cette partie de l'ouvrage plus d'une répétition d'arguments correspondant nécessairement à des difficultés du même ordre ou du même genre, et qu'en particulier le chapitre consacré spécialement aux objections faisait en plus d'un endroit double emploi avec les deux chapitres précédents. On regrette que M. Janet n'ait pas évité cet inconvénient en ramassant et concentrant la polémique, en groupant les thèses ou les hypothèses qu'il combat, selon leurs analogies ou leurs similitudes, et nous épargnant un peu de cette dispersion d'esprit que produit le spectacle de cette grande bataille dialectique, répandue dans un champ trop vaste, à travers des accidents de terrain nombreux, sans points de repère suffisamment marqués. J'ai essayé de montrer tout à l'heure le point central et supérieur d'où il eût été aisé à l'auteur de dominer l'ensemble de cette polémique.

Nous ajouterons à cette légère critique, qui ne porte

que sur la méthode du livre, deux observations qui touchent à la doctrine, estimant d'ailleurs que, pour une œuvre de cette importance, l'analyse offre plus d'intérêt que la discussion, quand on est d'accord avec l'auteur sur les principes. — Est-il exact de dire, comme le fait M. Janet, que, si nous n'avions pas en nous-mêmes le type de la finalité dans l'exercice de notre activité volontaire, nous n'aurions pu « inventer cette notion » ? Est-il vrai que le fondement de cette conception est uniquement l'analogie des œuvres de la nature avec l'industrie humaine? Je ne puis le croire. Sans doute l'exemple de l'industrie humaine éclaire cette notion, et nous nous expliquons mieux à nous-mêmes l'accord du phénomène avec le futur, qui constitue l'idée du but, après que nous l'avons trouvé en nous-mêmes et que nous avons analysé les combinaisons que nous faisons en vue de l'avenir. Mais l'origine de l'idée de finalité est-elle là, uniquement là? Cette idée ne précède-t-elle pas la réflexion plus ou moins abstraite et tardive que nous faisons sur nos propres combinaisons de moyens et de fins, sur notre propre industrie? Il me paraît qu'il y a quelque chose d'antérieur, c'est la réflexion toute naturelle et spontanée qui se fait en nous sur l'appropriation de nos organes à leurs fonctions. Il y a un fait plus immédiat qui s'impose à notre attention, bien avant le fait compliqué et ultérieur de notre industrie : c'est l'usage même de nos organes, l'usage de l'œil pour voir, l'usage de la main pour saisir. Cette expérience primitive, l'adaptation des différents appareils de notre corps à des fins spéciales, voilà, si je ne me trompe, la première occasion qui nous suggère cette conception: c'est à la fois l'apprentissage pratique et la démonstration expérimentale de la finalité. La démonstration théorique et rationnelle viendra plus tard, et l'analogie éclaircira pour nous les conditions de la finalité. Mais la première réflexion, dans la vie la plus élémentaire, en aura déjà ébauché le type dans notre conscience, et nous ne pouvons même établir cette analogie qu'entre deux termes qui nous soient déjà suffisamment connus.

Nous aurions peut-être quelque éclaircissement ou amendement à réclamer de l'auteur, au sujet du rang qu'il assigne à la loi de finalité. Pour lui, on le sait, ce principe n'est pas un principe premier comme la loi de causalité, c'est une simple vérité d'expérience; ce n'est pas une loi qui s'impose par son évidence, c'est une loi qui se démontre par l'analyse et s'obtient par l'induction, une *loi de la nature*, non de la *raison*. Je ne méconnais pas ce qu'il y a de généreux, d'habile même dans cette concession que l'auteur fait aux adversaires qu'il va combattre, aussi bien qu'aux savants qu'il espère ramener à l'évidence expérimentale de cette vérité. Il se prive lui-même de cet avantage que lui donnerait la nécessité d'un principe reconnu *a priori*. Avantage illusoire, d'ailleurs; car ce ne sont pas là des privilèges qui en imposent beaucoup dans les controverses scientifiques, et il importe peu, au point de vue de la discussion, que cette loi de la finalité soit classée d'avance parmi les vérités premières ou reléguée parmi les vérités secondes. La seule chose essentielle, c'est d'en montrer les applications et d'en obtenir par là ou la vérification perpétuelle dans la nature, si c'est une vérité première, ou, si c'est une vérité seconde, la démonstration par des faits saisissants et bien choisis. Mais théoriquement, à un point de vue supérieur à celui de la discussion, peut-on séparer ce principe de l'essence même de la raison? Oui sans doute, sous les formes explicites et variées que ce principe comporte et qui sont dérivées de l'expérience; non, à mon avis, dans son origine et dans sa formule la plus haute, qui est celle-ci : à savoir, que tout ce qui existe est intelligible, que tout ce qui est réel est rationnel, pourvu que l'on restreigne cette formule à la nature et à ses œuvres, sans l'étendre jusqu'à l'homme et à ses actes. Qu'est-ce donc que la raison, si ce n'est l'affirmation *a priori* qu'il y a une raison des choses, et qu'est-ce que l'exercice de la raison, si ce n'est la recherche de cette raison des choses, la recherche de l'ordre? La science elle-même est-elle autre chose que la réalisation, dans la pensée de l'homme, de ce qui est l'ordre dans la nature? L'ordre, qui explique tout le mécanisme de l'univers, et la science qui découvre les principes de l'ordre ou les lois, sont les expressions irrécusables du principe de finalité qui régit la nature comme il éclaire et guide la raison.

M. Janet semble, en plusieurs endroits de son livre, revenir à cette doctrine, particulièrement quand il démontre que les combinaisons physiques elles-mêmes, loin d'exclure la finalité, la supposent, que la cause mécanique en elle-même est indifférente à produire aucune combinaison réglée, que partout où il y a *ordre* ou *loi* il y a *fin*, que l'esthétique de la nature ne s'arrête pas aux organismes vivants, et qu'elle s'étend aussi loin que s'étend la liaison des phénomènes[1]. Mais alors, lui dirai-je, concluez. Replacez le principe de la finalité à son rang, qui est le premier dans la raison. Au fond, il est engagé, comme celui de causalité, dans tous les phénomènes; il y est même, je ne crains pas de le dire, engagé d'une manière plus profonde, car il explique, à le bien prendre, non pas seulement les phénomènes, mais le principe de causalité lui-même, dont il est l'expression la plus haute et la raison dernière. C'est cette hauteur même qui le rend plus obscur, plus difficile à

---

1. Pages 245 et sq.

saisir. Mais quand, à travers une longue série d'intermédiaires, on est remonté jusque-là, quand le dernier effort de la dialectique est accompli, ce principe prend une telle importance à nos yeux et jette une telle clarté, qu'il semble bien que rien ne s'explique sans lui, que tout s'explique par lui. Il devient le principe directeur de la nature en même temps qu'il est la lumière de la raison; en lui se réconcilient la géométrie et l'esthétique de la nature, de cette nature qui n'est un mécanisme que parce qu'elle est un art. L'idée d'ordre ne s'achève que lorsque la causalité elle-même est ramenée à la finalité, qui est son vrai nom métaphysique : ce qui revient à dire qu'il n'y a des causes que parce qu'il y a des fins, qu'il n'y a des mouvements que parce qu'il y a un but.

# LA PAROLE INTÉRIEURE

Essai de psychologie descriptive, par Victor Egger.

On peut dire des nouvelles générations philosophiques que ce n'est pas par excès de timidité qu'elles pèchent. La plupart des jeunes auteurs qui les représentent ne tentent rien moins que de donner du premier coup la formule universelle des choses; ils embrassent pour leur début des sujets trop vastes, et il ne faut pas s'étonner si quelques-uns succombent sous le poids de ces ambitions immodérées. C'est l'évidente et dangereuse tentation d'esprits inexpérimentés, qu'attend trop souvent le découragement, au lendemain de ces efforts excessifs, devant l'indifférence du public ou même devant le sourire indulgent des connaisseurs, qui ne sont pas insensibles au talent, mais qui mesurent la disproportion entre l'effort et le résultat. Il faut savoir gré à M. Victor Egger d'avoir su éviter ce péril des sujets illimités et se prémunir contre cette légère infatuation, produit de la jeunesse ardente et d'un cerveau surmené par l'étude. C'est le signe d'un esprit excellent, d'avoir choisi pour son premier ouvrage une question restreinte, sur laquelle il pût mettre sa marque personnelle. Peut-être estimera-t-on qu'il a dépassé d'une autre manière la mesure, en élargissant cette question dans tous les sens possibles, en essayant d'en découvrir tous les aspects imaginables, d'en vérifier tous les éléments, même ceux qui sont négligeables, d'en définir toutes les conditions, même les plus lointaines. Mais, après tout, l'inconvénient est moindre d'agrandir, fût-ce démesurément, un sujet spécial et restreint, que de diminuer, par des tentatives inégales et prématurées, la grandeur des problèmes.

Je louerai donc très volontiers M. Victor Egger pour la modestie relative de son sujet, *la Parole intérieure*, et aussi pour la modestie du sous-titre, *Essai de psychologie descriptive*, dussé-je restreindre l'éloge pour la manière dont il l'a traité et où je trouve en quelques endroits de l'excès. Sa psychologie, fine jusqu'à la subtilité, creuse chaque question, même accessoire, et ne s'arrête qu'au point où la masse des ténèbres infranchissables s'oppose à ce qu'il aille plus avant. Souvent même ce point est dépassé. Il faut voir là l'entraînement d'un esprit qui ne se satisfait pas aisément; mais il pénètre bien loin dans ces couches souterraines, plus loin que l'attention du lecteur ne le suivra. Un autre tort de l'auteur, c'est qu'il ne résiste pas d'un esprit assez ferme à l'attrait de théories très importantes en soi, mais secondaires dans ce sujet spécial, qui traversent à chaque instant son plan, le font dévier, l'égarent ou le troublent momentanément, et jettent l'esprit dans un ordre de problèmes nouveaux qui dépassent de beaucoup la question primitive. L'urne que le jeune sculpteur avait eu le dessein de modeler est petite; je ne l'en blâme pas, mais il y verse un fleuve qui déborde de tous côtés et qui voile, sous l'épanchement de ses ondes, les contours, les délicats reliefs du vase et le fin travail de l'artiste.

La composition du livre n'est assez sévère ni dans l'ensemble ni dans les détails. L'auteur ne sait pas se défendre contre les surprises de sa pensée ni contre les objections qu'il se fait à lui-même. Il veut répondre à toutes les difficultés, ce qui est chimérique; il s'attarde à chacun des problèmes qui naissent sur tous les points de la circonférence où il devrait s'enfermer, ce qui l'entraîne, sinon précisément hors de son sujet, du moins au delà de toutes les proportions que ce sujet comporte. A chaque instant on voit poindre des théories capitales que l'auteur indique, qu'il commence à traiter, qu'il est forcé d'abandonner en route pour ne pas se perdre dans l'infini, telles que les théories sur la perception extérieure, sur l'habitude, sur la nature du signe, lesquelles touchent bien sans doute au sujet, mais par des liens trop lâches pour qu'on puisse jouir sans inconvénient des vues nouvelles que l'on nous propose, et suivre avec attention l'intérêt trop dispersé de ces idées épisodiques. Enfin, pour épuiser la liste des griefs que j'appellerai extérieurs, nous ne devons pas cacher à un écrivain aussi exercé, aussi habile déjà et d'aussi bonne race littéraire, la surprise que nous ont causée des néologismes étranges, comme ceux-ci que l'on peut recueillir en ouvrant le livre presque au hasard : la parole *audible*, les *visa* et les *tacta*, les *visa tacta*, le *tactum buccal*, la faculté d'*externer* certaines classes de nos états psychiques, la *spatialité*, l'*internité* des phénomènes. Je sais bien comment se défendrait l'auteur : l'école expérimentale anglaise use largement de ces procédés. Pourquoi ne pas accorder la même licence à ces jeunes écrivains philosophes qui prétendent tout sacrifier à l'exactitude, qui visent, dans le langage, à une sorte de précision mathématique, et qui, si on les poussait à bout, avoueraient qu'ils ont de grandes préventions contre l'élégance du style, trop aisément confondue par eux avec l'à peu près? Je ne puis consentir à ces trop faciles apologies en faveur d'un langage qui, si l'on n'y prend garde, deviendra celui d'une barbarie pédante; et je reste persuadé qu'il y a dans le fonds commun de la langue littéraire, si l'on y ajoute le contingent nécessaire de la langue scientifique autorisée, des ressources suffisantes pour bien dire et tout dire sur toutes les questions. Je me refuse à croire que ce soit un droit pour chacun des auteurs de se faire un idiome propre à son usage, de créer sa langue, et de nous contraindre à réclamer d'eux, à chacun des livres qu'ils produisent, un index des mots nouveaux et un vocabulaire au service de leurs fantaisies

Quelque part qu'on doive faire à la critique dans ce livre, il n'en reste pas moins une étude approfondie, curieuse et neuve sur ce singulier phénomène, qui nous est devenu familier par l'habitude, la parole intérieure. « A tout instant, l'âme parle intérieurement sa pensée. Ce fait, méconnu par la plupart des psychologues, est un des éléments les plus importants de notre existence; il accompagne la presque totalité de nos actes; la série des mots intérieurs forme une succession presque continue, parallèle à la succession des autres faits psychiques; à elle seule, elle retient donc une partie considérable de la conscience de chacun de nous. Cette parole intérieure, silencieuse, secrète, que nous entendons seuls, est surtout évidente quand nous lisons : lire, en effet, c'est traduire l'écriture en parole, et lire tout bas, c'est la traduire en parole intérieure; or, en général, on lit tout bas. Il en est de même quand nous écrivons : il n'y a pas d'écriture sans parole; la parole dicte, la main obéit; or, la plupart du temps, quand nous écrivons, il n'y a d'autre bruit perçu que celui de la plume qui court sur le papier; la parole qui dicte ne s'entend pas; elle est réelle pourtant, mais c'est une parole intérieure, une parole mentale, sans existence objective, étrangère au monde physique, un simple état du moi, un fait psychique[1]. »

1. Pages 1, 2, etc.

On ne se contente pas de signaler ce phénomène; on en donne un aperçu descriptif dont les traits principaux méritent d'être retenus. C'est surtout, nous dit l'auteur, quand nous écrivons ou lisons en silence que la parole intérieure est le plus facilement observable, parce qu'alors l'homme qui lit ou qui écrit n'est réellement pas seul; il cause avec le livre qu'il lit ou avec le papier qui semble l'écouter. Elle est plus difficile à constater quand nous sommes seuls, vraiment seuls, sans interlocuteur ni confident d'aucune sorte, avec nos souvenirs et nos pensées, mais surtout quand nous produisons des pensées nouvelles, car, dans ce dernier cas, les sons intérieurs ne font qu'un pour nous avec la pensée qu'ils expriment; et cependant ils ne cessent jamais de l'accompagner. Sans cesse nous pensons, et, à mesure que se déroule notre pensée, nous la parlons en silence, mais presque toujours nous la parlons ainsi sans le savoir, de même que nous ignorons nos habitudes, nos instincts, les principes directeurs de notre pensée, car nous nous livrons à notre nature sans la réfléchir. La parole intérieure est donc constante. Pour en ralentir le cours et en briser la continuité, il faut notre propre parole extérieure ou la parole d'autrui. Hors de ces deux cas, nous ne pensons pas, nous ne vivons pas sans elle. Elle occupe tous les vides laissés par la parole extérieure dans la succession psychique; elle fait, pourrait-on dire, l'intérim de la parole extérieure. On voit quelle importance ce phénomène presque inaperçu de notre vie intellectuelle prend tout à coup dans l'analyse de l'auteur. Interprète de l'écriture, antécédent ordinaire de la parole extérieure, expression naturelle et immédiate de la pensée silencieuse, la parole intérieure est toujours au premier rang parmi les facteurs de la vie sociale et de la vie individuelle. Elle dirige et prépare nos relations avec nos semblables; et quant à cette relation de l'homme avec lui-même, la conscience, elle a pour élément non pas nécessaire, *a priori*, mais, en fait, constant, l'audition d'une voix secrète qui formule sans cesse en paroles nos conceptions et nos jugements, nos sentiments même et nos volontés[1].

Cette description, vive et fine, qui remplit les premières pages du livre et révèle le sens exercé de l'observateur, est-elle exempte de toute exagération? J'ai des doutes. En ces matières si délicates, si fugitives, il est bien difficile de se tenir au point juste et de ne pas aller au delà. L'auteur est tellement préoccupé de son sujet qu'il ne voit que lui partout et toujours. Quand il dit que, hors deux cas réservés (qui sont d'ailleurs très contestables), la parole intérieure est constante, que nous ne pensons pas, et par suite, que nous ne vivons pas sans elle, il me paraît subir une de ces illusions psychologiques familières aux observateurs. Je ne crois pas autant que lui à la constance, à la continuité de ce phénomène, sous la forme de parole expresse, de bruit intérieur, de son mental. Même quand nous lisons, je crois bien sentir que nous ne parlons pas toujours notre lecture. Par exemple, quand il nous arrive de lire très rapidement du regard, de saisir d'un coup d'œil des phrases entières, comme cela est un fait ordinaire aux hommes d'étude, dans ce cas-là et dans d'autres analogues, il ne se produit pas en nous une succession de sons intérieurs; il y a un fait de compréhension pure, d'intuition presque immédiate, qui n'admet pas ce déroulement de la parole intérieure, qui n'en comporte ni l'allure, ni le timbre, ni le bruit continu et régulier. Il en est de même quand nous pensons avec cette vitesse que comporte l'idée et qui nous fait aper-

---

1. Chap. I, *passim*.

cevoir comme dans un éclair des espaces infinis, des objets en nombre illimité, dévorant les transitions et les intermédiaires : ou bien alors la parole intérieure s'évanouit dans cette rapidité d'une course à laquelle elle ne peut suffire, ou bien elle n'a plus rien des caractères que l'auteur veut lui maintenir. « L'âme, dit-il, n'est jamais sans entendre un son ; lorsque le son n'est pas extérieur et réel, il est remplacé par une image qui lui ressemble [1]. »

L'image d'un son ressemble à un son, c'est un écho : mais les autres images, les images visuelles, ne lui ressemblent pas, et ce sont de beaucoup les plus fréquentes dans la vie intellectuelle. J'admets, si l'on veut, l'aphorisme d'Aristote, « qu'on ne peut pas penser sans image ». Soit, mais Aristote n'a pas dit « sans image sonore » ; voir une succession d'images ou de métaphores dans son esprit, ce n'est pas nécessairement leur attribuer un son. La pensée est le plus souvent une intégration d'images ; sur ce point, je suis en désaccord avec M. Victor Egger, qui tend à n'y voir qu'une succession de sons intérieurs.

C'est seulement, à ce qu'il me semble, quand il se produit quelque résistance dans l'évolution de la pensée, qu'elle s'accentue, qu'elle cherche son point d'appui dans quelque chose de plus matériel, de plus consistant et qu'elle a recours à l'image sonore. Elle prend ainsi plus de corps, pour ainsi dire, plus de force pour s'opposer à l'obstacle. C'est ce qui explique précisément tous les cas dans lesquels la parole intérieure se fait réellement connaître à nous, en dehors des hypothèses ou des fictions. Qu'on le remarque, cette manifestation coïncide toujours avec une résistance que l'on voudrait vaincre ou avec le phénomène si curieux du dédoublement de la personna-

---

1. Page 5.

lité, le partage du moi en deux personnes dont l'une s'oppose momentanément à l'autre. Par exemple, pour la lecture d'un livre, quand est-ce qu'il nous arrive d'avoir recours à la parole intérieure? C'est quand la matière de notre lecture résiste à notre entendement, quand de sérieuses difficultés rompent cette rapidité de l'intuition qui parfois dévore en une seconde toute une série de phrases. Alors la pensée se recueille et se ramasse en elle-même, ralentit sa marche, cherche un point d'appui; elle le trouve naturellement dans la succession des sons intérieurs. Nous lisons *à voix basse,* c'est-à-dire que nous répétons intérieurement les mots imprimés; nous en fixons dans notre mémoire l'image sonore; nous reproduisons au dedans de nous la série des efforts que nous ferions pour donner l'idée juste et complète du texte à autrui, si nous lisions à haute voix. Grâce à ces expédients presque instinctifs, il arrive que l'attention moins fugitive, plus vigoureusement retenue sur chaque détail, finit par rompre une à une chacune des difficultés d'interprétation qui résistaient à la vision rapide; la parole intérieure a été l'instrument de cet effort et de cette victoire.

Une raison du même genre s'applique à d'autres cas bien connus de chacun de nous et finement analysés par M. Victor Egger : par exemple, le cas de l'insomnie, pendant lequel nous ne pouvons *faire taire* notre pensée. « Nous l'entendons alors, dit très bien l'auteur, car elle a une voix, elle est accompagnée d'une parole intérieure, vive comme elle, et qui la suit dans ses évolutions; non seulement nous l'entendons, mais nous l'écoutons, car elle est contraire à nos vœux, à notre décision, elle nous étonne, elle nous inquiète; elle est imprévue et ennemie; nous cherchons à la combattre, à la calmer, à la détourner, pour l'éteindre, sur des objets indifférents ». Je relève dans ce passage deux mots caractéristiques : elle nous apparaît, dit-on, alors comme imprévue et ennemie. Imprévue, ennemie? Oui, sans doute, imprévue pour celui qui a cru la faire taire, ennemie de celui qui veut dormir. C'est en effet là, d'ordinaire, l'explication de l'insomnie, en dehors des maladies et des souffrances organiques. L'insomnie est le phénomène fatigant et douloureux de la pensée surexcitée qui continue son œuvre mal à propos et se change en tourment pour l'homme physique, las et avide de repos. La pensée, repoussée et redoutée, devient alors parole intérieure pour se faire mieux écouter, pour mieux troubler notre sommeil et vaincre notre apathie. C'est le signe manifeste du dédoublement de notre personnalité. Quelque chose d'analogue se produit quand nous entendons un orateur intimidé et balbutiant ; nous nous transformons en lui, nous nous mettons à sa place, nous souffrons de ses maladresses ; nous complétons ses mots, qui n'arrivent pas assez vite ; nous achevons ses phrases, qui s'arrêtent en chemin ; nous corrigeons ses *lapsus*, s'il lui en échappe ; la parole intérieure fonctionne alors en nous comme le *souffleur* du personnage malhabile que nous entendons avec une certaine souffrance, et que, par une sorte de substitution, nous nous figurons être un instant nous-mêmes.

Nous ne saurions être de l'avis de M. V. Egger, quand il dit que, pour suspendre tout à fait la parole intérieure durant un temps notable, il faut la parole d'autrui, et qu'elle se repose même entièrement si nous écoutons un discours ininterrompu et parfaitement correct. C'est au contraire sous la suggestion de la parole d'autrui, fût-elle même parfaite, que la parole intérieure prend le plus d'activité et déploie son ressort, du moins si j'en crois mon expérience personnelle ; car, en ces sortes d'observations, il y a une grande part à faire à la nature de chacun et à ses habitudes d'esprit. C'est en écoutant le discours d'un autre que notre capacité de parole intérieure s'éveille, et s'excite, par une sorte d'émulation involontaire, soit pour abonder avec joie dans le sens de l'orateur, achever ses démonstrations, ajouter des expressions vives et fortes à celles qu'il trouve, compléter les moyens oratoires dont il dispose, soit, au contraire, pour le critiquer, quand son discours nous inquiète ou nous froisse, trouver des arguments contre lui, détruire les siens, apostropher l'orateur au dedans de nous-mêmes, nous imaginant être à la tribune qu'il occupe et lui répondre. Cela est très visible aussi dans les discussions vives, au milieu du monde ou dans une commission scientifique. Loin que la parole de l'adversaire distraie ou éteigne notre parole intérieure, elle l'avive. A qui de nous n'est-il pas arrivé, en entendant une controverse, que nous y soyons ou non directement mêlés, de sentir surgir en nous un flot de paroles qui ne demande qu'à se répandre au dehors et qui fait au dedans de nous un tumulte inaccoutumé? Voici un dernier fait bien curieux, où se manifeste, non plus comme ici, notre substitution ou notre résistance à une autre personne, mais simplement cette puissance étrange de dédoublement de notre personnalité dans des circonstances qui sembleraient absolument l'exclure. Il n'est pas exact de dire, comme l'a fait M. Victor Egger, que, pour ralentir le cours de la parole intérieure, notre propre parole suffit. Bien que cela puisse sembler paradoxal à ceux qui n'ont pas l'habitude de parler en public, ce n'est pas seulement dans les courts silences, dans les rapides intervalles de la ponctuation de ses phrases, que l'orateur parle tout bas ce qu'il pense par anticipation et ce qu'il va dire, c'est même pendant qu'il parle tout haut. Il y a là quelque chose de bizarre : l'orateur préparant, par une action continue, la suite de son discours, tandis qu'il a l'air tout entier à l'effort de son discours présent. Deux paroles et deux discours simultanément, c'est là un des secrets de l'improvisateur : la pensée pourvoyant à la fois à deux œuvres et accomplissant deux tâches, celle du moment qui s'achève et celle du moment qui va suivre, l'une au moyen du discours ordinaire, l'autre au moyen de la parole intérieure.

Dans tous ces cas, qu'il serait facile de multiplier, on remarquera qu'il y a dualité d'éléments ou réels ou imaginaires en présence. C'est un signe assez clair que la parole intérieure se manifeste particulièrement là où il y a lutte, antagonisme, de quelque sorte qu'il soit, résistance à un obstacle du dehors ou du dedans, à une personnalité extérieure ou à l'un des termes de notre propre personnalité momentanément divisée. Je crois apercevoir là le dessein d'une loi psychologique qui méritait d'être signalée avec plus de précision que ne l'a fait l'auteur. La plupart des cas où M. V. Egger croit démêler la parole intérieure et auxquels la loi que j'indique ne s'applique pas me paraissent être des cas équivoques ou obscurs où je ne puis, quant à moi, recueillir de ce curieux phénomène que de faibles traces et une image bien décolorée, sinon même l'écho de ma propre pensée qui le crée en s'écoutant.

Il n'en est pas moins vrai, en dépit de quelques exagérations, que le rôle de la parole intérieure est considérable dans la vie intellectuelle, et M. Victor Egger a raison de s'étonner que ce fait capital ait été négligé par la plupart des psychologues et des théoriciens du langage. « A toutes les époques, il est vrai, et sans doute chez tous les peuples, le sens commun en a reconnu, sinon l'importance, du moins la réalité. Un certain nombre d'expressions courantes, dans toutes les langues, témoignent d'un sentiment confus de l'existence de la parole intérieure. Mais, dans l'antiquité, elle semble avoir échappé à tous les penseurs, et, chez les modernes, aucun des maîtres de la psychologie n'a su la décrire exactement et lui assigner son rang parmi les faits psychiques. » Dans une revue consciencieuse, l'auteur nous met devant les yeux ce qu'on pourrait appeler la bibliographie de son sujet; elle n'est pas très longue. Socrate est le premier qui ait observé sur lui-même la parole intérieure, puisqu'il se disait conseillé par une voix qui ne se faisait entendre qu'à lui-même ; mais il l'attribuait à un dieu. Platon et Aristote semblent bien ne faire que des métaphores, l'un quand il appelle la pensée « un dialogue intérieur et silencieux de l'âme avec elle-même »; l'autre, quand il oppose le λόγος ἔσω au λόγος ἔξω, ce qui paraît être la raison intérieure et le raisonnement extérieur. Le christianisme, en distinguant la prière mentale de la prière exprimée au dehors (*oratio mentalis, oratio vocalis*), le nominalisme, en réduisant les genres à des *nomina* qui, pour être pensés, n'ont pas besoin du bruit extérieur de la voix, ont dû éveiller la clairvoyance des philosophes modernes sur ce phénomène. Cependant le progrès en ce sens a été bien lent. Bossuet signale le fait en termes fort clairs dans sa *Logique*. Dans ses *Instructions sur les états d'oraison*, il distingue l'état ordinaire, où la parole intérieure se produit dans un discours suivi, de l'état le plus parfait possible, où la pensée discursive, momentanément suspendue, s'abîme dans la vue de Dieu. Leibniz reconnaît l'utilité des paroles intérieures, « qui ne sont pas moins des marques (*notæ*) pour nous que des signes pour les autres ». Locke constate que « les mots enregistrent nos propres pensées pour le soulagement de notre mémoire, ce qui nous aide, dit-il, à nous parler en nous-mêmes ».

Au xix° siècle, ce phénomène prend tout à coup, chez

M. de Bonald, une importance extraordinaire. La parole intérieure devient « la clef de voûte d'un système complet de philosophie théorique et pratique ou, comme le dit M. de Bonald, l'explication du mystère de l'être intelligent.... Après une description sommaire, il se hâte d'employer sa découverte, d'une part à une sorte de restauration de la maïeutique de Socrate et de la réminiscence de Platon, d'autre part à la déduction du célèbre paradoxe de l'institution divine de la parole ». Maine de Biran, dans son *Examen critique*, réfute très solidement la partie systématique de la philosophie de M. de Bonald, mais il omet la part de vérité psychologique qui lui a servi de point de départ. Il faut arriver jusqu'à Cardaillac pour trouver une description vraie, non systématique, de la parole intérieure. Ce psychologue injustement oublié en constate l'utilité et même la nécessité ; il en note les variétés individuelles, distinguant avec soin, avec minutie même, deux paroles intérieures, l'une que nous entendons en nous parce que nous nous parlons, l'autre que nous entendons en nous sans nous parler ; il en recherche les causes diverses et rattache par là le phénomène particulier à la psychologie générale. Il n'édifie pas, comme de Bonald, dont il s'inspire sur quelques points, des théories métaphysiques, mais son analyse est beaucoup plus complète et plus exacte que celle de son devancier. Un fin psychologue, mort prématurément, regretté de l'Université et de la philosophie, Albert Lemoine, dans son ouvrage sur *la Physionomie et la Parole*, montre la présence ordinaire de la parole intérieure dans la méditation silencieuse, et, dans un curieux mémoire sur *l'Hallucination*, il soutient cette thèse que c'est l'usage ordinaire des images vocales, au détriment des images visuelles, qui explique la fréquence des hallucinations de l'ouïe. Enfin on nous signale, dans l'ouvrage récent du docteur Fournié, quelques observations intéressantes sur le langage des gestes comparé au langage de la voix, sur le rôle de ce langage de gestes dans la psychologie et l'éducation du sourd-muet, où il est appelé à rendre à la pensée les mêmes services que la parole, le sourd-muet pensant et développant son intelligence au moyen d'une mimique intérieure.

A défaut des philosophes, dont la plupart n'ont donné qu'une attention superficielle à ce curieux phénomène, le sens commun, organe élémentaire, écho instinctif et direct de la psychologie, a marqué souvent d'un trait vif la nature et les fonctions de la parole intérieure. M. Victor Egger en a recueilli les traces authentiques et variées dans les conversations familières, dans l'usage ordinaire des langues, dans la littérature. Voici quelques expressions bien connues qui contiennent le fait ou y font des allusions : *s'entretenir avec soi-même; qu'en dites-vous? qui l'eût dit?* A chaque instant on rencontre des traits analogues dans les romans ou autobiographies : *pensa-t-il; se disait-il; je me disais; il se dit en lui-même....* L'auteur juge avec raison que, si de courts apartés, si de longues méditations sont naturellement désignés dans le langage par le verbe *se dire*, si cette locution est devenue le synonyme de *penser en silence*, ce n'est pas seulement par métaphore et parce que la pensée pourrait être énoncée au dehors, c'est aussi parce qu'elle est réellement énoncée au dedans de nous. — Il faut expliquer de même les expressions comme : *cela ne dit rien à l'esprit; cela parle au cœur;* et chez les poètes :

> Tout parle de sa gloire.
> (Corneille.)

> Jusqu'au silence même,
> Tout me parle de ce que j'aime.
> (Quinault.)

Enfin, s'il est vrai que le *cœur parle* si souvent dans la littérature, c'est sans doute qu'il suggère, qu'il inspire des pensées, comme une bouche étrangère, mais c'est aussi que ses suggestions se traduisent en parole intérieure. Quand Cicéron écrit à Atticus : *Ad me scribe quod in buccam venerit*, il rend hommage, par sa métaphore, à la même vérité psychologique. Enfin, des titres d'ouvrages comme les *Soliloques* (de saint Augustin et de saint Bonaventure) et les *Voix intérieures* (de Victor Hugo) portent avec eux leur pleine signification [1].

De tous ces éléments épars et de bien d'autres qui avaient échappé à une observation superficielle, M. Victor Egger a essayé de dégager une théorie aussi exacte et complète que possible. Il avait d'abord conçu un programme plus vaste, d'après lequel il aurait étudié la nature du fait lui-même, son essence, les caractères par lesquels il se distingue des faits analogues; puis la loi du fait, son extension dans la vie psychique, ses causes, son histoire chez l'individu contemporain et dans la vie de l'humanité ; enfin ses modifications dans les états anormaux, la distraction, le sommeil, l'ivresse, la folie. Mais c'est là un de ces plans excellents en théorie, et presque impraticables, qui aurait condamné l'auteur à revenir souvent sur ses pas, à se répéter d'une manière fatigante. Certaines parties seraient restées inabordables, faute de matériaux pour les traiter d'une manière même approximative. Comment, par exemple, raconter l'histoire de la parole intérieure dans les différentes phases de la vie de l'humanité, à moins d'avoir recours à des conjectures sans intérêt sérieux et sans valeur? A ce plan idéal les nécessités de l'œuvre pratique ont substitué un plan plus simple et bien assez compréhensif pour ce genre

---

[1]. Pages 120 à 122.

d'étude. L'auteur détermine d'abord la caractéristique de la parole intérieure, en la comparant à la parole extérieure ; puis il étudie les variétés vives qu'elle présente, les transitions par lesquelles elle passe, s'accentuant ou se décolorant successivement, les étapes diverses par lesquelles elle aboutit à la parole extérieure ; il essaye d'en fixer la place dans la classification des faits psychiques ; enfin il la compare à la pensée, et à ce propos il constitue, non sans originalité et sans profondeur, une théorie du signe. Tel est l'ordre des questions que nous voyons se succéder dans ce livre. Si quelques-unes seulement sont résolues, ce sera déjà un gain pour la science et nous tiendrons l'auteur quitte pour le reste où subsistent encore bien des obscurités.

Un des bons chapitres du livre est celui où l'on compare la parole intérieure et la parole extérieure. L'une, nous dit-on, est comme une imitation ou comme un écho de l'autre ; mais elle fait partie de nous ; l'autre n'est que notre œuvre. La parole extérieure est comme une parole ; la parole intérieure est comme *ma* parole. De plus, elle est *un état de conscience* faible relativement à l'autre ; elle est plus rapide, plus concise, elle est plus variée, plus souple ; enfin, et l'auteur y insiste, elle est une simple image d'une série de sons. Tandis que la parole extérieure d'autrui est une sensation sonore, et que notre propre parole, prononcée et entendue par nous, est une sensation double, à la fois sonore et tactile, un couple de sensations[1], notre parole intérieure n'est pas une sensation, mais une image, une image simple, purement sonore. Quand nous parlons, notre attention porte particulièrement sur le son ; mais nous sentons aussi et très distinctement les mouvements de la langue et des lèvres ;

---

1. Pages 76 et suiv.

en réalité, la sensation de l'ouïe est toujours accompagnée d'une sensation tactile très fine et très spéciale, localisée dans notre bouche. Or, dans la parole intérieure, réduite à elle-même et ramenée à ses éléments, l'image sonore apparaît seule, l'image tactile a disparu.

Ici se présente une objection, transformée par Bain en une théorie, d'après laquelle l'image du mouvement de la bouche, ou même une ébauche du mouvement laryngo-buccal réel, accompagnerait toujours la parole intérieure; peut-être même, selon lui, le phénomène de la parole intérieure serait essentiellement un mouvement interrompu ou la simple image de ce mouvement. Sans aller aussi loin, je serais porté à croire qu'il se produit toujours dans ce phénomène, en même temps qu'une image sonore, une tendance à la produire au dehors, à la transformer en une sensation, quelque chose comme un commencement d'action qui imprimerait un certain mouvement initial aux organes de la voix. Je crois remarquer cette tendance organique toutes les fois que je saisis nettement et distinctement en moi le phénomène de la parole intérieure. M. Victor Egger ne méprise ni cette observation ni l'objection qui s'en déduit, et voici comment il y répond. Il soupçonne là une illusion et il essaye de nous en expliquer le mécanisme; elle a pour cause première, selon lui, l'emploi d'une méthode d'observation qui a ses défauts et ses périls. L'observation du présent est toujours, plus ou moins, une expérimentation, c'est-à-dire une observation volontaire; or la volonté est une force dont l'action ne saurait être exactement limitée à l'avance; je veux observer et j'observe; mais en même temps j'invente, je crée dans une certaine mesure l'objet de mon observation, et il m'arrive ainsi de prendre pour mon état normal et constant les effets d'une excitation passagère[1]. Appliquons cela au cas présent. Quand je dirige mon attention sur l'idée de l'image tactile et que je l'associe à l'image sonore actuellement présente à ma mémoire, cette idée se précise de plus en plus par l'effet de ma volonté tendue vers elle, et par là même j'arrive à susciter en moi certains de ces phénomènes qui l'accompagnent ou la suivent d'ordinaire. Je crée le phénomène en y pensant avec une certaine force. « L'attention est ainsi comme une sorte de demande qui implique et impose la réponse. »

Quoi qu'on pense de cette manière de répondre à l'objection prévue et qui persistera peut-être même après la réponse, il faut reconnaître qu'il y a là une excellente psychologie. Le dernier résultat peut être contesté sans que cela nuise au mérite, à la nouveauté de l'effort que l'auteur a fait pour l'établir et à la partie de vérité psychologique qui s'en dégage. Nous insisterons moins sur le développement que donne l'auteur à l'élucidation de cette question : Comment arrivons-nous à distinguer la parole intérieure, celle qui fait partie de nous et qui ne sort pas de nous, et la parole extérieure, celle qui n'est que notre œuvre et qui fait partie du monde matériel? Comment jugeons-nous que *l'état fort* de conscience est corporel et extérieur, que *l'état faible* est intérieur, c'est-à-dire psychique? M. Victor Egger remonte aux sources de la question ; il ne traite de rien moins que de la perception extérieure tout entière ; il expose toute une théorie, d'après laquelle ces deux jugements distincts et opposés ne le sont qu'en apparence. Au fond, le second de ces jugements est inutile, car l'absence du premier équivaut à l'affirmation du *moi* ou de ce qui est *mien*. Ce qui est primitif, c'est le *moi* ou la reconnaissance de ce qui est

---

1. Pages 79 à 90.

*mien*. Ce qui est secondaire et dérivé, c'est la reconnaissance de ce qui n'est pas moi. A proprement parler, il n'y a ni perception interne ni perception externe ; il n'y a qu'une perception : nous nions de nous-mêmes une partie de nos états de conscience, et c'est ce que nous appelons le monde extérieur ; ce qui est conservé par une affirmation énergique et intense, c'est proprement le *moi*, et c'est cette affirmation que la psychologie vulgaire appelle la perception interne ou la conscience. Nous ne suivrons pas l'auteur sur ce terrain où il paraît se mouvoir avec un certain embarras, sentant bien que c'est au fond un hors-d'œuvre, à moins qu'il ne cherche à se défendre par l'axiome que « tout est dans tout » ; mais c'est surtout en psychologie qu'il faut se prémunir contre les périls de cette sorte d'entraînement, garder ses limites et maintenir, sous peine d'une irrémédiable confusion, la spécialité du sujet que l'on a choisi. L'auteur produit à ce propos, je dirais mieux hors de propos, toute une série d'assertions personnelles qui demanderaient, pour être approuvées, plus de développements et de preuves à l'appui, qui n'ont que la valeur d'une ébauche ou de la préparation lointaine d'une théorie, et qui perdent de leur force à être aventurées et comme compromises dans un épisode.

L'auteur se retrouve avec ses avantages dans le chapitre où il traite des variétés vives de la parole intérieure, étudiant et distinguant avec une finesse particulière tous les cas où elle se rapproche de la parole extérieure. C'est une partie tout à fait intéressante et je dirai presque définitive de ce livre où se joignent, aux bons endroits tels que celui-ci, dans une très agréable mesure, l'esprit scientifique le plus sérieux et ce sens littéraire, dont se défient trop les jeunes philosophes, et qui n'est, au fond, que l'adaptation du style à la nature des différents sujets qu'ils traitent. On nous explique à merveille, par une série d'observations délicates et de cas bien étudiés, comment s'opère le passage de la parole intérieure, faible, monotone, rapide, concise, réellement intérieure, comme il arrive quand l'âme est calme, à la parole extérieure, forte, accentuée, véhémente, comme cela ne manque pas d'arriver, quand l'âme est montée à un certain ton d'imagination ou de passion. On distingue avec soin la parole intérieure passionnée et la parole imaginative, tout en reconnaissant que la passion ne s'élève pas sans susciter à quelque degré l'imagination, et, réciproquement, qu'il n'est pas d'imagination sans quelque passion ; mais la proportion de ces deux phénomènes est très variable, ce qui donne au psychologue le droit de les considérer séparément [1].

La forme dramatique est une forme très fréquente de la parole imaginative. C'est celle dans laquelle nous nous donnons pour ainsi dire en représentation à nous-mêmes. Mais il faut aussi distinguer deux degrés : tant que nous conservons la connaissance exacte de ce qui se passe en nous, tant que subsiste un juste équilibre entre l'affirmation et la négation du moi, c'est proprement le drame, ou, d'un terme plus général, le jeu. Comme le fait très bien observer l'auteur, l'enfant qui *joue de tout son cœur* et l'acteur *tout à son rôle* arrivent bien rarement à se tromper eux-mêmes et à perdre le sentiment de leur personnalité. Dans tout jeu, dans toute feinte, l'âme se dédouble, et l'acteur convaincu recouvre un spectateur sceptique. C'est même là le sujet du très ingénieux *Paradoxe sur les comédiens* de Diderot. Mais lorsque, dans de forts mouvements d'imagination ou de passion, l'équilibre est rompu en faveur du non-moi, quand, au lieu de n'être

---

1. Pages 128 à 131 et suiv.

dupes qu'à demi, ce qui revient à n'être dupes en aucune façon, nous nous abandonnons insensiblement à l'illusion, la parole intérieure vive devient alors une véritable hallucination.

Dans cette revue exacte et détaillée des variétés de la parole intérieure, M. Victor Egger rattache avec raison à la forme dramatique le phénomène de l'inspiration, propre aux poètes qui croient écrire sous la dictée de la Muse. La Muse, dans les temps modernes, n'est qu'une convention poétique ; il faut remonter à la poésie primitive pour trouver une croyance naïve et sincère à l'inspiration d'en haut. Mais le phénomène de l'inspiration n'en est pas moins très nettement caractérisé par ces deux traits : l'excitation des facultés esthétiques de l'esprit et l'exaltation de la parole intérieure.

Une place à part et très étendue est donnée à la parole intérieure *morale*. La description que l'auteur en a faite mérite de rester. « Cette sorte de parole est d'ordinaire intermittente et concise ; elle interrompt brusquement une méditation, prononce son arrêt, qui est toujours un impératif non motivé, puis elle se tait jusqu'à ce qu'une nouvelle occasion se présente pour elle de rentrer en scène. Elle parle volontiers aussi haut que la passion, et, par suite, elle simule également bien la parole extérieure.... L'idée du devoir survient dans la succession psychique comme un état jusqu'à un certain point imprévu, circonstance favorable pour que son expression paraisse extérieure... La loi morale a encore ceci de particulier, qu'elle parle plus volontiers à la seconde personne qu'à la première : *tu dois*, au lieu de *je dois ;* dans le cas de reproche, elle emploie quelquefois le *vous*, au lieu de *tu*, parce que le *vous*, dans nos usages modernes, est méprisant quand il n'est pas cérémonieux. Ces formes de langage indiquent qu'un certain degré d'imagination accompagne les jugements de la raison pratique : la loi morale nous parle comme un père à ses enfants ou comme un maître à ceux qui lui doivent obéissance ». Cette analyse s'éclaire de quelques exemples très bien choisis; mais le développement le plus intéressant de ce chapitre est emprunté à deux grands faits historiques. Dans les circonstances ordinaires de la vie, où nous reconnaissons l'imprévu du *dictamen* moral, nous n'avons pas l'idée d'attribuer une origine surnaturelle à cette voix intérieure, vive et forte, qui nous fait des reproches ou nous impose un devoir. Mais, pour un méditatif ou pour un mystique, dans les mêmes circonstances, la voix sera une voix *céleste*, une voix d'*en haut*. Même pour un homme ordinaire, il peut arriver que, dans des circonstances exceptionnellement graves et tragiques, sous l'impression de la surprise que lui cause cette parole dramatisée par la conscience, il pense sentir je ne sais quel coup d'une grâce ou d'une intervention divine. Le démon de Socrate et les voix de Jeanne d'Arc sont deux illustres exemples de la parole intérieure morale attribuée à une personnalité étrangère.

La littérature abonde en allusions à ces variétés vives de la parole intérieure. « La prosopopée est une parole morale fictive, à laquelle, par une nouvelle fiction, l'orateur ou l'écrivain refuse l'intériorité pour l'attribuer à une personnalité étrangère, soit humaine, soit divine, soit abstraite, soit indéterminée, dans laquelle enfin l'impératif moral est complété par une démonstration tantôt concise, tantôt développée selon les règles de l'art ». La poésie et l'éloquence antiques sont pleines de ces fictions. L'art moderne ne peut s'y soustraire, tant ces formes dramatiques de la parole intérieure sont naturelles à l'homme, dès que son imagination ou sa passion s'excitent; dès l'origine des langues, une foule de locutions sont marquées à l'empreinte de ces manières de sentir et de parler. C'est la *voix de la conscience*, la *voix du divin*, la *voix de la raison*, la *voix du cœur*, la *voix du sang*. Chez les tragiques, tout mobile est une voix : la *voix de la nature*, la *voix de la fortune* ; ailleurs, la voix devient un cri : le *cri de l'innocence*, le *cri de l'amour*, le *cri du remords*. Racine a dit :

> Le sang de nos rois.....

Et Corneille :

> ..... Ne point écouter le sang de mes parents
> Qui ne crie en mon cœur que la mort de tyrans !

Dans Shakspeare, les plaies dont est frappé César *crient*. Le calme Rollin lui-même, placé aux antipodes de Shakspeare, fait dire à son Alexandre blessé : « Tous jurent que je suis fils de Jupiter, mais ma blessure me crie que je suis homme ». Rien enfin de plus curieux que le passage de la parole intérieure à la parole extérieure par l'intermédiaire des variétés vives. « Sous l'influence de la passion et de l'imagination, quand l'excitation intérieure continue à croître, l'état de l'âme doit s'exprimer par un phénomène qui lui soit égal en intensité ; alors la parole intérieure vive ne suffit plus ; l'âme a besoin de sensations fortes, de bruit et de mouvement ; la parole extérieure jaillit des lèvres ; à ces mouvements se joignent ceux de la physionomie, des bras, des jambes ; on gesticule, on se promène sans but, uniquement pour se sentir vivre ; l'âme envahie par un sentiment violent ou par une conception vive n'a plus de conscience pour le milieu qui l'entoure ; elle l'oublie, elle l'ignore momentanément, et, avec lui, les convenances, la réserve, les habitudes sociales qu'il impose ; par les sensations qu'elle se donne, elle se crée un milieu artificiel en accord avec le phénomène dominant et exclusif qui la possède ; elle est toute à son rêve ou à sa passion, et ce qui s'est emparé d'elle tout entière est par là même maître absolu du corps comme de l'âme[1] ». Ainsi naissent les monologues, les apartés si singuliers à observer dans la vie réelle et d'un si grand usage dans le roman et particulièrement au théâtre.

Nous arrêterons là notre analyse. Nous pensons avoir donné une idée assez juste de ce livre pour que nos lecteurs y reconnaissent les marques d'un vrai talent de psychologue. C'est une étude tout à fait neuve, surtout dans la partie descriptive. Nous aurions volontiers signalé certaines théories dignes d'attention dans la seconde partie de l'ouvrage, par exemple une théorie du *signe*, où se trouvent fixés les résultats d'une comparaison approfondie entre la parole et la pensée. La nature du signe arbitraire, sa supériorité sur le signe analogique, l'aptitude qu'il possède à être élevé, par cela seul qu'il est arbitraire, au plus haut degré de généralité comme la pensée, les marques de sa perfection relative qui sont l'indépendance et l'impartialité, il y aurait là matière à des développements intéressants, suggérés par l'auteur. Mais il me paraît que cette théorie trouverait plus naturellement sa place dans une étude générale du langage et de ses rapports avec la pensée. Je dirai la même chose du dernier chapitre où l'on nous fait voir quelles conséquences pratiques on peut tirer de l'étude du langage pour l'éducation, comment il faut s'habituer à résister à la tyrannie des mots qui menacent par l'habitude d'opprimer la liberté de la pensée. On montre à merveille que le remède est en nous : il consiste à ne jamais abdiquer, à

---

1. Pages 165 et suiv.

ne pas même abandonner un instant le droit de réfléchir et d'examiner, à travers les facilités croissantes de la routine que nous créons nous-mêmes, à garder notre attention toujours jeune, vive, en éveil, toujours inquiète, en renouvellement et en progrès. De ce chapitre nous pouvons dire comme de celui qui le précède que, malgré l'intérêt de ces questions, la plupart de celles qui s'y trouvent traitées se rapportent plutôt à une théorie du langage qu'à un travail de psychologie descriptive sur la parole intérieure.

Au demeurant, c'est vraiment là le seul reproche que nous puissions faire à cette monographie d'un phénomène très curieux à suivre dans les circonstances de sa naissance et les variétés infinies des formes qu'il revêt. Beaucoup d'étude et d'observation, une rare finesse et une sagacité qui se joue dans les nuances les plus délicates de l'expérience interne, un soin particulier appliqué à rendre exactement ces nuances, il y a là plus que des promesses, il y a déjà la preuve faite d'un philosophe exercé et d'un écrivain qui deviendra excellent quand il consentira à être toujours clair et à se priver de l'expédient trop facile des néologismes.

# TABLE DES MATIÈRES

| | |
|---|---:|
| Souvenirs d'un enseignement à la Sorbonne. | 1 |
| Essais de psychologie sociale. | 36 |
|     I. L'hérédité intellectuelle et morale | 36 |
|     II. Les conséquences de l'hérédité. — Les lois de formation du caractère, l'institution des classes, les causes morales du progrès et de la décadence. | 91 |
| La peur, Étude psycho-physiologique, par A. Mosso, professeur à l'Université de Turin, traduit de l'italien par Félix Hément. | 147 |
| La responsabilité dans le rêve, Études familières de psychologie et de morale, par Francisque Bouillier. | 200 |
| De la solidarité morale, Essai de psychologie appliquée, par Henri Marion. | 220 |
| Les idées antiques sur la mort et la critique de ces idées par Épicure | 253 |
| Le poème de Lucrèce, Morale, religion, science, par Constant Martha | 289 |
| Essai sur le génie dans l'art, par Gabriel Séailles | 299 |
| Les causes finales, par Paul Janet | 319 |
| La parole intérieure, Essai de psychologie descriptive, par Victor Egger. | 345 |

www.ingramcontent.com/pod-product-compliance
Lightning Source LLC
Chambersburg PA
CBHW060609170426
43201CB00009B/959